BIG BOOK OF CLASSIC STORIES
GROSSES KURZGESCHICHTEN-BUCH (2)

William Carleton, Stephen
any, Nathaniel Hawthorne,
London, Herman Melville,
is Stevenson, Mark Twain,

Mit Übersetzungen von Christiane Hartmann, Brigitte Köster,
Hella Leicht, Ulrich Friedrich Müller, Harald Raykowski,
Elisabeth Schnack, Theo Schumacher, Maria von Schweinitz,
Angela Uthe-Spencker

dtv

Deutscher Taschenbuch Verlag

Originalausgabe
1. Auflage 1981. 6. Auflage Juli 1992
Deutscher Taschenbuch Verlag GmbH & Co. KG, München
Copyright-Nachweise auf Seite 312
Umschlaggestaltung: Celestino Piatti
Gesamtherstellung: Kösel, Kempten
ISBN 3-423-09170-3. Printed in Germany

Big Book of Classic Stories
Großes Kurzgeschichten-Buch (2)

Auswahl: Kristof Wachinger. Redaktion: Hella Leicht

Inhaltsverzeichnis

Oscar Wilde (1856–1900 Irland/GB)
The Model Millionaire · Der Modell-Millionär
Übersetzung: Hella Leicht
298 · 299

I

A man stood upon a railroad bridge in northern Alabama, looking down into the swift water twenty feet below. The man's hands were behind his back, the wrists bound with a cord. A rope closely encircled his neck. It was attached to a stout cross-timber above his head and the slack fell to the level of his knees. Some loose boards laid upon the sleepers supporting the metals of the railway supplied a footing for him and his executioners – two private soldiers of the Federal army, directed by a sergeant who in civil life may have been a deputy sheriff. At a short remove upon the same temporary platform was an officer in the uniform of his rank, armed. He was a captain. A sentinel at each end of the bridge stood with his rifle in the position known as "support", that is to say, vertical in front of the left shoulder, the hammer resting on the forearm thrown straight across the chest – a formal and unnatural position, enforcing an erect carriage of the body. It did not appear to be the duty of these two men to know what was occurring at the centre of the bridge; they merely blockaded the two ends of the foot planking that traversed it.

Beyond one of the sentinels nobody was in sight; the railroad ran straight away into a forest for a hundred yards, then, curving, was lost to view. Doubtless there was an outpost farther along. The other bank of the stream was open ground – a gentle acclivity topped with a stockade of vertical tree trunks, loop-holed for rifles, with a single embrasure through which protruded the muzzle of a brass cannon commanding the bridge. Midway of the slope between bridge and fort were the spectators – a single company of infantry in line, at "parade rest," the butts of the rifles on the ground, the barrels inclining slightly backward against the right shoulder, the

I

Ein Mann stand auf einer Eisenbahnbrücke im nördlichen
Alabama und blickte hinab in das stiebende Wasser zwanzig
Fuß unter ihm. Die Hände des Mannes lagen auf seinem
Rücken, die Handgelenke waren mit einem Strick gebunden.
Ein Seil umschlang seinen Hals. Es war an einem schweren
Kreuzbalken über seinem Kopf festgemacht, und das lose Ende
hing bis auf Höhe seiner Knie hinab. Auf die Schwellen, die die
Eisenbahnschienen trugen, waren locker einige Bretter gelegt ;
sie boten Stand für ihn und seine Henker – zwei Gemeine der
Nordstaaten-Armee unter Befehl eines Sergeanten, der im
Zivilleben vielleicht Hilfssheriff gewesen war. Wenige Schritte
entfernt auf demselben behelfsmäßigen Unterbau befand sich
ein Offizier in voller Uniform, bewaffnet. Er war Captain. An
jedem Ende der Brücke stand ein Wachtposten in der Haltung,
die man «Bereitschaft» nennt, das heißt, das Gewehr senkrecht
vor der linken Schulter, wobei das Spannstück auf dem
Unterarm aufliegt, der quer über die Brust gewinkelt ist – eine
steife und unnatürliche Stellung, die eine aufrechte Körperhal-
tung erzwingt. Es hatte nicht den Anschein, als sei es die
Aufgabe dieser beiden Männer, Kenntnis zu haben von dem,
was auf der Mitte der Brücke vorging ; sie sperrten lediglich die
beiden Zugänge der Schwellenplankung, die darüber hinlief.

Jenseits des einen Wachtpostens war niemand zu sehen ; der
Schienenweg lief geradenwegs hundert Yards weit in einen
Wald und entschwand dann, eine Kurve beschreibend, dem
Blick. Ohne Zweifel gab es weiter weg einen Vorposten. Das
andere Ufer des Flusses war offenes Gelände – eine sanfte
Böschung, oben gesäumt von einer Palisade aus senkrechten
Baumstämmen mit Schlitzen für Gewehre und einer Schieß-
scharte, durch welche die Mündung einer bronzenen Kanone
hervorragte, die die Brücke beherrschte. Am Hang, auf halbem
Weg zwischen Brücke und Befestigungsanlage, befanden sich
die Zuschauer – eine Infanteriekompanie in Linie und «Rührt-
Euch»-Stellung, die Gewehrkolben am Boden, die Gewehrläu-
fe leicht schräg gegen die rechte Schulter gelehnt, die Hände

hands crossed upon the stock. A lieutenant stood at the right of the line, the point of his sword upon the ground, his left hand resting upon his right. Excepting the group of four at the centre of the bridge, not a man moved. The company faced the bridge, staring stonily, motionless. The sentinels, facing the banks of the stream, might have been statues to adorn the bridge. The captain stood with folded arms, silent, observing the work of his subordinates, but making no sign. Death is a dignitary who when he comes announced is to be received with formal manifestations of respect, even by those most familiar with him. In the code of military etiquette silence and fixity are forms of deference.

The man who was engaged in being hanged was apparently about thirty-five years of age. He was a civilian, if one might judge from his habit, which was that of a planter. His features were good – a straight nose, firm mouth, broad forehead, from which his long, dark hair was combed straight back, falling behind his ears to the collar of his well-fitting frock-coat. He wore a mustache and pointed beard, but no whiskers; his eyes were large and dark gray, and had a kindly expression which one would hardly have expected in one whose neck was in the hemp. Evidently this was no vulgar assassin. The liberal military code makes provision for hanging many kinds of persons, and gentlemen are not excluded.

The preparations being complete, the two private soldiers stepped aside and each drew away the plank upon which he had been standing. The sergeant turned to the captain, saluted and placed himself immediately behind that officer, who in turn moved apart one pace. These movements left the condemned man and the sergeant standing on the two ends of the same plank, which spanned three of the cross-ties of the bridge. The end upon which the civilian stood almost, but not quite, reached a fourth. This plank

über dem Schaft gekreuzt. Ein Leutnant stand rechts der Linie, die Spitze seines Säbels gegen den Boden gerichtet, die linke Hand auf die rechte gelegt. Mit Ausnahme der Vierergruppe auf der Mitte der Brücke bewegte sich nicht ein Mann. Die Kompanie stand mit dem Gesicht zur Brücke, steinern starrend, regungslos. Die Wachtposten, mit dem Blick auf die Ufer des Flusses, hätten Skulpturen zum Schmuck der Brücke sein können. Der Captain stand mit verschränkten Armen, schweigend, und beobachtete das Tun seiner Untergebenen, erteilte aber keine Anweisung. Der Tod ist ein Würdenträger, der, wenn er angemeldet naht, mit förmlichen Achtungsbeweisen empfangen werden muß, selbst von jenen, die völlig vertraut mit ihm sind. Nach dem militärischen Ehrenkodex sind Stillschweigen und Haltung Formen der Ehrerbietung.

Der Mann, der damit beschäftigt war gehängt zu werden, schien etwa fünfunddreißig Jahre alt. Er war ein Zivilist, nach seiner Kleidung zu urteilen, der Kleidung eines Pflanzers. Er hatte gute Gesichtszüge – gerade Nase, festen Mund, breite Stirn, aus der sein langes, dunkles Haar straff zurückgekämmt war und hinter den Ohren auf den Kragen seines tadellos sitzenden Gehrocks fiel. Er trug einen Schnurrbart und einen Spitzbart, doch keinen Backenbart; seine Augen waren groß und dunkelgrau und hatten einen freundlichen Ausdruck, den man kaum bei jemand erwartet haben würde, dessen Hals im Henkerseil steckte. Zweifelsohne war dies kein gewöhnlicher Meuchelmörder. Das freizügige Kriegsrecht sieht das Henken aller möglichen Personen vor, und Herren sind nicht ausgeschlossen.

Nachdem die Vorbereitungen beendet waren, traten die beiden Gemeinen zur Seite, und jeder zog das Brett fort, auf dem er gestanden hatte. Der Sergeant wandte sich dem Captain zu, salutierte und stellte sich unmittelbar hinter ihn, und dieser wiederum trat einen Schritt zur Seite. Diese Maßnahmen ließen den verurteilten Mann und den Sergeanten auf den beiden Enden ein- und desselben Brettes stehen, das drei Querschwellen der Brücke überspannte. Das Ende, auf dem der Zivilist stand, reichte fast, aber nicht ganz, bis zu einer vierten. Dieses Brett war durch das Gewicht des Offiziers in seiner Lage

had been held in place by the weight of the captain; it was now held by that of the sergeant. At a signal from the former the latter would step aside, the plank would tilt and the condemned man go down between two ties. The arrangement commended itself to his judgment a simple and effective. His face had not been covered nor his eyes bandaged. He looked a moment at his "unsteadfast footing," then let his gaze wander to the swirling water of the stream racing madly beneath his feet. A piece of dancing driftwood caught his attention and his eyes followed it down the current. How slowly it appeared to move! What a sluggish stream!

He closed his eyes in order to fix his last thoughts upon his wife and children. The water, touched to gold by the early sun, the brooding mists under the banks at some distance down the stream, the fort, the soldiers, the piece of drift – all had distracted him. And now he became conscious of a new disturbance. Striking through the thought of his dear ones was a sound which he could neither ignore nor understand, a sharp, distinct, metallic percussion like the stroke of a blacksmith's hammer upon the anvil; it had the same ringing quality. He wondered what it was, and whether immeasurably distant or near by – it seemed both. Its recurrence was regular, but as slow as the tolling of a death knell. He awaited each stroke with impatience and – he knew not why – apprehension. The intervals of silence grew progressively longer; the delays became maddening. With their greater infrequency the sounds increased in strength and sharpness. They hurt his ear like the thrust of a knife; he feared he would shriek. What he heard was the ticking of his watch.

He unclosed his eyes and saw again the water below him. "If I could free my hands," he thought, "I might throw off the noose and spring into the stream. By diving I could evade the bullets and, swimming

gehalten worden; jetzt wurde es durch das des Sergeanten gehalten. Auf ein Zeichen des ersteren würde der letztere zur Seite treten, das Brett würde kippen und der Verurteilte zwischen zwei Schwellen hindurchfallen. Der Aufbau empfahl sich, so fand er selbst, als einfach und wirkungsvoll. Sein Gesicht war nicht verhüllt worden, seine Augen waren nicht verbunden. Er schaute ganz kurz auf seinen «unfesten Standort» und ließ dann den Blick über das strudelnde Wasser des Flusses schweifen, der drunten unter seinen Füßen wild dahinschoß. Ein Stück tanzenden Treibholzes zog seine Aufmerksamkeit auf sich, und er folgte ihm mit den Augen die Strömung hinunter. Wie langsam es sich zu bewegen schien! Was für ein träger Fluß!

Er schloß die Augen, um seine letzten Gedanken an seine Frau und seine Kinder zu wenden. Das Wasser, durch die Frühsonne zu Gold verwandelt, der brütende Dunst unter den Uferwänden etwas entfernt flußabwärts, die Befestigungsanlage, die Soldaten, das Stück Treibholz – alles hatte ihn abgelenkt. Und nun spürte er deutlich eine neue Störung. Zwischen den Gedanken an seine Lieben drang ein Geräusch zu ihm, das er weder überhören noch verstehen konnte, ein harter, ausgeprägter, metallischer Klang, wie der Schlag eines Schmiedehammers auf den Amboß; es war von gleicher hallender Tonfarbe. Er überlegte, was es sein könnte und ob unermeßlich weit entfernt oder ganz nah – es schien beides zu sein. Es wiederholte sich gleichmäßig, doch so langsam wie das Läuten einer Totenglocke. Er werwartete jeden Schlag mit Ungeduld und – er wußte nicht warum – mit Besorgnis. Die Pausen wurden von Mal zu Mal länger; das Zaudern wurde aufreizend. Mit zunehmender Verzögerung wuchsen die Laute an Macht und Härte. Sie schmerzten sein Ohr wie Messerstiche; er fürchtete schreien zu müssen. Was er hörte, war das Ticken seiner Uhr.

Er schlug die Augen auf und sah wieder das Wasser unter sich. «Wenn ich meine Hände freimachen könnte», dachte er, «so könnte ich vielleicht die Schlinge abwerfen und in den Fluß springen. Durch Tauchen könnte ich den Kugeln entgehen und mit kräftigem Schwimmen das Ufer erreichen, in die Wälder

vigorously, reach the bank, take to the woods and get away home. My home, thank God, is as yet outside their lines; my wife and little ones are still beyond the invader's farthest advance."

As these thoughts, which have here to be set down in words, were flashed into the doomed man's brain rather than evolved from it the captain nodded to the sergeant. The sergeant stepped aside.

II

Peyton Farquhar was a well-to-do planter, of an old and highly respected Alabama family. Being a slave owner and like other slave owners a politician he was naturally an original secessionist and ardently devoted to the Southern cause. Circumstances of an imperious nature, which it is unnecessary to relate here, had prevented him from taking service with the gallant army that had fought the disastrous campaigns ending with the fall of Corinth, and he chafed under the inglorious restraint, longing for the release of his energies, the larger life of the soldier, the opportunity for distinction. That opportunity, he felt, would come, as it comes to all in war time. Meanwhile he did what he could. No service was too humble for him to perform in aid of the South, no adventure too perilous for him to undertake if consistent with the character of a civilian who was at heart a soldier, and who in good faith and without too much qualification assented to at least a part of the frankly villainous dictum that all is fair in love and war.

One evening while Farquhar and his wife were sitting on a rustic bench near the entrance to his grounds, a gray-clad soldier rode up to the gate and asked for a drink of water. Mrs. Farquhar was only too happy to serve him with her own white hands. While she was fetching the water her husband approached the dusty horseman and inquired eagerly for news from the front.

flüchten und nach Hause entkommen. Mein Zuhause liegt, Gott sei Dank, bis jetzt außerhalb ihrer Linien ; meine Frau und meine Kleinen sind immer noch weit weg vom weitesten Vorstoß des Gegners.»

Als diese Gedanken, die hier in Worte gefaßt werden müssen, durch das Gehirn des Verurteilten eher zuckten als sich in ihm entfalteten, nickte der Captain dem Sergeanten zu. Der Sergeant trat zur Seite.

II

Peyton Farquhar war ein wohlhabender Pflanzer aus einer alten und höchst angesehenen Familien in Alabama. Er war Sklavenhalter und wie andere Sklavenhalter ein politischer Mensch ; also war er natürlich ein echter Sezessionist und der südlichen Sache glühend ergeben. Zwingende Umstände, die man hier nicht zu berichten braucht, hatten ihn abgehalten, Dienst in der tapferen Armee zu leisten, welche die entsetzlichen Schlachten geschlagen hatte, die mit dem Fall Corinths endeten, und er litt unter der unrühmlichen Unabkömmlichkeit, sehnte sich nach der Freisetzung seiner Kräfte, nach dem größeren Leben des Soldaten, nach der Gelegenheit sich auszuzeichnen. Diese Gelegenheit, so spürte er, würde kommen, wie sie in Kriegszeiten zu allen kommt. Inzwischen tat er, was er konnte. Kein Dienst war ihm zu niedrig, um ihn zum Besten des Südens zu leisten, kein Abenteuer zu gefährlich anzugehen, wenn es vereinbar war mit dem Stand eines Zivilisten, der im Herzen ein Soldat war und der in gutem Glauben und ohne allzu hohe Eignung zumindest teilweise der bedenkenlos schurkischen Redewendung beipflichtete, daß in der Liebe und im Krieg alles erlaubt sei.

Eines Abends, als Farquhar und seine Frau auf einer Bank aus unbehauenem Holz nahe dem Zugang zu seinem Besitz saßen, ritt ein graugekleideter Soldat ans Gatter heran und bat um einen Schluck Wasser. Mrs. Farquhar war nur zu glücklich, ihn mit ihren eigenen weißen Händen zu bedienen. Während sie das Wasser holte, trat ihr Mann zu dem staubigen Reiter und fragte ihn begierig nach Neuigkeiten von der Front aus.

"The Yanks are repairing the railroads," said the man, "and are getting ready for another advance. They have reached the Owl Creek bridge, put it in order and built a stockade on the north bank. The commandant has issued an order, which is posted everywhere, declaring that any civilian caught interfering with the railroad, its bridges, tunnels or trains will be summarily hanged. I saw the order."

"How far is it to the Owl Creek bridge?" Farquhar asked.

"About thirty miles."

"Is there no force on this side of the creek?"

"Only a picket post half a mile out, on the railroad, and a single sentinel at this end of the bridge."

"Suppose a man – a civilian and student of hanging – should elude the picket post and perhaps get the better of the sentinel," said Farquhar, smiling, "what could he accomplish?"

The soldier reflected. "I was there a month ago," he replied. "I observed that the flood of last winter had lodged a great quantity of driftwood against the wooden pier at this end of the bridge. It is now dry and would burn like tow."

The lady had now brought the water, which the soldier drank. He thanked her ceremoniously, bowed to her husband and rode away. An hour later, after nightfall, he repassed the plantation, going northward in the direction from which he had come. He was a Federal scout.

III

As Peyton Farquhar fell straight downward through the bridge he lost consciousness and was as one already dead. From this state he was awakened – ages later, it seemed to him – by the pain of a sharp pressure upon his throat, followed by a sense of suffocation. Keen, poignant agonies seemed to shoot from his neck downward through every fibre of his

«Die Yanks richten die Schienenwege wieder her», sagte der Mann, «und machen sich zu einem weiteren Vorstoß bereit. Sie haben die Eulenfluß-Brücke erreicht, sie instand gesetzt und am Nordufer eine Palisade errichtet. Der Kommandeur hat einen Erlaß ausgegeben, der überall angeschlagen ist und der besagt, daß jeder Zivilist, den man bei einem Anschlag auf die Eisenbahn, auf ihre Brücken, Tunnels oder Züge schnappt, unverzüglich gehängt wird. Den Erlaß habe ich gesehen.»

«Wie weit ist es bis zur Eulenfluß-Brücke?» fragte Farquhar.

«Ungefähr dreißig Meilen.»

«Gibt es auf dieser Seite des Flusses keine Truppen?»

«Nur einen Vorposten eine halbe Meile draußen auf dem Bahnkörper und eine Wache an diesem Ende der Brücke.»

«Angenommen, ein Mann – ein Zivilist und Galgen-Kandidat – würde den Vorposten umgehen und den Wachtposten möglicherweise überwinden», sagte Farquhar lächelnd, «was könnte er ausrichten?»

Der Soldat dachte nach. «Ich war vor einem Monat dort», erwiderte er. «Ich habe bemerkt, daß die Flut des letzten Winters eine große Menge Treibholz an den hölzernen Pfeilern diesseits der Brücke angestaut hat. Es ist jetzt trocken und würde brennen wie Werg.»

Die Dame hatte jetzt das Wasser gebracht, und der Soldat trank es. Er dankte ihr feierlich, nickte grüßend ihrem Manne zu und ritt davon. Eine Stunde später, nach Einbruch der Nacht, durchquerte er abermals die Plantage, nach Norden, in die Richtung, aus der er gekommen war. Er war ein Kundschafter der Nordstaaten.

III

Als Peyton Farquhar geradenwegs durch die Brücke hinunterfiel, verlor er das Bewußtsein und war wie ein bereits Toter. Aus diesem Zustand wurde er wieder geweckt – nach einer Ewigkeit, wie ihm schien – durch den Schmerz eines jähen Druckes um seine Kehle, dem ein Gefühl des Erstickens folgte. Beißende, quälende Pein schien von seinem Hals hinunter durch jede Faser seines Körpers und seiner Glieder zu schießen.

body and limbs. These pains appeared to flash along well-defined lines of ramification and to beat with an inconceivably rapid periodicity. They seemed like streams of pulsating fire heating him to an intolerable temperature. As to his head, he was conscious of nothing but a feeling of fullness – of congestion. These sensations were unaccompanied by thought. The intellectual part of his nature was already effaced; he had power only to feel, and feeling was torment. He was conscious of motion. Encompassed in a luminous cloud, of which he was now merely the fiery heart, without material substance, he swung through unthinkable arcs of oscillation, like a vast pendulum. Then all at once, with terrible suddenness, the light about him shot upward with the noise of a loud plash; a frightful roaring was in his ears, and all was cold and dark. The power of thought was restored; he knew that the rope had broken and he had fallen into the stream. There was no additional strangulation; the noose about his neck was already suffocating him and kept the water from his lungs. To die of hanging at the bottom of a river! – the idea seemed to him ludicrous. He opened his eyes in the darkness and saw above him a gleam of light, but how distant, how inaccessible! He was still sinking, for the light became fainter and fainter until it was a mere glimmer. Then it began to grow and brighten, and he knew that he was rising toward the surface – knew it with reluctance, for he was now very comfortable. "To be hanged and drowned," he thought, "that is not so bad; but I do not wish to be shot. No; I will not be shot; that is not fair."

He was not conscious of an effort, but a sharp pain in his wrist apprised him that he was trying to free his hands. He gave the struggle his attention, as an idler might observe the feat of a juggler, without interest in the outcome. What splendid effort! – what magnificent, what superhuman strength! Ah, that

Offenbar flammten diese Schmerzen entlang festgelegter Linien einer Verästelung und pochten in einer unfaßbar raschen regelmäßigen Wiederkehr. Sie glichen Strömen pulsierenden Feuers, die ihn bis zu einer unerträglichen Fieberhitze aufluden. Und sein Kopf – hier war ihm einzig ein Gefühl der Fülle bewußt, des Blutandrangs. Diese Sinneswahrnehmungen geschahen ohne Beteiligung des Denkens. Der verstandesmäßige Teil seines Wesens war schon ausgelöscht; er hatte nur mehr die Kraft zu empfinden, und das Empfinden war Folterung. Bewußt war ihm eine Bewegung. Eingeschlossen in einer leuchtenden Wolke, von der er jetzt nur das glühende Herz war, schaukelte er schwerelos in unvorstellbaren Schwingungsbögen wie ein großes Pendel. Dann schlagartig mit furchtbarer Plötzlichkeit schoß das Licht um ihn herum aufwärts mit dem Laut eines heftigen Klatschens; ein grausiges Dröhnen tönte in seinen Ohren, und alles war kalt und dunkel. Das Denkvermögen hatte zurückgefunden; er wußte, das Seil war gerissen und er war in den Fluß gestürzt. Es gab kein zusätzliches Würgen mehr; die Schlinge um seinen Hals erdrosselte ihn schon fast und ließ das Wasser nicht in die Lungen dringen. Durch Erhängen am Boden eines Flusses zu sterben – die Vorstellung kam ihm komisch vor. Er öffnete die Augen in der Dunkelheit und sah über sich einen Lichtschein, doch wie weit entfernt, wie unerreichbar! Er sank immer noch tiefer, denn das Licht wurde schwächer und schwächer, bis es nur mehr ein Schimmer war. Dann fing es an zu wachsen und heller zu werden, und ihm wurde klar, daß er sich zur Wasseroberfläche hinauf bewegte – wurde ihm mit Widerstreben klar, denn ihm war jezt sehr wohl. «Erhängt und ertrunken», dachte er, «das ist gar nicht so übel; doch erschossen werden möchte ich nicht. Nein, ich will nicht erschossen werden; das ist nicht anständig.»

Er war sich eines eigenen Bemühens nicht bewußt, doch ein stechender Schmerz im Handgelenk zeigte ihm an, daß er versuchte seine Hände zu befreien. Er widmete diesem Ringen seine Aufmerksamkeit, wie vielleicht ein Müßiggänger das Kunststück eines Gauklers beobachtet, ohne Neugier aufs Ergebnis. Was für ein großartiges Abmühen – welche fabelhaf-

was a fine endeavor! Bravo! The cord fell away; his arms parted and floated upward, the hands dimly seen on each side in the growing light. He watched them with a new interest as first one and then the other pounced upon the noose at his neck. They tore it away and thrust it fiercely aside, its undulations resembling those of a water-snake. "Put it back, put it back!" He thought he shouted these words to his hands, for the undoing of the noose had been succeeded by the direst pang that he had yet experienced. His neck ached horribly; his brain was on fire; his heart, which had been fluttering faintly, gave a great leap, trying to force itself out at his mouth. His whole body was racked and wrenched with an insupportable anguish! But his disobedient hands gave no heed to the command. They beat the water vigorously with quick, downward strokes, forcing him to the surface. He felt his head emerge; his eyes were blinded by the sunlight; his chest expanded convulsively, and with a supreme and crowning agony his lungs engulfed a great draught of air, which instantly he expelled in a shriek!

He was now in full possession of his physical senses. They were, indeed, preternaturally keen and alert. Something in the awful disturbance of his organic system had so exalted and refined them that they made record of things never before perceived. He felt the ripples upon his face and heard their separate sounds as they struck. He looked at the forest on the bank of the stream, saw the individual trees, the leaves and the veining of each leaf – saw the very insects upon them: the locusts, the brilliant-bodied flies, the gray spiders stretching their webs from twig to twig. He noted the prismatic colors in all the dewdrops upon a million blades of grass. The humming of the gnats that danced above the eddies of the stream, the beating of the dragon-flies' wings, the strokes of the water-spiders' legs, like oars which had

te, welche übermenschliche Anstrengung! Ah, das war ein ausgezeichneter Einsatz! Bravo! Die Fessel fiel ab; seine Arme gingen auseinander und glitten aufwärts, die Hände waren auf beiden Seiten schwach sichtbar im wachsenden Licht. Er verfolgte sie mit einer neuen Anteilnahme, als erst eine dann die andere an der Schlinge um seinen Hals zerrten. Sie rissen sie los und schleuderten sie heftig beiseite, und ihre Wellenbewegungen glichen denen einer Wasserschlange. «Legt sie wieder um, legt sie wieder um!» ihm war es, als schriee er diese Worte seinen Händen zu, denn dem Entfernen der Schlinge war die gräßlichste Marter gefolgt, die er je erlitten hatte. Sein Hals schmerzte entsetzlich; sein Gehirn stand in Flammen; sein Herz, das nur schwach geflattert hatte, machte einen Satz und versuchte sich durch seinen Mund ins Freie zu zwängen. Sein gesamter Körper wurde von einem übermächtigen Martyrium gepeinigt und gezerrt! Doch seine unfolgsamen Hände schenkten dem Befehl keine Beachtung. Sie schlugen das Wasser kraftvoll mit schnellen, nach unten gerichteten Stößen und drängten ihn an die Wasseroberfläche. Er fühlte seinen Kopf auftauchen; seine Augen wurden vom Sonnenlicht geblendet; seine Brust dehnte sich krampfartig, und unter höchster, alles überwölbender Pein zog seine Lunge einen tiefen Luftstrom ein, welchen er augenblicklich in einem Schrei ausstieß.

Er befand sich jetzt im vollen Besitz seiner Sinne. Sie waren wirklich übernatürlich empfindsam und wach. Etwas in dem scheußlichen Aufruhr seines Körpergefüges hatte sie so belebt und verfeinert, daß sie nie zuvor bemerkte Dinge verzeichneten. Er spürte die kräuselnden Wellen auf seinem Gesicht und vernahm ihre unterschiedlichen Laute beim Zerplatschen. Er blickte auf den Wald am Ufer des Flusses, sah die einzelnen Bäume, ihre Blätter und die Aderung eines jeden Blattes – sah selbst die Insekten darauf: die Heuschrecken, die glitzergestaltigen Fliegen, die grauen Spinnen, die ihre Netze von Zweig zu Zweig spannten. Er bemerkte die Regenbogenfarben der Tautropfen auf Millionen Grashalmen. Das Summen der Mücken, die über den Flußstrudeln tanzten, das Surren der Libellenflügel, der Schwimmstoß der Beine der Wasserspinnen, wie von Rudern, die ihr Boot hochgehoben hatten – all

lifted their boat – all these made audible music. A fish slid along beneath his eyes and he heard the rush of its body parting the water.

He had come to the surface facing down the stream; in a moment the visible world seemed to wheel slowly round, himself the pivotal point, and he saw the bridge, the fort, the soldiers upon the bridge, the captain, the sergeant, the two privates, his executioners. They were in silhouette against the blue sky. They shouted and gesticulated, pointing at him. The captain had drawn his pistol, but did not fire; the others were unarmed. Their movements were grotesque and horrible, their forms gigantic.

Suddenly he heard a sharp report and something struck the water smartly within a few inches of his head, spattering his face with spray. He heard a second report, and saw one of the sentinels with his rifle at his shoulder, a light cloud of blue smoke rising from the muzzle. The man in the water saw the eye of the man on the bridge gazing into his own through the sights of the rifle. He observed that it was a gray eye and remembered having read that gray eyes were keenest, and that all famous markmen had them. Nevertheless, this one had missed.

A counter-swirl had caught Farquhar and turned him half round; he was again looking into the forest on the bank opposite the fort. The sound of a clear, high voice in a monotonous singsong now rang out behind him and came across the water with a distinctness that pierced and subdued all other sounds, even the beating of the ripples in his ears. Although no soldier, he had frequented camps enough to know the dread significance of that deliberate, drawling, aspirated chant; the lieutenant on shore was taking a part in the morning's work. How coldly and pitilessly – with what an even, calm intonation, presaging, and enforcing tranquillity in the men – with what accurately measured intervals fell those cruel words:

dieses machte vernehmbare Musik. Ein Fisch glitt unter seinen Augen vorüber, und er hörte das Dahinschießen seines Körpers beim Durchteilen des Wassers.

Er was so an die Wasseroberfläche gekommen, daß er flußabwärts sah. Gleich darauf schien die sichtbare Welt sich langsam im Kreis zu drehen, mit ihm als Angelpunkt, und er sah die Brücke, das Fort, die Soldaten auf der Brücke, den Captain, den Sergeanten, die beiden Soldaten, seine Henker. Sie standen als Umrisse gegen den blauen Himmel. Sie brüllten und fuchtelten mit den Armen und zeigten auf ihn. Der Captain hatte seine Pistole gezogen, feuerte aber nicht; die anderen waren unbewaffnet. Ihre Bewegungen waren verzerrt und grausig, ihre Gestalten riesenhaft.

Plötzlich hörte er einen scharfen Knall, und etwas schlug schneidend wenige Zoll neben seinem Kopf ins Wasser und bespritzte sein Gesicht mit einem Spühregen. Er vernahm einen zweiten Knall und sah einen der Wachtposten mit dem Gewehr an der Schulter, aus dessen Mündung eine feine Wolke blauen Rauches stieg. Der Mann im Wasser sah das Auge des Mannes auf der Brücke durch das Visier des Gewehres hindurch in das seine blicken. Er stellte fest, daß es ein graues Auge war und erinnerte sich, gelesen zu haben, daß graue Augen die schärfsten seien und daß alle Meisterschützen sie hätten. Dennoch, dieses eine hier hatte gefehlt.

Ein Gegenstrudel hatte Farquhar ergriffen und ihn halb gedreht; er blickte wieder auf den Wald am Ufer gegenüber dem Fort. Der Klang einer klaren, hohen Stimme in einem eintönigen Sing-Sang erscholl jetzt hinter ihm und kam mit einer Deutlichkeit über das Wasser, die alle anderen Geräusche durchdrang und unterdrückte, selbst das Plätschern der Wellen an seinen Ohren. Obwohl nicht Soldat, so hatte er doch oft genug Feldlager besucht, um die grausige Bedeutung jenes wohlberechneten, gedehnten, saugenden Gesanges zu kennen; der Leutnant an Land übernahm seinen Teil an der Arbeit dieses Morgens. Wie kalt und mitleidlos – mit welch einer gleichmäßigen, ruhigen Tongebung, die den Männern Gelassenheit anmahnte und ihnen aufzwang – mit welch genau bemessenen Pausen fielen diese grausamen Worte:

"Attention, company! ... Shoulder arms! ... Ready! ... Aim! ... Fire!"

Farquhar dived – dived as deeply as he could. The water roared in his ears like the voice of Niagara, yet he heard the dulled thunder of the volley and, rising again toward the surface, met shining bits of metal, singularly flattened, oscillating slowly downward. Some of them touched him on the face and hands, then fell away, continuing their descent. One lodged between his collar and neck; it was uncomfortably warm and he snatched it out.

As he rose to the surface, gasping for breath, he saw that he had been a long time under water; he was perceptibly farther down stream – nearer to safety. The soldiers had almost finished reloading; the metal ramrods flashed all at once in the sunshine as they were drawn from the barrels, turned in the air, and thrust into their sockets. The two sentinels fired again, independently and ineffectually.

The hunted man saw all this over his shoulder; he was now swimming vigorously with the current. His brain was as energetic as his arms and legs; he thought with the rapidity of lightning.

"The officer," he reasoned, "will not make that martinet's error a second time. It is as easy to dodge a volley as a single shot. He has probably already given the command to fire at will. God help me, I cannot dodge them all!"

An appalling plash within two yards of him was followed by a loud, rushing sound, *diminuendo*, which seemed to travel back through the air to the fort and died in an explosion which stirred the very river to its deeps! As rising sheet of water curved over him, fell down upon him, blinded him, strangled him! The cannon had taken a hand in the game. As he shook his head free from the commotion of the smitten water he heard the deflected shot humming

«Achtung, Kompanie! . . . Schultert das Gewehr! . . . Fertig! . . . Zielen! . . . Feuer!»

Farquhar tauchte – tauchte so tief er konnte. Das Wasser dröhnte in seinen Ohren wie die Stimme des Niagara, trotzdem hörte er das gedämpfte Donnern der Salve, und als er wieder zur Wasseroberfläche hochfuhr, begegneten ihm schimmernde Metallstücke, seltsam abgeflacht, die langsam nach unten trudelten. Einige berührten ihn an Gesicht und Händen, strichen dann ab und setzten ihren Weg nach unten fort. Eines lagerte sich ihm zwischen Hals und Kragen; es war unangenehm warm, und er schnippte es weg.

Als er den Wasserspiegel erreichte und nach Luft schnappte, sah er, daß er sich lange unter Wasser gehalten hatte; er befand sich merklich weiter stromabwärts – der Sicherheit näher. Die Soldaten waren mit dem Nachladen fast fertig; die metallenen Ladestöcke blitzten alle zu gleicher Zeit im Sonnenlicht auf, als sie aus den Gewehrläufen gezogen, in der Luft herumgeschwenkt und in ihre Hülsen gestoßen wurden. Die beiden Wachtposten feuerten abermals, unabhängig von den anderen und ohne etwas zu bewirken.

Der gejagte Mann sah all das über seine Schulter hinweg; er schwamm jetzt kräftig mit der Strömung. Sein Gehirn arbeitete so entschlossen wie seine Arme und Beine; er überlegte mit der Schnelligkeit eines Blitzes.

«Der Offizier», folgerte er, «wird diesen Fehler eines pedantischen Vorgesetzten nicht ein zweites Mal machen. Es ist genau so leicht einer Salve wie einem einzigen Schuß auszuweichen. Er hat sehr wahrscheinlich schon den Befehl erteilt, auf Gutdünken zu schießen. Gott steh mir bei, allen kann ich nicht ausweichen!»

Einem schauderhaften Aufplatscher zwei Fuß von ihm entfernt folgte ein lautes, sausendes Geräusch, «diminuendo», welches durch die Luft zum Fort zurückzufahren schien und in einer Explosion erstarb, die den gesamten Fluß bis in die Tiefe aufrührte! Eine aufsteigende Wassermasse bog sich über ihn, fiel auf ihn herab, blendete ihn, erstickte ihn! Die Kanone hatte sich in den Kampf gemischt. Als er den Kopf freischüttelte von dem Überschwappen des aufgewühlten Wassers, hörte er das

through the air ahead, and in an instant it was cracking and smashing the branches in the forest beyond.

"They will not do that again," he thought; "the next time they will use a charge of grape. I must keep my eye upon the gun; the smoke will apprise me – the report arrives too late; it lags behind the missile. That is a good gun."

Suddenly he felt himself whirled round and round – spinning like a top. The water, the banks, the forests, the now distant bridge, fort and men – all were commingled and blurred. Objects were represented by their colors only; circular horizontal streaks of color – that was all he saw. He had been caught in a vortex and was being whirled on with a velocity of advance and gyration that made him giddy and sick. In a few moments he was flung upon the gravel at the foot of the left bank of the stream – the southern bank – and behind a projecting point which concealed him from his enemies. The sudden arrest of his motion, the abrasion of one of his hands on the gravel, restored him, and he wept with delight. He dug his fingers into the sand, threw it over himself in handfuls and audibly blessed it. It looked like diamonds, rubies, emeralds; he could think of nothing beautiful which it did not resemble. The trees upon the bank were giant garden plants; he noted a definite order in their arrangement, inhaled the fragrance of their blooms. A strange, roseate light shone through the spaces among their trunks and the wind made in their branches the music of æolian harps. He had no wish to perfect his escape – was content to remain in that enchanting spot until retaken.

A whiz and rattle of grapeshot among the branches high above his head roused him from his dream. The baffled cannoneer had fired him a random farewell. He sprang to his feet, rushed up the sloping bank, and plunged into the forest.

abgelenkte Geschoß weiter vorn durch die Luft sausen und gleich danach zerspaltete und zertrümmerte es die Zweige jenseits im Wald.

«Das werden sie nicht nochmals tun», dachte er; «das nächste Mal nehmen sie sicher eine Kartätsche. Ich muß meine Augen auf das Geschütz halten; der Rauch wird es mir anzeigen – der Knall erreicht mich zu spät; er bleibt hinter dem Geschoß zurück. Das ist ein gutes Geschütz.»

Plötzlich fühlte er sich rundherum gewirbelt – er drehte sich wie ein Kreisel. Das Wasser, die Ufer, die Wälder und weit weg jetzt die Brücke, das Fort und die Männer – alles vermischte sich und wurde verschwommen. Die Dinge traten nur noch durch ihre Farben in Erscheinung; kreisförmige, horizontale bunte Streifen – das war alles, was er sah. Er war in einen Strudel geraten und wurde mit einer Schnelle der Fortbewegung und des Kreisens weitergewirbelt, die ihm Schwindel und Übelkeit bereitete. Wenig später wurde er auf das Geröll am Rand des linken Flußufers geworfen – des südlichen Ufers –, zudem hinter einer schützenden Landspitze, die ihn vor seinen Feinden verbarg. Die plötzliche Ruhestellung, die Hautabschürfung an einer Hand durch das Geröll ließen ihn wieder zu sich kommen, und er weinte vor Glück. Er grub seine Finger in den Sand, warf von ihm etliche Handvoll hoch über sich und pries ihn laut. Er sah aus wie Diamanten, Rubine, Smaragde; nichts Schönes konnte er sich vorstellen, dem er nicht gleichsah. Die Bäume an den Ufern waren riesige Gartenpflanzen; er stellte eine bestimmte Regel in ihrer Anordnung fest, sog den Duft ihrer Blüten ein. Ein seltsames, rosiges Licht leuchtete zwischen den Stämmen hindurch, und der Wind vollführte in ihren Zweigen die Musik von Äolsharfen. Er hatte kein Verlangen, seine Flucht zu vollenden – war zufrieden, an jener verzaubernden Stelle zu bleiben, bis man ihn wieder aufgriffe.

Pfeifen und Geprassel von Hagelgeschossen zwischen den Zweigen hoch über seinem Kopf rüttelten ihn aus seinem Traum. Der getäuschte Kanonier hatte ihm blindlings ein Lebewohl nachgefeuert. Er sprang auf, eilte das abschüssige Ufer hinauf und tauchte in den Wald ein.

All that day he traveled, laying his course by the rounding sun. The forest seemed interminable; nowhere did he discover a break in it, not even a woodman's road. He had not known that he lived in so wild a region. There was something uncanny in the revelation.

By nightfall he was fatigued, footsore, famishing. The thought of his wife and children urged him on. At last he found a road which led him in what he knew to be the right direction. It was as wide and straight as a city street, yet it seemed untraveled. No fields bordered it, no dwelling anywhere. Not so much as the barking of a dog suggested human habitation. The black bodies of the trees formed a straight wall on both sides, terminating on the horizon in a point, like a diagram in a lesson in perspective. Overhead, as he looked up through this rift in the wood, shone great golden stars looking unfamiliar and grouped in strange constellations. He was sure they were ar- ranged in some order which had a secret and ma- lign significance. The wood on either side was full of singular noises, among which – once, twice, and again – he distinctly heard whispers in an unknown tongue.

His neck was in pain and lifting his hand to it he found it horribly swollen. He knew that it had a circle of black where the rope had bruised it. His eyes felt congested; he could no longer close them. His tongue was swollen with thirst; he relieved its fever by thrusting it forward from between his teeth into the cold air. How softly the turf had carpeted the untraveled avenue – he could no longer feel the roadway beneath his feet!

Doubtless, despite his suffering, he had fallen asleep while walking, for now he sees another scene – perhaps he has merely recovered from a delirium. He stands at the gate of his own home. All is as he left it, and all bright and beautiful in the morning

Den ganzen Tag war er unterwegs, wählte die Richtung nach dem Lauf der Sonne. Der Wald schien grenzenlos; nirgends konnte er in ihm eine Lichtung entdecken, nicht einmal den Pfad eines Waldbewohners. Er hatte nicht gewußt, daß er in einer so wilden Gegend lebte. Es lag etwas Unheimliches in dieser überraschenden Entdeckung.

Bei Einbruch der Nacht war er erschöpft, fußwund, ausgehungert. Der Gedanke an Frau und Kinder drängte ihn weiter. Schließlich kam er auf eine Straße, deren Verlauf er als die richtige Richtung erkannte. Sie war breit und geradlinig wie eine Stadtstraße, es schien aber niemand darauf unterwegs zu sein. Keine Felder säumten sie, nirgends eine Behausung. Nicht einmal das Bellen eines Hundes kündete von menschlichen Niederlassungen. Die schwarzen Leiber der Bäume bildeten beidseits gerade Mauern, die am Horizont in einem Punkt endigten, wie bei einer Zeichenfigur in einer Lehrstunde über Perspektive. Über ihm, als er durch diesen Spalt im Wald emporschaute, leuchteten große goldene Sterne, die ihm fremd vorkamen und in sonderbaren Bildern zusammengestellt waren. Gewiß, so fühlte er, waren sie in einer bestimmten Ordnung gruppiert, die eine geheime und unheilvolle Bedeutung hatte. Der Wald auf beiden Seiten war voll ungewöhnlicher Laute, unter denen – einmal, zweimal und noch einmal – er deutlich Geflüster in einer unbekannten Sprache vernahm.

Sein Hals schmerzte, und als er mit der Hand danach tastete, fand er ihn scheußlich geschwollen. Er wußte, daß um ihn herum eine runde Linie lief, wo die Schlinge ihn gequetscht hatte. Er spürte den Blutandrang in den Augen; er konnte sie nicht mehr schließen. Seine Zunge war vom Durst geschwollen; er milderte ihr Brennen, indem er sie zwischen die Zähne hindurch in die kalte Luft stieß. Wie weich die Grasnarbe die unbegangene Landstraße überzogen hatte – er konnte unter seinen Füßen den Fahrweg nicht mehr spüren!

Gewiß war er trotz seines Schmachtens beim Gehen eingeschlafen, denn jetzt erblickt er ein anderes Bild – vielleicht hat er sich auch nur von einer Bewußtseinstrübung erholt. Er steht am Gartentor seines eigenen Zuhauses. Alles ist so, wie er es verlassen hat, alles leuchtend und schön in der Morgenson-

sunshine. He must have traveled the entire night. As he pushes open the gate and passes up the wide white walk, he sees a flutter of female garments; his wife, looking fresh and cool and sweet, steps down from the veranda to meet him. At the bottom of the steps she stands waiting, with a smile of ineffable joy, an attitude of matchless grace and dignity. Ah, how beautiful she is! He springs forward with extended arms. As he is about to clasp her he feels a stunning blow upon the back of the neck; a blinding white light blazes all about him with a sound like the shock of a cannon – then all is darkness and silence!

Peyton Farquhar was dead; his body, with a broken neck, swung gently from side to side beneath the timbers of the Owl Creek bridge.

William Carleton: The Gauger Outwitted

Behind the mountain of Altnaveenan lies one of those deep and precipitous valleys, on which the practised eye of an illicit distiller would dwell with delight, as a region not likely to be invaded by the unhallowed feet of the gauger and his red-coats. The spot we speak of was, from its peculiarly isolated position, nearly invisible, unless to such as came very close to it.

This advantage of position was not, however, its only one. It is true, indeed, that the moment you entered it, all possibility of its being applied to the purposes of distillation at once vanished. If a gauger actually came to the little chasm, and cast his scrutinising eye over it, he would immediately perceive that the erection of a private still in such a place was a piece of folly not generally to be found in the plans of those who have recourse to such practices.

This absence, however, of the requisite conven-

ne. Er muß wohl die ganze Nacht unterwegs gewesen sein. Als er das Tor aufstößt und die breite weiße Zufahrt hinaufgeht, sieht er ein Geflatter von weiblichen Kleidern; seine Frau, die frisch und kühl und süß aussieht, schreitet von der Veranda hinunter ihm entgegen. Am Fuße der Stufen wartet sie auf ihn, mit einem Lächeln unsäglicher Wonne, einer Haltung der Anmut und Würde ohnegleichen. Ach, wie schön sie ist! Er springt vorwärts mit ausgebreiteten Armen. Als er sie gerade umfassen will, spürt er einen betäubenden Schlag im Nacken; ein blendendes weißes Licht läßt alles um ihn mit einem Knall wie dem eines Kanonenschusses aufflammen – dann ist alles Dunkelheit und Stille!

Peyton Farquhar war tot; sein Körper, mit gebrochenem Genick, schaukelte sanft hin und her zwischen den Schwellen der Eulenfluß-Brücke.

William Carleton: Der überlistete Steuereinnehmer

Tief im Altnaveen-Gebirge liegt eins der schroffen Felsentäler, auf denen der geübte Blick jedes illegalen Whiskybrenners voll Begeisterung ruhen muß, da es eine Gegend ist, die nicht so leicht von den ruchlosen Schritten des Steuereinnehmers und seiner Rotröcke entweiht werden kann. Wegen ihrer merkwürdig isolierten Lage war die Stelle, von der wir reden, fast unsichtbar, außer man kam sehr nahe heran.

Doch war die günstige Lage nicht der einzige Vorteil. Im Augenblick, wo man das Tal betrat, schwand zunächst einmal jede Wahrscheinlichkeit, es zum Zweck einer heimlichen Destillation benutzen zu können. Wenn wirklich ein Steuereinnehmer in die kleine Schlucht geraten wäre und sein spähendes Auge umhergesandt hätte, dann hätte er sofort bemerkt, daß die Errichtung einer Privat-Brennerei an solch einem Ort ein Torenstück gewesen wäre, wie man es im allgemeinen nicht bei den Leuten findet, die in solchen Praktiken bewandert sind.

Aber das Fehlen der erforderlichen «Räumlichkeiten» war

iences was apparent, not real. To the right, about 100 yards above the entrance to the chasm, ran a ledge of rocks some fifty feet high. Along the lower brows, near the ground, grew thick matted masses of long heath, which covered the entrance to a cave about as large and as high as an ordinary farm-house. Through a series of small fissures in the rocks which formed its roof descended a stream of clear, soft water, precisely such as was actually required by the distiller. But, unless by lifting up this mass of heath, nobody could imagine that there existed any such grotto, or so unexpected and easy an entrance to it. Here was a private still-house made by the hand of nature herself, such as no art or ingenuity of man could equal.

Now it so happened that there lived in our parish two individuals so antithetical to each other in their pursuits of life that we question whether we could find any two animals more destructive of each other than the two we mean – to wit, Bob Pentland, the gauger, and little George Steen, the illicit distiller. Pentland was an old, staunch, well-trained fellow, of about fifty years, steady and sure. His dark eye was deep-set, circumspect, and roguish in its expression, and his shaggy brow seemed always to be engaged in calculating whereabouts his inveterate foe, little George Steen, who eternally blinked him when almost in his very fangs, might then be distilling. Pentland was proverbial for his sagacity and adroitness in detecting distillers, and little George was equally proverbial for having always baffled him, and sometimes under circumstances where escape seemed hopeless.

The incidents which we are about to detail occurred at that period when our legislators thought it advisable to impose a fine upon the whole townland in which the Still might be found ; thus opening a door for knavery and fraud, and – as it proved in most cases – rendering the innocent as liable to suffer for an

nur scheinbar. Rechterhand, ungefähr hundert Meter oberhalb vom Eingang in die Schlucht, lief ein etwa zwanzig Meter starkes Felsband entlang. Am Fuß seiner unteren Vorsprünge wuchsen dicke, verfilzte Teppiche hohen Heidekrauts und verdeckten den Eingang zu einer Höhle, die etwa so hoch und so groß wie ein gewöhnliches Bauernhaus war. Durch mehrere schmale Risse in den Felsen, die das Dach bildeten, rann ein Bächlein mit klarem, weichem Wasser, genau, wie es für einen Whisky-Brenner erwünscht war. Wenn man jedoch den Heidekraut-Teppich nicht hochhob, hätte man nie vermutet, daß eine solche Höhle oder ein so unerwarteter und leichter Zugang überhaupt existiere. Es war eine Privat-Brennerei, von der Hand der Natur selbst erschaffen, wie sie weder menschliche Klugheit noch Kunstfertigkeit zustande brachten.

Nun lebten in unsrer Gemeinde zwei Männer, deren Lebensziele einander so entgegengesetzt waren, daß es uns fraglich erscheint, ob irgendwo zwei Geschöpfe leben, die so auf gegenseitige Vernichtung bedacht sind wie diese beiden, nämlich Bob Pentland, der Steuereinnehmer, und der kleine George Steen, illegaler Whiskybrenner. Bob Pentland war ein gerissener, zäher, unermüdlicher und zuverlässiger alter Bursche von ungefähr fünfzig Jahren. Seine dunklen Augen lagen tief, waren umsichtig und hatten etwas Spitzbübisches an sich. Hinter seiner zerklüfteten Stirn schienen immer Gedanken zu spielen, wo der kleine George Steen, sein hartnäckiger Feind, wohl gerade Whisky brennen könnte – denn immer entschlüpfte er ihm, wenn er ihn just in den Fängen zu haben glaubte. Bob Pentland war wegen seiner Findigkeit und Geschicklichkeit im Aufspüren von Schwarzbrennern sprichwörtlich geworden – aber der kleine George Steen war ebenso sprichwörtlich dafür geworden, daß er ihm immer entwischt war, und manchmal unter Umständen, wo jedes Entkommen aussichtslos schien.

Die Begebenheit, die wir jetzt schildern wollen, ereignete sich zu jener Zeit, als unsre Gesetzgeber es für richtig hielten, der ganzen Gemeinde eine Geldstrafe aufzuerlegen, in der eine Brennerei entdeckt würde. Damit standen alle Wege offen für Gaunerei und Schelmenstreiche, und – wie es sich in den

offence they never contemplated as the guilty who planned and perpetrated it. The consequence of such a law was, that still-houses were certain to be erected either at the very verge of the neighbouring districts or as near them as the circumstances of convenience and situation would permit. The moment, of course, that the hue-and-cry of the gauger and his myrmidons was heard upon the wind, the whole apparatus was immediately heaved over the mearing to the next townland, from which the fine imposed by Parliament was necessarily raised, whilst the crafty and offending district actually escaped.

Necessity, together with being the mother of invention, is also the cause of many an accidental discovery. Pentland had been so frequently defeated by little George that he vowed never to rest until he had secured him; and George, on the other hand, frequently told him – for they were otherwise on the best terms – that he "defied the devil, the world, and Bob Pentland". The latter, however, was a sore thorn in his side, and drove him from place to place, from one haunt to another, until he began to despair of being able any longer to outwit him, or to find within the parish any spot at all suitable to distillation with which Pentland was not acquainted. In this state stood matters between them, when George fortunately discovered at the hip of Altnaveenan hill the natural grotto we have just sketched so briefly.

Now, George was a man, as we have already hinted, of great fertility of resources; but there existed in the same parish another distiller who outstripped him in that farsighted cunning which is so necessary in misleading or circumventing such a sharp-scented old hound as Pentland. This was little Mickey McQuade, a short-necked, squat little fellow, with bow legs, who might be said rather to creep in his motion than to walk. George and Mickey were intimate friends, independently of their joint antipa-

meisten Fällen zeigte, mußten Unschuldige ebenso oft für ein Vergehen büßen, an das sie nie gedacht hatten, wie die Sünder, die es ausgeheckt und verübt hatte. So war es denn auch eine Folge dieses Gesetzes, daß die Brennereien entweder dicht an der Grenze der Nachbargemeinde oder so nahebei errichtet wurden, wie es die Lage und die zum Brennen nötigen Bedingungen nur zuließen. Im Augenblick, wo das Geschrei des Steuereinnehmers und seiner Schergen ertönte, wurde natürlich die ganze Anlage sofort über die Grenze und in die nächste Gemeinde getragen, von welcher dann die von Parlaments wegen auferlegte Buße erhoben wurde, während die schlauen Missetäter ungestraft entkamen.

Not ist nicht nur die Mutter aller Erfindungen, sie ist auch die Ursache mancher Zufallsentdeckung. Pentland war so oft von dem kleinen George Steen hereingelegt worden, daß er geschworen hatte, nicht zu ruhen, ehe er ihn erwischt hatte, und George seinerseits sagte ihm immer wieder – denn sie standen sich sonst sehr gut –, daß er «dem Teufel, der Welt und Bob Pentland Trotz biete».

Doch der Steuereinnehmer war ihm ein rechter Dorn im Auge, denn er jagte ihn von Ort zu Ort und von einem Versteck zum andern, bis er fast daran verzweifelte, ihn noch länger übertölpeln zu können oder wo in der ganzen Gemeinde er einen geeigneten Ort zum Brennen finden sollte, den Pentland nicht schon kannte. So lagen die Dinge, als George Steen erfreulicherweise die natürliche Höhle in der Wand der Altnaveen-Berge entdeckte, die wir eben kurz beschrieben haben.

Nun war George Steen, wie wir schon andeuteten, ein Mann, der reich an neuen Einfällen war. Doch in der gleichen Gemeinde lebte ein anderer Schwarzbrenner, der George noch in jener umsichtigen Schlauheit übertraf, die notwendig ist, will man einen so scharfen alten Bluthund wie Bob Pentland nasführen oder überlisten.

Er hieß Mickey McQuade, ein untersetzter kleiner Bursche mit kurzem Hals und krummen Beinen, der eher kroch als ausschritt. George und Mickey waren dick befreundet, ganz abgesehen von ihrer gemeinsa-

thy against the gauger; and, truth to tell, many of the defeats which Pentland experienced at George's hands were, *sub rosa*, to be attributed to Mickey.

The first thing, of course, that George did was to consult Mickey, and both accordingly took a walk up to the scene of their future operations. On examining it and perceiving its advantages, the look of exultation and triumph passed between them.

"This will do," said George. "Eh – don't you think we'll put our finger in Pentland's eye yet?"

Mickey spat sagaciously over his beard, and, after a second glance, gave one grave grin which spoke volumes. "It'll do," he said; "but there's one point to be got over that maybe you didn't think of."

"What is it?"

"What do you intend to do with the smoke when the fire's lit? There'll be no keepin' *that* down. Let Pentland see but as much smoke risin' as would come out of an ould woman's dudeen, an' he'd have us."

George started, and it was clear by the vexation and disappointment which were visible on his brow that unless this untoward circumstance could be managed their whole plan was deranged, and the cave of no value.

"What's to be done?" he inquired of his cooler companion. "If we can't get over this, we may bid good-bye to it."

"Never mind," said Mickey; "I'll manage it, and *do* Pentland still."

"Ay, but how?"

"It's no matter. Let us not lose a minute in settin' to work. Lave the other thing to me; an' if I don't account for the smoke without discoverin' the entrance to the still, I'll give you lave to crop my ears off my head!"

In those times, when distillation might be considered as almost universal, it was customary for farmers to build their out-houses with secret cham-

men Antipathie gegen den Steuereinnehmer. Tatsächlich stammte manch eine Schlappe, die Bob Pentland von George einstecken mußte, im Grunde von Mickey.

Das erste, was George nun tat, war natürlich, daß er Mickey zu Rate zog, woraufhin beide einen gemeinsamen Spaziergang zum Schauplatz ihrer zukünftigen Operationen unternahmen. Sie inspizierten ihn, wurden all seiner Vorteile gewahr und wechselten einen Blick überwältigenden Triumphs.

«Das ist das Richtige!» sagte George. «Glaubst du nicht, daß wir Bob Pentland doch nochmal ausstechen werden?»

Mickey spuckte weise aus, betrachtete sich die Sache noch ein zweitesmal und ließ dann ein feierliches Grinsen vom Stapel, das Bände sprach. «Ja, 's ist das Richtige», meinte er. «Aber ein Haken ist doch dabei, und du hast vielleicht nicht dran gedacht.»

«Was ist es denn?»

«Was willst du mit dem Rauch machen, wenn das Feuer im Gange ist? Den kannst du nicht beseitigen! Laß Bob Pentland nur soviel davon sehen, wie aus der Pfeife einer alten Frau aufsteigt, und er hat uns!»

George war bestürzt, und der Ärger und die Enttäuschung in seinem Gesicht bewiesen deutlich, daß ihr ganzer Plan unnütz und die Höhle wertlos wäre, wenn sie nicht mit diesem Hindernis fertigwürden.

«Was machen wir bloß?» fragte er seinen Kameraden, der es ruhiger hinnahm. «Wenn wir keinen Ausweg finden, müssen wir's vielleicht aufgeben?»

«Laß nur», sagte Mickey, «ich schaffe es und lege Pentland doch noch rein!»

«Ja, aber wie?»

«Darauf kommt's jetzt nicht an. Wir wollen keine Minute verlieren und anfangen. Das andre überlasse nur mir, und wenn ich nicht mit dem Rauch fertigwerde und der Eingang zur Brennerei entdeckt wird, darfst du mir beide Ohren abschneiden!»

Damals, als das heimliche Whisky-Brennen eine durchaus allgemeine Gepflogenheit war, bauten die Bauern üblicherweise in ihre Wirtschaftsgebäude geheime Kammern und

bers and other requisite partitions necessary for carrying it on. Several of them had private stores built between false walls, and many of them had what were called *Malt-steeps* sunk in hidden recesses and hollow gables, for the purpose of steeping the barley, and afterwards of turning and airing it, until it was sufficiently hard to be kiln-dried and ground. From the mill it was conveyed to the still-house upon what were termed *Slipes*, a kind of car that was made without wheels, in order the more easily to pass through morasses and bogs which no wheeled vehicle could encounter.

In the course of a month or so, George and Mickey, aided by their friends, had all the apparatus of keeve, hogshead, etc., together with Still, Head, and Worm, set up and in full work.

"And now, Mickey," inquired his companion, "how will you manage about the smoke? For you know that the two worst informers against a private distiller are a smoke by day an' a fire by night."

"I know that," replied Mickey, "an' a rousin' smoke we'll have for I'm 'fraid a little puff wouldn't do us. Come, now, an' I'll show you."

They both ascended to the top, where Mickey had closed all the open fissures of the roof with the exception of that which was directly over the fire of the still. This was at best not more than six inches in breadth and about twelve long. Over it he placed a piece of strong plate-iron perforated with holes, and on this he had a fire of turf, beside which sat a little boy who acted as a vedette. The thing was simple but effective. Clamps of turf were at every side of them, and the boy was instructed if the gauger ever appeared to heap on fresh fuel, so as to increase the smoke in such a manner as to induce him to suppose that *all* he saw of it proceeded merely from the fire before him. In fact, smoke from the cave below was a completely identified with that which was emitted

Verschläge für Gerätschaften ein, die zum Brennen benötigt wurden. Manche hatten geheime Vorratsräume zwischen falschen Wänden, und viele hatten in versteckten Winkeln und tiefen Giebeln sogenannte Malzgruben eingelassen, die man brauchte, um die Gerste quellen zu lassen und sie danach zu wenden und zu lüften, bis sie hart genug war, daß man sie rösten und mahlen konnte.

Von der Mühle wurde sie auf sogenannten Rutschen zur Brennerei geschafft: das war eine Art Wagen ohne Räder, mit dem man leichter über Moore und Sümpfe kam, die ein Gefährt mit Rädern nicht hätte passieren können.

Nach ungefähr einem Monat hatten George und Mickey mit Hilfe einiger Freunde die ganze Anlage, Maischbottich, Oxhoft und so weiter, samt Destillierblase, Helm und Rücklaufkühler aufgestellt und in vollem Gang.

«Und jetzt, Mickey», fragte sein Freund, «sag mir mal, was du gegen den Rauch unternommen hast! Denn du weißt ja, die schlimmsten Verräter eines heimlichen Brenners sind der Rauch bei Tag und das Feuer bei Nacht.»

«Weiß ich, weiß ich», erwiderte Mickey, «und einen tüchtigen Rauch werden wir haben, denn leider kann uns ein kleines Wölkchen nicht genügen. Aber komm, ich werd's dir zeigen!»

Die beiden stiegen auf den Berg, wo Mickey alle offenen Felsspalten im Dach der Höhle zugestopft hatte, ausgenommen eine, die sich genau senkrecht über dem Feuer der Brennerei befand. Sie war höchstens zwölf Zentimeter breit und fünfundzwanzig Zentimeter lang. Darüber hatte er ein starkes Eisenblech gelegt, das er durchlöchert hatte und auf dem ein Torffeuerchen brannte, neben dem ein kleiner Junge saß und Wachtposten spielte.

Es war einfach, aber praktisch. Torfstücke lagen rechts und links, und der Junge hatte Anweisung, er solle, sowie der Steuereinnehmer auftauchte, frischen Brennstoff auflegen, damit der Rauch dann so stark wurde, daß der Steuereinnehmer glauben mußte, der ganze Rauch käme nur von dem Feuer vor seiner Nase. Und wirklich mischte sich der

from the fire above, that no human being could penetrate the mystery, if not made previously acquainted with it. The writer of this saw it during the hottest process of distillation, and failed to make the discovery. On more than one occasion has he absconded from home, seized with that indescribable fascination which such a scene holds forth to youngsters, as well as from his irrepressible anxiety to hear the old stories and legends with the recital of which they generally pass the night.

In this way did George, Mickey and their friends proceed for the greater part of a winter without a single visit from Pentland. Several successful runnings had come off, which had, of course, turned out highly profitable. They were just now preparing to commence their last, not only for the season, but the last they should ever work together, as George was making preparations to go to America in the spring. Even this running was going on to their satisfaction, and the singlings had been thrown again into the still, from the worm of which projected the strong medicinal *first-shot* as the doubling commenced – the spirit in its pure and finished state.

On this occasion the two worthies were more than ordinarily anxious, and they doubled their usual precautions against a surprise, for they knew that Pentland's visits resembled the pounces of a hawk or the springs of a tiger. In this they were not disappointed. When the doubling was about half finished he made his appearance, attended by a strong party of reluctant soldiers – for the military never took delight in harassing the country people at the command of a keg-hunter, as they generally nicknamed the gauger. It had been arranged that the vedette should whistle a particular tune the moment that the gauger or a red-coat, or any person whom he did not know, should appear. Accordingly, about eight o'clock in the morning, they heard the little fellow in

Rauch aus der Höhle unten so vollkommen mit dem Rauch vom Torffeuer, daß kein Mensch das Geheimnis herausbringen konnte, falls er nicht vorher eingeweiht worden war. Der Erzähler sah es während der heißesten Phase des Brennvorgangs, ohne das Geheimnis zu entdecken. Mehr als einmal, ist er von zu Hause ausgerissen, gepackt von dem unbeschreiblichen Zauber, den so ein Schauspiel auf die Jugend ausübt. Hinzu kam sein nicht zu bändigender Wissensdurst, dem Erzählen der alten Geschichten und Sagen zu lauschen, womit man meistens die Nacht verbrachte.

So trieben es George, Mickey und ihre Freunde den größten Teil des Winters, ohne ein einziges Mal von Pentland besucht zu werden. Mehrmals hatten sie mit Erfolg «abgezogen» und natürlich reichen Gewinn eingesteckt. Nun waren sie gerade dabei, mit der letzten Destillation zu beginnen – der letzten nicht nur für diesen Winter, sondern in ihrer Zusammenarbeit, da George im Frühling nach Amerika gehen wollte. Sogar dieser «Brand» verlief zu ihrer Zufriedenheit, und der «Nachlauf» war wieder in den Kolben zurückgeworfen worden, aus dessen Abfluß – da bereits die «Duplierung» begann – der medizinisch starke Extrakt hervorkam, das heißt, der Branntwein in seinem reinen und endgültigen Zustand.

Diesmal waren die beiden Helden noch besorgter als sonst, und sie verdoppelten ihre üblichen Vorsichtsmaßnahmen gegen eine Überraschung, denn Pentlands Besuche glichen dem Zupacken eines Habichts oder dem Sprung eines Tigers. Und sie wurden nicht enttäuscht: als sie mit der «Duplierung» halb fertig waren, tauchte er auf, begleitet von einer starken Eskorte unwilliger Soldaten.

Das Militär war nämlich nie mit Begeisterung dabei, die Landleute zu belästigen, nur, weil's der «Flaschenjäger» (wie sie den Steuereinnehmer nannten) so befahl. Mit dem kleinen Wachtposten war abgemacht worden, daß er eine bestimmte Melodie pfeifen sollte, sowie der Steuereinnehmer oder ein Rotrock oder sonst jemand auftauchte, den er nicht kannte. Daher hörten sie gegen acht Uhr in der Frühe, wie der kleine Bursche aus Leibeskräften das

his highest key whistling that well-known and significant old Irish air called "Go to the Devil and Shake yourself".

"Be the pins," which was George's usual oath – "Be the pins, Mickey, it's over with us – Pentland's here, for there's the sign."

Mickey paused for a moment and listened very gravely ; then squirting out a tobacco spittle, "Take it easy," said he ; "I have half a dozen fires about the hills, any one as like this as your right hand is to your left. I didn't spare trouble, for I knew that if we'd get over *this* day, we'd be out of his power."

"Well, my good lad," said Pentland, addressing the vedette, "What's this fire for?"

"What is it for, is it?"

"Yes ; if you don't let me know instantly I'll blow your brains out, and get you hanged and transported afterwards." This he said with a thundering voice, cocking a large horse pistol at the same time.

"Why, sir," said the boy, "it's watchin' a still I am ; but if you tell upon me, it's broilin' upon these coals I'll be soon."

"Where is the still, then? An' the still-house, where is it?"

"Oh, begorra, as to where the still or still house is, they wouldn't tell *me* that."

"Why, sirra, didn't you say this moment you were watching a still?"

"I meant, sir," replied the lad, with a face that spoke of pure idiocy, "that it was the gauger I was watchin', and I was to whistle upon my fingers to let the boy at that fire on the hill there above know he was comin'!"

"Who·told you to do so?"

"Little George, sir, an' Mickey McQuade."

"Ay, ay, right enough there, my lad – two of the most notorious schemers unhanged, they are both.

wohlbekannte und bedeutungsvolle irische Liedchen pfiff:
«Geh zum Teufel und tummle dich!»

George stieß seinen Lieblingsfluch aus: «Heiliges Hühnerbein, jetzt ist's aus mit uns, Mickey! Pentland ist da! Hast du das Signal gehört?»

Mickey hielt einen Augenblick inne und lauschte sehr ernst. Dann spritzte er ein bißchen Tabaksaft aus dem Mundwinkel und sagte: «Immer mit der Ruhe! Auf den Hügelkuppen ringsum brennen ein halbes Dutzend Feuerchen, und jedes ist dem hier so ähnlich wie deine rechte Hand der linken. Ich hab' mir die größte Mühe gegeben, denn ich wußte, wenn wir heute durchkommen, kann er uns nichts mehr anhaben.»

«Also nun sag mal, mein Kleiner», fragte Pentland den Wachtposten, «wozu brennt denn hier das Feuer?»

«Wofür das Feuer brennt, meinen Sie?»

«Ja, und wenn du mir nicht sofort Bescheid gibst, blase ich dir dein Gehirn aus und laß dich hängen und hinterher deportieren!» sagte er mit Donnerstimme und spannte gleichzeitig seine riesige Parade-Pistole.

«Ach, Herr», sagte der Junge, «ich halte Wache fürs Brennen, aber verraten Sie mich ja nicht, sonst braten sie mich hier auf dem Feuer!»

«Wo ist also der Kessel? Und wo die Brennerei, also bitte sehr?»

«Och je, wo der Kessel oder die Brennerei ist, das sagen die mir doch nicht!»

«Aber Bürschchen, du hast ja eben gerade gesagt, daß du fürs Brennen Wache hältst?»

«Ich meinte, Herr», antwortete der Junge mit einem Gesicht, das nicht idiotischer hätte sein können, «ich meinte, daß ich auf den Steuereinnehmer aufpasse, und ich soll pfeifen, damit der Junge beim Feuer auf dem nächsten Berg Bescheid weiß, daß er kommt.»

«Wer hat dir gesagt, daß du das tun sollst?»

«Der kleine George, Sir, und Mickey McQuade.»

«Stimmt, mein Junge – das sind die beiden frechsten Gauner, die noch nicht baumeln. Aber jetzt sei mal ein guter

But now, like a good boy, tell me the truth, an' I'll give you the price of a pair of shoes. Do you know where the still or still-house is? Because, if you do, an' won't tell me, here are the soldiers at hand to make a prisoner of you; an' if they do, all the world can't prevent you from being hanged, drawn and quartered."

"Oh, bad cess may seize the morsel o' me knows that, but, if you'll give me the money, sir, I'll tell you who can bring you to it, for he tould me yesterday mornin' that he knew, an' offered to bring me there last night."

"Well, my lad, who is this boy?"

"Do you know Harry Neil, sir?"

"I do, my good boy."

"Well, it's a son of his, sir; an' look, sir; do you see the smoke farthest up to the right, sir?"

"To the right? Yes."

"Well, 'tis there, sir, that Darby Neil is watchin'; and he *says* he knows."

"How long have you been watching here?"

"This is only the third day, sir, for *me*, but the rest, them boys above, has been here a good while."

"Have you seen nobody stirring about the hills since you came?"

"Only once, sir, yesterday, I seen two men, havin' an empty sack or two, runnin' across the hill there above."

At this moment the military came up, for he had himself run forward in advance of them, and he repeated the substance of his conversation with the vedette. Upon examining the stolidity of his countenance, in which there certainly was a woeful deficiency of meaning, they agreed among themselves that his appearance justified the truth of the story which he told the gauger; and upon being still further interrogated, they were confirmed that none but a stupid lout like himself would entrust to his keeping any secret worth knowing. They now separated

Junge und sag mir die Wahrheit, dann schenk ich dir Geld für ein Paar Schuhe! Weißt du, wo der Kessel oder die Brennerei ist? Wenn du's nämlich weißt und mir nicht sagst, dann hab' ich hier meine Soldaten bei der Hand, die dich gefangenneh-men, und dann kann dich keiner davor retten, daß du gehängt und geschunden und geviertelt wirst!»

«Oh Herr, ich will verdammt sein, wenn ich auch nur ein Fünkchen davon weiß! Aber wenn Sie mir das Geld geben, Sir, will ich Ihnen sagen, wer Sie hinführen kann, denn gestern früh hat er mir gesagt, daß er's weiß, und gestern abend hat er gesagt, er will mich hinbringen!»

«Fein, mein Junge! Wer ist es denn?»

«Kennen Sie Harry Neil, Sir?»

«Ja, mein guter Junge.»

«Einer von dessen Jungen weiß es also, Sir. Und sehen Sie den Rauch dahinten? Ganz weit rechts?»

«Rechts? Ja!»

«Da hält Darby Neil Wache, Sir, und der hat gesagt, daß er's weiß.»

«Wie lange hältst du hier schon Wache?»

«Ich? Bloß erst drei Tage, Sir, aber die andern, die Jungen da drüben, die sind schon sehr lange da.»

«Hast du niemand hier in den Bergen herumlaufen sehen, seit du hier sitzt?»

«Nur einmal, Herr, gestern, da habe ich zwei Männer gesehen, die trugen ein paar leere Säcke und sind übern Berg drüben gelaufen!»

In diesem Augenblick kamen auch die Soldaten an, denn Pentland war ihnen vorausgeeilt, und er wiederholte ihnen den Inhalt seines Gesprächs mit dem Wachtposten. Nachdem sie dem Jungen prüfend in sein gleichmütiges Gesicht ge-blickt hatten, das wirklich eine bedauerliche Verständnis-losigkeit verriet, waren sie sich einig, daß sein Ausdruck die Wahrheit der Geschichte bestätigte, die er dem Steuer-einnehmer erzählt hatte. Und nachdem sie ihn noch weiter ausgehorcht hatten, waren sie überzeugt, daß nur ein ebenso dummer Tölpel wie er ihm ein wissenswertes Geheimnis an-vertraut haben könne. Sie trennten sich in so viele Einzel-

themselves into as many detached parties as there were fires burning on the hills about them, the gauger himself resolving to make for that which Darby Neil had in his keeping, for he could not help thinking that the vedette's story was too natural to be false. They were just in the act of separating themselves to pursue their different routes when the lad said: –

"Look, sir! look, sir! Bad scran be from me but there's a still, anyway. Sure I often seen a still: that's just like the one that Philip Hagan, the tinker, mended in George Steen's barn."

"Hollo, boys," exclaimed Pentland, "stoop! stoop! They are coming this way, and don't see us: no, hang them, no! they have discovered us now, and are off towards Mossfield. By Jove, this will be a bitter trick if they succeed. Confound them, they are bent for Ballagh, which is my own property; and if we do not intercept them it is I myself who will have to pay the fine."

The pursuit instantly commenced with a speed and vigour equal to the ingenuity of this singular act of retaliation on the gauger. Pentland himself, being long-winded from much practice in this way, and being further stimulated by the prospective loss which he dreaded, made as beautiful a run of it as any man of his years could do. It was all in vain, however. He merely got far enough to see the Still, Head, and Worm, heaved across the march ditch into his own property, and to reflect that he was certain to have the double consolation of being made a standing joke of for life, and of paying heavily for the jest out of his own pocket. In the meantime, he was bound, of course, to seize the still, and report the capture. And as he himself farmed the townland in question, the fine was levied to the last shilling, upon the very natural principle that if he had been sufficiently active and vigilant, no man would have attempted to set up a still so convenient to his own residence and property.

gruppen, wie Feuer auf den umliegenden Hügeln brannten, und der Steuereinnehmer behielt es sich vor, auf dasjenige zuzueilen, das Darby Neil hütete, denn die Geschichte des kleinen Wachtpostens hatte zu natürlich geklungen, fand er, um erlogen zu sein. Gerade wollten sie sich trennen, um ihre verschiedenen Marschrouten einzuschlagen, als der Junge rief:

«Schnell, Herr! Sehen Sie, da! Der Kuckuck soll mich holen, wenn das nicht ein Brennkessel ist. Hab' oft genug einen gesehen! Der da sieht aus wie einer, den der Kesselflicker Philip Hagan mal in George Steens Scheune ausgebessert hat!»

«Hinlegen, Jungens, hinlegen!» rief Pentland. «Sie kommen hierher und sehen uns nicht! Nein, verdammt nochmal! Jetzt haben sie uns entdeckt und laufen auf Mossfield zu! Herrje, wenn ihnen das glückt, ist's ein gemeiner Trick! Der Teufel soll sie holen, sie laufen nach Ballagh, wo ich mein Grundstück habe, und wenn wir sie nicht aufhalten, muß ich selbst die Strafe zahlen!»

Die Verfolgung wurde mit aller Eile und Energie ins Werk gesetzt, die einem so ausnehmend geistreichen Rache-Akt am Steuereinnehmer entsprach. Pentland, der lange durchhalten konnte, weil er gut trainiert war, und den außerdem der gefürchtete drohende Geldverlust anspornte, rannte so prachtvoll wie kein zweiter in seinen Jahren. Es war jedoch alles umsonst. Er kam nur so weit, um zu sehen, wie die Blase samt Helm und Auslauf über den kleinen Grenzgraben auf sein eigenes Grundtück hinübergeworfen wurde, und darüber nachzudenken, daß ihn ein doppelter «Trost» erwartete: man würde ihn seiner Lebtage auslachen. und für den Scherz mußte er aus eigener Tasche schwer bezahlen.

Einstweilen war es natürlich seine Pflicht, den Destillierkessel zu beschlagnahmen und über den Fund zu berichten. Und da er das betreffende Stück Farmland selbst beackerte, wurde die Buße bis auf den letzten Shilling einkassiert, gemäß dem sehr einleuchtenden Prinzip, daß, wäre er umsichtig und wachsam gewesen, niemand versucht haben würde, ihm den Apparat so bequem auf seinen eigenen Grund und Boden zu setzen.

This manœuvre of keeping in reserve an old set of apparatus, for the purpose of misleading the gauger, was afterwards often practised with success; but the first discoverer of it was undoubtedly Mickey McQuade, although the honour of the discovery was attributed to his friend George Steen. The matter, however, did not actually end here, for a few days afterwards some malicious wag – in other words, George himself – had correct information sent to Pentland touching the locality of the cavern and the secret of its entrance. On this occasion the latter brought a larger military party than usual along with him, but it was only to make him feel that he stood in a position, if possible, still more ridiculous than the first. He found, indeed, the marks of recent distillation in the place, but nothing else. Every vessel and implement connected with the process had been removed, with the exception of one bottle of whiskey, to which was attached, by a bit of twine, the following friendly note: –

"Mr. Pentland, Sir – Take this bottle home and drink your own health. You can't do less. It was distilled *under your nose*, the first day you came to look for us, and bottled for you while you were speaking to the little boy that made a hare of you. Being distilled, then, under your nose, let it be drunk in the same place, and don't forget while doing so to drink the health of

G. S."

The incident went abroad like wildfire, and was known everywhere. Indeed, for a long time it was the standing topic of the parish; and so sharply was it felt by Pentland that he could never keep his temper if asked: "Mr. Pentland, when did you see little George Steen?" – a question to which he was never known to give a civil reply.

Dieser Trick, einen alten Destillierapparat in Reserve zu halten, um den Steuereinnehmer irrezuführen, wurde später noch oft mit Erfolg angewandt, aber sein Erfinder war zweifellos Mickey McQuade, wenn auch die Ehre der Entdeckung dessen Freund George Steen zugesprochen wurde. Doch damit endete die Sache noch nicht, denn ein paar Tage hinterher ließ ein boshafter Spaßvogel – mit andern Worten, George persönlich – Pentland genaue Nachricht zukommen über die Lage der Höhle und ihren geheimen Eingang. Bei diesem Anlaß nahm der Steuereinnehmer eine noch größere Abteilung Soldaten mit als sonst, doch er mußte entdecken, daß er, falls das möglich war, noch lächerlicher dastand als das erstemal.

Allerdings fand er Spuren von einem Brennvorgang, der kürzlich dort stattgefunden hatte, aber sonst auch nichts. Jedes Gefäß und Gerät, das mit dem Vorgang in irgendeinem Zusammenhang steht, war entfernt worden – mit Ausnahme einer einzigen Flasche Whisky, an die mit einem Ende Zwirnfaden folgende freundliche Notiz gebunden war:

«An Mr. Pentland. Sehr geehrter Herr, nehmen Sie die Flasche mit nach Hause und trinken Sie sie auf Ihr eigenes Wohl aus. Das ist das mindeste, was Sie tun können. Sie wurde *unter Ihrer Nase* gebrannt, als Sie uns das erstemal besuchten, und gefüllt, während Sie mit dem kleinen Jungen sprachen, der Sie anführte. Da sie also unter Ihrer Nase hergestellt wurde, soll sie auch an der gleichen Stelle geleert werden, und – nicht zu vergessen – trinken Sie dabei auf das Wohl von

G.S.»

Der Vorfall verbreitete sich mit der Geschwindigkeit eines Waldbrandes und wurde überall bekannt. Tatsächlich war es lange Zeit das Lieblingsthema unsrer Gemeinde, und Pentland nahm es sich so zu Herzen, daß er immer die Beherrschung verlor, wenn er gefragt wurde: «Mr. Pentland, wann haben Sie den kleinen George Steen gesehen?» – eine Frage, auf die er niemals eine höfliche Antwort gab.

Jimmie lounged about the dining-room and watched his mother with large, serious eyes. Suddenly he said, "Ma – now – can I borrow pa's gun?"

She was overcome with the feminine horror which is able to mistake preliminary words for the full accomplishment of the dread thing. "Why, Jimmie!" she cried. "Of al-l wonders! Your father's gun! No indeed you can't!"

He was fairly well crushed, but he managed to mutter, sullenly, "Well, Willie Dalzel, he's got a gun." In reality his heart had previously been beating with such tumult – he had himself been so impressed with the daring and sin of his request – that he was glad that all was over now, and his mother could do very little further harm to his sensibilities. He had been influenced into the venture by the larger boys.

"Huh!" the Dalzel urchin had said; "your father's got a gun, hasn't he? Well, why don't you bring that?"

Puffing himself, Jimmie had replied, "Well, I can, if I want to." It was a black lie, but really the Dalzel boy was too outrageous with his eternal bill-posting about the gun which a beaming uncle had entrusted to him. Its possession made him superior in manfulness to most boys in the neighborhood – or at least they enviously conceded him such position – but he was so overbearing, and stuffed the fact of his treasure so relentlessly down their throats, that on this occasion the miserable Jimmie had lied as naturally as most animals swim.

Willie Dalzel had not been checkmated, for he had instantly retorted, "Why don't you get it, then?"

"Well, I can, if I want to."

"Well, get it, then!"

"Well, I can, if I want to."

Jimmy drückte sich im Eßzimmer herum und beobachtete seine Mutter mit großen, ernsten Augen. Plötzlich sagte er: «Mama, hör zu, kann ich mir Papas Gewehr ausborgen?»

Seine Mutter wurde überwältigt von jenem echt weiblichen Entsetzen, das imstande ist, schon in der Ankündigung einer schrecklichen Tat ihre volle Ausführung zu sehen. «Aber Jimmy!» rief sie. «Alles, was recht ist! Vaters Gewehr! Nein, auf keinen Fall!»

Das war recht niederschmetternd, hielt ihn jedoch nicht davon ab, mißmutig zu murmeln: «Aber Willie Dalzel, der hat ein Gewehr.» In Wirklichkeit hatte er vorher – selbst ganz beeindruckt von der Verwegenheit und Sündhaftigkeit seines Ansinnens – ein so heftiges Herzklopfen verspürt, daß er eigentlich froh war, daß nun alles vorbei war, und seine Mutter konnte seinen kindlichen Stolz kaum noch verletzen. Und überhaupt hatte er sich nur unter dem Einfluß der größeren Jungen auf dieses Wagnis eingelassen.

«He, du!» hatte der freche Dalzel gesagt, «dein Vater hat doch ein Gewehr, oder? Warum bringst du es nicht mit?»

Sich in die Brust werfend hatte Jimmy geantwortet: «Ich könnte wohl, wenn ich wollte.» Das war eine dicke Lüge, aber der Dalzel-Junge war wirklich unausstehlich mit seiner ewigen Wichtigtuerei, nur weil ein großzügiger Onkel ihm ein Gewehr anvertraut hatte. Dieser Besitz verlieh ihm in den Augen der meisten Nachbarjungen eine überlegene Männlichkeit – zumindest blieb ihnen nichts anderes übrig, als ihm neiderfüllt diese Stellung einzuräumen. Er war jedoch so überheblich und rieb ihnen seinen Reichtum so unerbittlich unter die Nase, daß bei dieser Gelegenheit für den unglücklichen Jimmy das Lügen so natürlich war wie für die meisten Tiere das Schwimmen.

Willie Dalzel war nicht mattgesetzt gewesen, denn sofort hatte er zurückgegeben: «Warum holst du es dann nicht?»

«Wenn ich wollte, könnte ich.»

«Dann hol' es doch!»

«Wenn ich wollte, könnte ich.»

Thereupon Jimmie had paced away with great airs of surety as far as the door of his home, where his manner changed to one of tremulous misgiving as it came upon him to address his mother in the dining-room. There had happened that which had happened.

When Jimmie returned to his two distinguished companions he was blown out with a singular pomposity. He spoke these noble words: "Oh, well, I guess I don't want to take the gun out to-day."

They had been watching him with gleaming ferret eyes, and they detected his falsity at once. They challenged him with shouted gibes, but it was not in the rules for the conduct of boys that one should admit anything whatsoever, and so Jimmie, backed into an ethical corner, lied as stupidly, as desperately, as hopelessly as every lone savage fights when surrounded at last in his jungle.

Such accusations were never known to come to any point, for the reason that the number and kind of denials always equalled or exceeded the number of accusations, and no boy was ever brought really to book for these misdeeds.

In the end they went off together, Willie Dalzel with his gun being a trifle in advance and discoursing upon his various works. They passed along a maple-lined avenue, a highway common to boys bound for that free land of hills and woods in which they lived in some part their romance of the moment, whether it was of Indians, miners, smugglers, soldiers, or outlaws.

The paths were their paths, and much was known to them of the secrets of the dark green hemlock thickets, the wastes of sweetfern and huckleberry, the cliffs of gaunt bluestone with the sumach burning red at their feet. Each boy had, I am sure, a conviction that some day the wilderness was to give forth to him a marvellous secret. They felt that the

Worauf Jimmy mit großartig selbstsicherer Miene von dannen geschritten war. Als ihn an der Haustür jedoch der Gedanke überfiel, daß er jetzt im Eßzimmer mit seiner Mutter darüber sprechen müßte, war sein ganzes Gehabe einer bangen Ahnung gewichen. Und dann war geschehen, was geschehen mußte.

Als Jimmy zu seinen zwei vortrefflichen Kumpanen zurückkam, platzte er beinahe vor unvergleichlicher Großspurigkeit. Voll Würde sagte er: «Ich habe fast den Eindruck, daß mir heute nichts daran liegt, das Gewehr hervorzuholen».

Sie hatten ihn mit funkelnden Frettchen-Augen belauert und entdeckten sofort seine Unaufrichtigkeit. Mit lautem Geschrei verspotteten sie ihn, um ihn herauszufordern. Aber da es bei den Jungen nicht zum guten Ton gehörte, auch nur das Geringste zuzugeben, log Jimmy, moralisch in die Ecke gedrängt, so stur, verzweifelt und aussichtslos, wie ein allein auf sich gestellter Wilder kämpft, wenn er sich endlich in seinem Dschungel umzingelt sieht.

In keinem bekannten Fall war bei solchen Beschuldigungen irgend etwas herausgekommen. Denn die abstreitenden Entgegnungen waren an Zahl und Heftigkeit den Beschuldigungen stets ebenbürtig, wenn nicht überlegen, und kein Junge wurde jemals einer Unwahrheit wirklich überführt.

Schließlich brachen sie zusammen auf. Willie Dalzel ging mit seinem Gewehr ein paar Schritte voraus, indem er den anderen von seinen verschiedenen Leistungen die Ohren vollredete. Sie folgten einer Ahornallee, die von allen Jungen benutzt wurde, wenn sie nach dem freien Gelände der Hügel und Wälder unterwegs waren, um dort in der Rolle von Indianern, Goldgräbern, Schmugglern, Soldaten oder Gesetzlosen ihren jeweiligen Abenteuerdrang auszuleben. Die Pfade waren *ihre* Pfade, und sie wußten manches Geheimnis über das Dickicht der dunkelgrünen Schierlingstannen, die Ödnis mit ihren Myrten- und Heidelbeersträuchern und die finsteren Felswände aus bläulichem Gestein, zu deren Füßen die flammend rote Gifteiche wuchs. Gewiß glaubte jeder Junge fest daran, daß die Wildnis ihm eines Tages ein wunderbares Geheimnis zuraunen würde. Sie ahnten, daß die Hügel und der Wald vieles

hills and the forest knew much, and they heard a voice of it in the silence. It was vague, thrilling, fearful, and altogether fabulous. The grown folk seemed to regard these wastes merely as so much distance between one place and another place, or as a rabbit-cover, or as a district to be judged according to the value of the timber; but to the boys it spoke some great inspiring word, which they knew even as those who pace the shore know the enigmatic speech of the surf. In the meantime they lived there, in season, lives of ringing adventure – by dint of imagination.

The boys left the avenue, skirted hastily through some private grounds, climbed a fence, and entered the thickets.

It happened that at school the previous day Willie Dalzel had been forced to read and acquire in some part a solemn description of a lynx. The meagre information thrust upon him had caused him grimaces of suffering, but now he said, suddenly, "I'm goin' to shoot a lynx."

The other boys admired this statement, but they were silent for a time. Finally Jimmie said, meekly, "What's a lynx?" He had endured his ignorance as long as he was able.

The Dalzel boy mocked him. "Why, don't you know what a lynx is? A lynx? Why, a lynx is a animal somethin' like a cat, an' it's got great big green eyes, and it sits on the limb of a tree an' jus' glares at you. It's a pretty bad animal, I tell you. Why, when I –"

"Huh!" said the third boy. "Where'd you ever see a lynx?"

"Oh, I've seen 'em – plenty of 'em. I bet you'd be scared if you seen one once."

Jimmie and the other boy each demanded, "How do you know I would?"

They penetrated deeper into the wood. They climbed a rocky zigzag path which led them at times where with their hands they could almost touch the

wußten, und sie hörten eine Stimme davon im Schweigen der Natur. Es war unbestimmt, erregend, beängstigend und ganz und gar märchenhaft. Für die Erwachsenen bedeuteten diese Heideflächen offenbar nur Entfernungen zwischen einer Ortschaft und einer anderen, oder Schlupfwinkel für Kaninchen, oder Bezirke, deren Wert nach ihrem Nutzholz bemessen war. Aber die Jungen vernahmen darin eine große, beglückende Botschaft, die sie ebenso gut verstanden wie die Menschen an der Küste die geheimnisvolle Sprache der Brandung. Unterdessen führten sie dort während der schönen Jahreszeit ein Leben herrlicher Abenteuer – dank ihrer blühenden Phantasie.

Die Jungen bogen von der Allee ab, schlichen hastig durch einige Privatgrundstücke, kletterten über einen Zaun und verschwanden im Gestrüpp. Ein Zufall wollte es, daß tags zuvor in der Schule Willie Dalzel die wissenschaftlich-hochtrabende Beschreibung eines Luchses hatte lesen und teilweise lernen müssen. Die bescheidene Wissensbereicherung, die ihm damit aufgedrängt worden war, hatte er mit schmerzverzerrtem Gesicht über sich ergehen lassen. Doch jetzt sagte er plötzlich: «Heut schieß ich einen Luchs.»

Die anderen Jungen waren von dieser Erklärung tief beeindruckt, aber sie blieben eine Weile still. Endlich fragte Jimmy kleinlaut: «Was ist denn das, ein Luchs?» Er hatte seine Unwissenheit ertragen, so lange er nur konnte.

Der Dalzel-Junge spottete: «Was, du weißt nicht, was ein Luchs ist? Ein Luchs? Also, ein Luchs ist ein Tier, so was wie 'ne Katze, und er hat große grüne Augen und er sitzt auf dem Ast von 'nem Baum und glotzt einen bloß an. Ein ziemlich gefährliches Tier, das kann ich euch sagen. Als ich nämlich –»

«Na komm!» sagte der dritte Junge. «Wo hättest du denn schon einen Luchs gesehen?»

«Oh, ich hab welche gesehen – in rauhen Mengen. Ich wette, ihr hättet Angst, wenn ihr mal einen sehen würdet.»

Wie aus einem Munde fragten Jimmy und der andere Junge: «Wie willst du das wissen?»

Tiefer und tiefer drangen sie in den Wald ein. Sie kletterten im Zickzack einen steinigen Pfad empor, von dem aus sie von Zeit zu Zeit die Wipfel der riesigen Fichten beinahe mit den

tops of giant pines. The grey cliffs sprang sheer toward the sky. Willie Dalzel babbled about his impossible lynx, and they stalked the mountainside like chamois-hunters, although no noise of bird or beast broke the stillness of the hills. Below them Whilomville was spread out somewhat like the cheap green-and-black lithograph of the time – "A Bird's-eye View of Whilomville, N.Y."

In the end the boys reached the top of the mountain and scouted off among wild and desolate ridges. They were burning with the desire to slay large animals. They thought continually of elephants, lions, tigers, crocodiles. They discoursed upon their immaculate conduct in case such monsters confronted them, and they all lied carefully about their courage.

The breeze was heavy with the smell of sweetfern. The pines and hemlocks sighed as they waved their branches. In the hollows the leaves of the laurels were lacquered where the sunlight found them. No matter the weather, it would be impossible to long continue an expedition of this kind without a fire, and presently they built one, snapping down for fuel brittle under branches of the pines.

About this fire they were willed to conduct a sort of play, the Dalzel boy taking the part of a bandit chief, and the other boys being his trusty lieutenants. They stalked to and fro, long-strided, stern yet devil-may-care, three terrible little figures.

Jimmie had an uncle who made game of him whenever he caught him in this kind of play, and often this uncle quoted derisively the following classic: "Once aboard the lugger, Bill, and the girl is mine. Now to burn the château and destroy all evidence of our crime. But, hark 'e, Bill, no violence." Wheeling abruptly, he addressed these dramatic words to his comrades. They were impressed; they decided at once to be smugglers, and in the most

Händen berühren konnten. Graue Felsen sprangen steil zum Himmel. Während Willie Dalzel von seinem unmöglichen Luchs schwatzte, durchpirschten sie das Bergland wie Gemsenjäger, obgleich kein Laut von Vögeln oder anderem Getier die Stille der Hügel unterbrach. Unter ihnen hingebreitet lag Whilomville, fast wie auf der billigen, grünschwarzen Buntdruckkarte von damals: ‹Whilomville, N.Y., aus der Vogelperspektive›.

Endlich erreichten die Jungen den Gipfel des Berges und begannen die wilden, unwirtlichen Höhen auszukundschaften. Sie brannten vor Begierde, große Tiere zu erlegen. Ihre Gedanken waren ständig bei Elefanten, Löwen, Tigern und Krokodilen. Sie beschrieben die untadelige Haltung, die sie solchen Ungeheuern gegenüber an den Tag legen würden, und jeder erzählte die kunstvollsten Lügen über seinen Mut.

Der Wind war schwer vom Duft der Heidemyrte. Die Fichten und Schierlingstannen seufzten beim Wiegen ihrer Äste. In den Schluchten glänzten, wo das Sonnenlicht sie traf, die Blätter der Lorbeerbäume wie Lack. Mochte das Wetter sein wie es wollte, es war einfach unmöglich, bei einem so abenteuerlichen Unternehmen noch länger auf ein Feuer zu verzichten. Und schon zündeten sie eines an, zu dessen Unterhalt sie nur die dürren unteren Zweige der Fichten abzuknicken brauchten. Um dieses Feuer herum beabsichtigten sie, so etwas wie ein Theaterspiel aufzuführen, in dem Dalzel einen Räuberhauptmann und die anderen Jungen seine getreuen Spießgesellen verkörpern sollten. So stolzierten sie alsbald mit langen Schritten hin und her, finster und verwegen, drei furchterregende Knirpse.

Jimmy hatte einen Onkel, der jedesmal, wenn er ihn bei diesem Spiel ertappte, sich über ihn lustig machte; und oft zitierte dieser Onkel zum Spott die klassisch gewordene Redensart: «Wenn ich einmal auf dem Logger bin, Bill, gehört das Mädel mir. Jetzt gilt's das Schloß zu verbrennen und alle Spuren unseres Verbrechens zu verwischen. Aber denk dran, Bill, keine Gewalt!» Sich plötzlich umwendend, richtete er diese dramatischen Worte an seine Kameraden. Sie waren sichtlich beeindruckt; sogleich beschlossen sie, Schmuggler zu

ribald fashion they talked about carrying off young women.

At last they continued their march through the woods. The smuggling *motif* was now grafted fantastically upon the original lynx idea, which Willie Dalzel refused to abandon at any price.

Once they came upon an innocent bird which happened to be looking another way a the time. After a great deal of manœuvring and big words, Willie Dalzel reared his fowling-piece and blew this poor thing into a mere rag of wet feathers, of which he was proud.

Afterward the other big boy had a turn at another bird. Then it was plainly Jimmie's chance. The two others had, of course, some thought of cheating him out of this chance, but of a truth he was timid to explode such a thunderous weapon, and as soon as they detected this fear they simply overbore him, and made it clearly understood that if he refused to shoot he would lose his caste, his scalp-lock, his girdle, his honour.

They had reached the old death-coloured snake-fence which marked the limits of the upper pasture of the Fleming farm. Under some hickory trees the path ran parallel to the fence. Behold! a small priestly chipmunk came to a rail and, folding his hands on his abdomen, addressed them in his own tongue. It was Jimmie's shot. Adjured by the others, he took the gun. His face was stiff with apprehension. The Dalzel boy was giving forth fine words. "Go ahead. Aw, don't be afraid. It's nothin' to do. Why, I've done it a million times. Don't shut both your eyes, now. Jus' keep one open and shut the other one. He'll get away if you don't watch out. Now you're all right. Why don't you let 'er go? Go ahead."

Jimmie, with his legs braced apart, was in the centre of the path. His back was greatly bent, owing to the mechanics of supporting the heavy gun. His companions were screeching in the rear. There was a wait.

sein, und begannen, in den unschicklichsten Worten über die Entführung junger Frauen zu sprechen.

Schließlich setzten sie ihren Streifzug durch die Wälder fort. Das Schmugglermotiv war jetzt in phantastischer Weise der ursprünglichen Luchsidee aufgepfropft, die Willie Dalzel um keinen Preis aufgeben wollte.

Einmal trafen sie auf einen harmlosen Vogel, der zufällig gerade in eine andere Richtung schaute. Nach langem Hin und Her, wobei er große Töne spuckte, hob Willlie Dalzel seine Vogelflinte und schoß das arme kleine Wesen zu einem bloßen Fetzen aus nassen Federn, worauf er sehr stolz war.

Danach kam der andere große Junge mit einem weiteren Vogel an die Reihe. Und dann war ganz klar Jimmy dran. Die beiden anderen hatten natürlich mit dem Gedanken gespielt, ihn um diese Chance zu prellen. Um die Wahrheit zu sagen, hatte Jimmy selbst Bedenken, eine solche Donnerbüchse abzufeuern. Und als die anderen diese Furcht entdeckten, vergewaltigten sie ihn geradezu und gaben ihm klar zu verstehen, daß er, falls er sich zu schießen weigerte, Rang, Skalplocke, Gürtel und Ehre verlieren würde.

Sie hatten den alten, verwaschenen Zaun erreicht, der im Zickzack verlaufend das Weideland der Flemingfarm nach oben abgrenzte. Unter einigen Hickorybäumen führte der Pfad am Zaun entlang. Und sieh da: Ein kleines Erdhörnchen, das wie ein Priester aussah, setzte sich auf eine Latte, legte die Pfoten über dem Bauch zusammen und begrüßte sie in seiner eigenen Sprache. Das war also Jimmys Schuß.

Unter dem Drängen der anderen nahm er das Gewehr. Sein Gesicht war starr vor Angst. Der Dalzel-Junge redete ihm gut zu: «Mach vorwärts! Hab doch keine Angst! Ist ja kinderleicht. Schau mich an, ich hab's schon tausendmal getan. Mach doch nicht beide Augen zu! Eines bleibt offen. Es läuft noch weg, wenn du nicht aufpaßt. Jetzt stimmt's. Warum drückst du nicht ab? Los!»

Jimmy stand mit gegrätschten Beinen mitten auf dem Weg. Sein Rücken war vom Halten des schweren Gewehres ganz gekrümmt. Hinter ihm schrien aufgeregt seine Kameraden. Es gab eine Pause.

Then he pulled trigger. To him there was a frightful roar, his cheek and his shoulder took a stunning blow, his face felt a hot flush of fire, and, opening his two eyes, he found that he was still alive. He was not too dazed to instantly adopt a becoming egotism. It had been the first shot of his life.

But directly after the well-mannered celebration of this victory a certain cow, which had been grazing in the line of fire, was seen to break wildly across the pasture, bellowing and bucking. The three smugglers and lynx-hunters looked at each other out of blanched faces. Jimmie had hit the cow. The first evidence of his comprehension of this fact was in the celerity with which he returned the discharged gun to Willie Dalzel.

They turned to flee. The land was black, as if it had been overshadowed suddenly with thick storm-clouds, and even as they fled in their horror a gigantic Swedish farm-hand came from the heavens and fell upon them, shrieking in eerie triumph. In a twinkle they were clouted prostrate. The Swede was elate and ferocious in a foreign and fulsome way. He continued to beat them and yell.

From the ground they raised their dismal appeal. "Oh, please, mister, we didn't do it! He did it! I didn't do it! We didn't do it! We didn't mean to do it! Oh, please, mister!"

In these moments of childish terror little lads go half blind, and it is possible that few moments of their after life made them suffer as they did when the Swede flung them over the fence and marched them toward the farmhouse. They begged like cowards on the scaffold, and each one was for himself. "Oh, please let me go, mister! I didn't do it, mister! He did it! Oh, p-l-ease let me go, mister!"

The boyish view belongs to boys alone, and if this tall and knotted labourer was needlessly without charity, none of the three lads questioned it. Usually

Dann drückte er den Abzug. Er hörte einen furchtbaren Krach, bekam an Wange und Schulter einen betäubenden Schlag und spürte im Gesicht einen feurigen Hauch; als er die beiden Augen öffnete, merkte er, daß er noch am Leben war. Er war nicht einmal zu benommen, um sich sogleich gebührend zu beweihräuchern. Es war der erste Schuß seines Lebens gewesen.

Aber kaum war der Sieg in angemessener Weise gefeiert, als eine Kuh, die in der Feuerlinie gegrast hatte, vor ihren Augen wild brüllend und hüpfend über die Weide raste. Die drei Schmuggler und Luchsjäger sahen einander mit schreckensbleichen Gesichtern an. Jimmy hatte die Kuh getroffen. Der erste Anhaltspunkt dafür, daß er selbst die Sachlage erfaßte, war die Geschwindigkeit, mit der er das abgeschossene Gewehr an Willie Dalzel zurückgab.

Sie wandten sich zur Flucht. Das Land war düster, als wäre es plötzlich von schweren Gewitterwolken überschattet. Und wie sie so in ihrem Entsetzen dahinrannten, fiel ein riesenhafter schwedischer Farmarbeiter gleichsam vom Himmel herab mit schauerlichem Triumphgeheul über sie her. Im Nu waren sie zu Boden gestoßen. Der Schwede war in Hochstimmung und von einer fremdartig-zügellosen Wildheit. Mit gellenden Schreien schlug er weiter auf sie ein.

Von der Erde stieg ihr jämmerliches Flehen empor: «Oh bitte, Herr, wir haben es nicht getan. Er hat's getan. Ich bin's nicht gewesen. Wir haben es nicht getan. Wir wollten es nicht tun. Oh bitte, Herr!»

In solchen Augenblicken kindlichen Schreckens sind kleine Jungen halb von Sinnen, und es ist möglich, daß die drei selten in ihrem späteren Leben so zu leiden hatten wie in dem Augenblick, als der Schwede sie über den Zaun warf und zum Farmhaus schleppte. Sie bettelten wie Feiglinge auf dem Schafott, ein jeder für sich selbst: «Oh bitte, lassen Sie mich los, Herr! Ich hab's nicht getan, Herr! Er war's. Oh bitte, bitte, lassen Sie mich los, Herr!»

Jungen denken und fühlen nun einmal wie Jungen. Wenn daher der lange, knorrige Knecht ganz unnötigerweise kein Erbarmen kannte, so fand keiner der drei Jungen daran etwas

when they were punished they decided that they deserved it, and the more they were punished the more they were convinced that they were criminals of a most subterranean type. As to the hitting of the cow being a pure accident, and therefore not of necessity a criminal matter, such reading never entered their heads. When things happened and they were caught, they commonly paid dire consequences, and they were accustomed to measure the probabilities of woe utterly by the damage done, and not in any way by the culpability. The shooting of the cow was plainly heinous, and undoubtedly their dungeons would be knee-deep in water.

"He did it, mister!" This was a general outcry. Jimmie used it as often as did the others. As for them, it is certain that they had no direct thought of betraying their comrade for their own salvation. They thought themselves guilty because they were caught; when boys were not caught they might possibly be innocent. But captured boys were guilty. When they cried out that Jimmie was the culprit, it was principally a simple expression of terror.

Old Henry Fleming, the owner of the farm, strode across the pasture toward them. He had in his hand a most cruel whip. This whip he flourished. At his approach the boys suffered the agonies of the fire regions. And yet anybody with half an eye could see that the whip in his hand was a mere accident, and that he was a kind old man – when he cared.

When he had come near he spoke crisply. "What you boys ben doin' to my cow?" The tone had deep threat in it. They all answered by saying that none of them had shot the cow. Their denials were tearful and clamorous, and they crawled knee by knee. The vision of it was like three martyrs being dragged toward the stake. Old Fleming stood there, grim, tight-lipped. After a time he said, "Which boy done it?"

Besonderes. Fast immer, wenn sie bestraft wurden, sahen sie ein, daß sie es verdienten, und je härter man sie bestrafte, desto fester waren sie davon überzeugt, Verbrecher der niedrigsten Gattung zu sein. Daß das Anschießen der Kuh ein reiner Zufall und deshalb nicht unbedingt eine verbrecherische Tat war, eine solche Deutung wäre ihnen nie in den Sinn gekommen. Wenn etwas passierte und sie erwischt wurden, kam es sie gewöhnlich teuer zu stehen, und sie pflegten das Risiko der Buße ganz nach dem angerichteten Schaden und nicht etwa dem Schuldmaß zu berechnen. Der Schuß auf die Kuh war ganz einfach eine ruchlose Tat, so daß ihr Kerker zweifellos knietief unter Wasser stehen würde.

«Er hat's getan, Herr!» Das schrie einer wie der andere, Jimmy ebenso oft wie seine Kameraden. Was diese betraf, so hatten sie gewiß nicht vor, ihren Freund zu verraten, um sich selbst zu retten. Sie hielten sich für schuldig, weil man sie erwischt hatte. Wenn Jungen nicht erwischt werden, so kann es sein, daß sie unschuldig sind. Aber Jungen, die sich erwischen lassen, sind immer schuldig. Und wenn sie nun schrien, daß Jimmy der Missetäter war, so war das vor allem eine natürliche Äußerung ihrer schrecklichen Angst.

Der alte Henry Fleming, dem die Farm gehörte, kam quer über die Weide auf sie zugeschritten. In der Hand hielt er eine grauenerregende Peitsche, die er durch die Luft pfeifen ließ. Bei seinem Näherkommen litten die Jungen die Qualen der Hölle. Dabei konnte fast ein Blinder sehen, daß die Peitsche in seiner Hand ein bloßer Zufall und er selber ein gütiger alter Mann war – das heißt, wenn er es darauf ablegte.

Als er herangekommen war, fragte er scharf: «Was habt ihr Burschen mit meiner Kuh getan?» Die Stimme hatte einen drohenden Klang. Sie antworteten alle, daß keiner von ihnen die Kuh erschossen habe. Ihre Beteuerungen waren nur noch Heulen und Zähneklappen, und sie krochen auf den Knien daher. Es hatte den Anschein, als würden drei Märtyrer zum Scheiterhaufen geschleppt. Der alte Fleming stand da, grimmig, mit zusammengekniffenen Lippen. Nach einer Weile sagte er: «Wer von euch hat es getan?»

There was some confusion, and then Jimmie spake. "I done it, mister."

Fleming looked at him. Then he asked, "Well, what did you shoot 'er fer?"

Jimmie thought, hesitated, decided, faltered, and then formulated this: "I thought she was a lynx."

Old Fleming and his Swede at once lay down in the grass and laughed themselves helpless.

Charles Dickens: To Be Read at Dusk

One, two, three, four, five. There were five of them.

Five couriers, sitting on a bench outside the convent on the summit of the Great St. Bernard in Switzerland, looking at the remote heights, stained by the setting sun as if a mighty quantity of red wine had been broached upon the mountain top, and had not yet had time to sink into the snow.

This is not may simile. It was made for the occasion by the stoutest courier, who was a German. None of the others took any more notice of it than they took of me, sitting on another bench on the other side of the convent door,

smoking my cigar, like them, and – also like them – looking at the reddened snow, and at the lonely shed hard by, where the bodies of belated travellers, dug out of it, slowly wither away, knowing no corruption in that cold region.

The wine upon the mountain top soaked in as we looked; the mountain became white; the sky, a very dark blue; the wind rose; and the air turned piercing cold. The five couriers buttoned their rough coats. There being no safer man to imitate in all such proceedings than a courier, I buttoned mine.

The mountain in the sunset had stopped the five couriers in a conversation. It is a sublime sight, likely

Es entstand eine Verwirrung, und dann sprach Jimmy die Worte: «Ich bin's gewesen, Herr.»

Fleming sah ihn an. Dann fragte er: «Und warum hast du auf sie geschossen?»

Jimmy überlegte, zögerte, nahm einen Anlauf, stockte, und fand endlich die Formulierung: «Ich dachte, sie sei ein Luchs.»

Da ließen sich der alte Fleming und sein Schwede ins Gras fallen und lachten, bis sie nicht mehr konnten.

Charles Dickens: Bei Dämmerlicht zu lesen

Eins, zwei, drei, vier, fünf. Sie waren fünf.

Fünf Reiseführer, die vor dem Kloster auf der Paßhöhe des Großen Sankt Bernhard in der Schweiz auf einer Bank saßen und die fernen Berge betrachteten, denen die untergehende Sonne eine Farbe verlieh, als sei vor kurzem eine gewaltige Menge Rotwein über dem Gipfel vergossen worden und noch nicht im Schnee versickert.

Dieser Vergleich ist nicht von mir. Er wurde von dem beleibtesten der Reiseführer, einem Deutschen, zu dieser Gelegenheit angestellt. Die anderen schenkten ihm ebensowenig Beachtung wie mir. Ich saß für mich auf einer Bank auf der anderen Seite des Klostertores, rauchte gleich ihnen eine Zigarre und betrachtete, ebenfalls gleich ihnen, den geröteten Schnee und den einsamen Schuppen in der Nähe, in dem die Leichname von Wanderern lagen, die, von der Nacht überrascht, aus dem Schnee geborgen worden waren und nun hinschrumpften, da es ja in dieser kalten Region keinen Verfall gibt.

Der Wein auf dem Gipfel versickerte zusehends, der Berg wurde weiß, der Himmel ganz dunkelblau; ein Wind erhob sich, und die Luft wurde schneidend kalt. Die fünf Reiseführer knöpften ihre derben Mäntel zu, und da man in solchen Dingen stets am sichersten dem Beispiel eines Reiseführers folgt, knöpfte auch ich den meinen zu.

Beim Anblick des Alpenglühens hatten die fünf ihr Gespräch unterbrochen. Es ist ja auch ein erhabener Anblick, geeignet,

to stop conversation. The mountain being now out of the sunset, they resumed. Not that I had heard any part of their previous discourse; for indeed, I had not then broken away from the American gentleman, in the travellers' parlour of the convent, who, sitting with his face to the fire, had undertaken to realise to me the whole progress of events which had led to the accumulation by the Honourable Ananias Dodger of one of the largest acquisitions of dollars ever made in our country.

"My God!" said the Swiss courier, speaking in French, which I do not hold (as some authors appear to do)

to be such an all-sufficient excuse for a naughty word, that I have only to write it in that language to make it innocent; "if you talk of ghosts –"

"But I *don't* talk of ghosts," said the German.

"Of what then?" asked the Swiss.

"If I knew of what then," said the German, "I should probably know a great deal more."

It was a good answer, I thought, and it made me curious. So, I moved my position to that corner of my bench which was nearest to them, and leaning my back against the convent wall, heard perfectly, without appearing to attend.

"Thunder and lightning!" said the German, warming, "when a certain man is coming to see you, unexpectedly; and, without his own knowledge, sends some invisible messenger, to put the idea of him into your head all day, what do you call that? When you walk along a crowded street – at Frankfort, Milan, London, Paris – and think that a passing stranger is like your friend Heinrich, and then that another passing stranger is like your friend Heinrich, and so begin to have a strange foreknowledge that presently you'll meet your friend Heinrich – which you do, though you believed him at Trieste – what do you call *that*?"

um ein Gespräch zu unterbrechen. Nachdem nun der Berg nicht mehr im Licht der untergehenden Sonne lag, sprachen sie weiter. Nicht, daß ich von ihrer vorigen Unterhaltung etwas mitgehört hätte, denn zu dieser Zeit hatte ich mich ja noch nicht von jenem amerikanischen Gentleman in der Gaststube des Klosters losreißen können, der es, dem Kaminfeuer zugewandt, unternommen hatte, mir die lückenlose Abfolge der Ereignisse zu vergegenwärtigen, die dazu geführt hatten, daß der ehrenwerte Ananias Dodger eines der größten Dollarvermögen anhäufte, die je in unserem Lande erworben wurden.

«Du lieber Gott!» rief der Schweizer Reiseführer auf Französisch, was ich (im Gegensatz zu einigen anderen Autoren) nicht immer als ausreichende Entschuldigung für ein ungehöriges Wort ansehe – als ob man es nur in dieser Sprache hinzuschreiben brauchte, um es zu verharmlosen. «Wenn Sie von Geistern sprechen...»

«Aber ich spreche nicht von Geistern», sagte der Deutsche.

«Wovon denn sonst?» fragte der Schweizer.

«Wenn ich wüßte, wovon», erwiderte der Deutsche, «dann wäre ich wohl um einiges klüger.»

Mir schien dies eine gute Antwort, und sie machte mich neugierig. Daher verlegte ich meinen Sitzplatz an jenes Ende der Bank, das ihnen am nächsten war, lehnte mich mit dem Rücken an die Klostermauer und konnte nun gut zuhören, ohne daß man sah, daß ich lauschte.

«Zum Donnerwetter!» rief der Deutsche, sich ereifernd. «Wenn ein gewisser Mann auf dem Weg ist, Sie überraschend zu besuchen und, ohne daß er es selbst weiß, einen unsichtbaren Boten vorausschickt, der Ihnen den ganzen Tag lang sein Bild eingibt – wie soll man sowas nennen? Wenn Sie eine belebte Straße entlanggehen – in Frankfurt, Mailand, London oder Paris –, und sich einbilden, ein vorübergehender Fremder habe Ähnlichkeit mit Ihrem Freund Heinrich, und noch ein vorübergehender Fremder habe Ähnlichkeit mit Ihrem Freund Heinrich, so daß Sie allmählich auf unerklärliche Weise ahnen, daß Sie in Kürze Ihrem Freund Heinrich begegnen werden – was dann auch geschieht, obwohl Sie ihn in Triest vermuteten – wie soll man sowas nennen?»

"It's not uncommon, either," murmured the Swiss and the other three.

"Uncommon!" said the German. "It's as common as cherries in the Black Forest. It's as common as maccaroni at Naples. And Naples reminds me! When the old Marchesa Senzanima shrieks at a card-party on the Chiaja – as I heard and saw her, for it happened in a Bavarian family of mine, and I was overlooking the service that evening – I say, when the old Marchesa starts up at the card-table, white through her rouge, and cries, 'My sister in Spain is dead! I felt her cold touch on my back!' – and when that sister *is* dead at the moment – what do you call that?"

"Or when the blood of San Gennaro liquefies at the request of the clergy – as all the world knows that it does regularly once a year, in my native city," said the Neapolitan courier after a pause, with a comical look, "what do you call that?"

"*That!*" cried the German. "Well, I think I know a name for that."

"Miracle?" said the Neapolitan, with the same sly face.

The German merely smoked and laughed; and they all smoked and laughed.

"Bah!" said the German, presently. "I speak of things that really do happen. When I want to see the conjurer, I pay to see a professed one, and have my money's worth. Very strange things do happen without ghosts. Ghosts! Giovanni Baptista, tell your story of the English bride. There's no ghost in that, but something full as strange. Will any man tell me what?"

As there was a silence among them, I glanced around. He whom I took to be Baptista was lighting a fresh cigar. He presently went on to speak. He was a Genoese, as I judged.

"The story of the English bride?" said he. "Basta! one ought not to call so slight a thing a story. Well, it's all one. But it's true. Observe me well, gentlemen,

«Dergleichen kommt ja durchaus nicht selten vor», murmelten der Schweizer und die drei anderen.

«Selten!» rief der Deutsche. «Das kommt so häufig vor wie Kirschen im Schwarzwald. So häufig wie Makkaroni in Neapel. Bei Neapel fällt mir ein: Wenn die alte Marchesa Senzanima bei einer Kartengesellschaft an der Chiaja aufschreit – ich habe sie gesehen und gehört, denn dies ereignete sich bei einer meiner bayerischen Herrschaften, und ich überwachte an jenem Abend die Bedienung – wenn also die alte Marchesa am Spieltisch auffährt, bleich unter ihrem Rouge, und ausruft: ‹Meine Schwester in Spanien ist tot! Ich habe ihre kalte Berührung auf dem Rücken verspürt!› – und wenn diese Schwester dann tatsächlich tot ist – wie soll man sowas nennen?»

«Oder wenn das Blut des Heiligen Gennaro durch die Fürbitte der Priester zu fließen beginnt – was in meiner Heimatstadt regelmäßig einmal im Jahr geschieht, wie jeder weiß», sagte nach einer Pause der neapolitanische Reiseführer mit pfiffiger Miene, «wie soll man sowas nennen?»

«Das?» rief der Deutsche aus. «Na, ich glaube, dafür weiß ich ein Wort.»

«Wunder» fragte der Neapolitaner mit demselben verschmitzten Gesicht.

Der Deutsche zog nur an seiner Zigarre und lachte. Und sie alle zogen an ihren Zigarren und lachten.

«Pah!» sagte der Deutsche gleich darauf. «Ich rede von Dingen, die wirklich geschehen. Wenn ich Zaubertricks sehen will, dann gehe ich zu einem, der damit sein Geld verdient; da komme ich auf meine Kosten. Aber es geschehen höchst sonderbare Dinge auch ohne Geister. Geister! Giovanni Baptista, erzählen Sie uns Ihre Geschichte von der englischen Braut. Darin kommen keine Geister vor, aber dafür etwas, das genauso sonderbar ist. Will jemand mir sagen, was es ist?»

Da sie alle schwiegen, blickte ich zur Seite. Der, den ich für Baptista hielt, steckte sich eine neue Zigarre an. Kurz darauf fing er zu sprechen an. Er schien mir ein Genueser zu sein.

«Die Geschichte von der englischen Braut?» sagte er. «Basta! Sowas Geringfügiges sollte man gar nicht als Geschichte bezeichnen. Nun, gleichviel. Jedenfalls ist sie wahr.

it's true. That which glitters is not always gold; but what I am going to tell, is true.''

He repeated this more than once.

Ten years ago, I took my credentials to an English gentleman at Long's Hotel, in Bond Street, London, who was about to travel – it might be for one year, it might be for two. He approved of them; likewise of me. He was pleased to make inquiry. The testimony that he received was favourable. He engaged me by the six months, and my entertainment was generous.

He was young, handsome, very happy. He was enamoured of a fair young English lady, with a sufficient fortune, and they were going to be married. It was the wedding-trip, in short, that we were going to take. For three months' rest in the hot weather (it was early summer then) he had hired an old place on the Riviera, at an easy distance from my city, Genoa, on the road to Nice.

Did I know that place? Yes; I told him I knew it well. It was an old palace with great gardens. It was a little bare, and it was a little dark and gloomy, being close surrounded by trees; but it was spacious, ancient, grand, and on the seashore. He said it had been so described to him exactly and he was well pleased that I knew it. For its being a little bare of furniture, all such places were. For its being a little gloomy, he had hired it principally for the gardens, and he and my mistress would pass the summer weather in their shade.

''So all goes well, Baptista?'' said he.

''Indubitably, signore; very well.''

We had a travelling chariot for our journey, newly built for us, and in all respects complete. All we had was complete; we wanted for nothing. The marriage took place. They were happy. I was happy, seeing all so bright, being so well situated, going to my own

Wohlgemerkt, meine Herren, sie ist wahr. Es ist nicht alles Gold, was glänzt, aber was ich Ihnen erzählen werde, ist wahr.»

Er wiederholte das noch mehr als einmal.

Es ist zehn Jahre her, da ging ich mit meinen Zeugnissen in Long's Hotel in der Londoner Bond Street zu einem englischen Gentleman, der im Begriff war, auf Reisen zu gehen, vielleicht für ein, vielleicht auch für zwei Jahre. Er war mit meinen Referenzen zufrieden und mit mir ebenfalls. Auf seine Erkundigungen, die er gütigerweise über mich einholte, erhielt er günstige Auskünfte. Daraufhin stellte er mich für zunächst sechs Monate ein, und mein Lohn war großzügig.

Er war jung, stattlich, sehr glücklich. Er war in eine reizende junge Engländerin verliebt, die hinreichend vermögend war, und die beiden beabsichtigten zu heiraten. Unsere bevorstehende Reise war, kurz gesagt, die Hochzeitsreise der beiden. Für die dreimonatige Reiseunterbrechung während der heißen Zeit (es war damals gerade Frühsommer) hatte er eine alte Villa an der Riviera gemietet, nur eine kurze Strecke von meiner Heimatstadt Genua entfernt an der Straße nach Nizza. Ob mir dieses Haus bekannt sei? Ja; ich sagte ihm, es sei mir wohlbekannt. Es sei ein alter Palast mit großen Gärten. Die Räume seien spärlich möbliert und ein wenig düster, da sie von Bäumen dicht umstanden seien, aber der Bau sei geräumig, ehrwürdig, vornehm und nahe beim Strand. Er sagte, genau so sei er ihm beschrieben worden, und er freue sich sehr, daß ich ihn kenne. Was die dürftige Ausstattung mit Möbeln betreffe – das sei immer so in solchen Häusern. Was die Düsterkeit angehe, so habe er es ja vor allem wegen der Gärten gemietet, und er und die gnädige Frau wollten sich während des sommerlichen Wetters in ihrem Schatten aufhalten.

«Dann ist also alles in Ordnung, Baptista?» fragte er.

«Zweifellos, Signore. In bester Ordnung.»

Wir fuhren in einer Reisekutsche, die eigens für uns gebaut worden und in jeder Hinsicht ausgezeichnet war. Alles, was wir hatten, war ausgezeichnet; es fehlte uns an nichts. Die Hochzeit fand statt. Sie waren glücklich. Auch ich war glücklich, da ich alle strahlen sah, mich in so guter Stellung

city, teaching my language in the rumble to the maid, la bella Carolina, whose heart was gay with laughter: who was young and rosy.

The time flew. But I observed – listen to this, I pray! (and here the courier dropped his voice) – I observed my mistress sometimes brooding in a manner very strange; in a frightened manner; in an unhappy manner; with a cloudy, uncertain alarm upon her. I think that I began to notice this when I was walking up hills by the carriage side, and master had gone on in front. At any rate, I remember that it impressed itself upon my mind one evening in the South of France, when she called to me to call master back; and when he came back, and walked for a long way, talking encouragingly and affectionately to her, with his hand upon the open window, and hers in it. Now and then, he laughed in a merry way, as if he were bantering her out of something. By-and-by, she laughed, and then all went well again.

It was curious. I asked la bella Carolina, the pretty little one, Was mistress unwell? – No. – Out of spirits? – No. – Fearful of bad roads, or brigands? – No. And what made it more mysterious was, the pretty little one would not look at me in giving answer, but *would* look at the view.

But, one day she told me the secret.

"If you must know," said Carolina, "I find, from what I have overheard, that mistress is haunted."

"How haunted?"

"By a dream."

"What dream?"

"By a dream of a face. For three nights before her marriage, she saw a face in a dream – always the same face, and only One."

"A terrible face?"

"No. The face of a dark, remarkable-looking man, in black, with black hair and a grey moustache – a handsome man except for a reserved and secret air.

befand, in meine Heimat reiste und beim Holpern der Kutsche meine Sprache der Zofe beibrachte, la bella Carolina, deren fröhliches Herz voller Lachen steckte, die jung war und rosig.

Die Zeit verging im Fluge. Aber ich beobachtete – und nun hört bitte genau zu (hier senkte der Reiseführer seine Stimme) – ich beobachtete, wie die gnädige Frau gelegentlich auf seltsame Weise vor sich hinstarrte; angstvoll, unglücklich, von unbestimmter Furcht überschattet. Ich glaube, ich begann das zu bemerken, während ich neben der Kutsche bergauf ging und mein Herr vorausritt. Jedenfalls weiß ich noch, daß es mir eines Abends in Südfrankreich klar zum Bewußtsein kam, als sie mir zurief, ich solle meinen Herrn zurückrufen; und als er dann zurückkam und eine lange Strecke zu Fuß ging, aufmunternd und liebevoll auf sie einredete und durchs Fenster ihre Hand hielt. Mitunter lachte er fröhlich, als ob er sie mit Scherzen umstimmen wolle. Nach einer Weile kehrte ihr Lachen zurück, und dann war alles wieder gut.

Es war sonderbar. Ich fragte la bella Carolina, die hübsche Kleine, ob die gnädige Frau unpäßlich sei. – Nein. – Niedergeschlagen? – Nein. – Ängstlich wegen schlechter Straßen oder Banditen? – Nein. Und alles wurde noch rätselhafter dadurch, daß die hübsche Kleine mich bei ihren Antworten nicht ansah, sondern beharrlich die Gegend betrachtete.

Aber eines Tages verriet sie mir das Geheimnis.

«Wenn du es unbedingt wissen willst», sagte Carolina. «Ich glaube nach dem, was ich gehört habe, daß unsere gnädige Frau sich verfolgt fühlt.»

«Wie denn verfolgt?»

«Von einem Traum.»

«Was für einem Traum?»

«Von einem Gesicht. Vor ihrer Hochzeit sah sie dreimal hintereinander im Traum ein Gesicht – jedesmal dasselbe, und nur eins.»

«Ein schreckliches Gesicht?»

«Nein, das Gesicht eines dunklen, gut aussehenden Mannes in Schwarz, mit schwarzem Haar und grauem Schnurrbart – eines hübschen Mannes, bis auf seine verschlossene und geheimnisvolle Miene. Kein Gesicht, das ihr schon einmal

Not a face she ever saw, or at all like a face she ever saw. Doing nothing in the dream but looking at her fixedly, out of darkness."

"Does the dream come back?"

"Never. The recollection of it is all her trouble."

"And why does it trouble her?"

Carolina shook her head.

"That's master's question," said la bella. "She don't know. She wonders why, herself. But I heard her tell him, only last night, that if she was to find a picture of that face in our Italian house (which she is afraid she will) she did not know how she could ever bear it."

Upon my word, I was fearful after this (said the Genoese courier) of our coming to the old palazzo, lest some such ill-starred picture should happen to be there. I knew there were many there ; and, as we got nearer and nearer to the place, I wished the whole gallery in the crater of Vesuvius. To mend the matter, it was a stormy dismal evening when we, at last, approached that part of the Riviera. It thundered ; and the thunder of my city and its environs, rolling among the high hills, is very loud. The lizards ran in and out of the chinks in the broken stone wall of the garden, as if they were frightened ; the frogs bubbled and croaked their loudest ; the sea-wind moaned, and the wet trees dripped ; and the lightning – body of San Lorenzo, how it lightened !

We all know what an old palace in or near Genoa is – how time and the sea air have blotted it – how the drapery painted on the outer walls has peeled off in great flakes of plaster – how the lower windows are darkened with rusty bars of iron – how the courtyard is overgrown with grass – how the outer buildings are dilapidated – how the whole pile seems devoted to ruin. Our palazzo was one of the true kind. It had been shut up close for months. Months? – years ! – it had an earthy smell, like a tomb. The scent of the

begegnet wäre oder einem gliche, das ihr schon einmal begegnet ist. Es tat im Traum nichts weiter, als sie unverwandt aus dem Dunkeln anzusehen.»

«Hat sie den Traum immer noch?»

«Seither nicht mehr. Nur die Erinnerung daran bedrückt sie.»

«Und warum?»

Carolina schüttelte den Kopf.

«Das fragt unser Herr auch», sagte la bella. «Sie weiß nicht. Sie kann es sich selbst nicht erklären. Aber erst letzte Nacht hörte ich, wie sie ihm sagte, wenn sie ein Bild mit diesem Gesicht in unserem italienischen Haus finden sollte (und sie befürchtet, daß das geschieht), dann wisse sie nicht, wie sie das ertragen solle.»

Ihr könnt mir glauben (sagte der Genueser Reiseführer), daß ich von da an fürchtete, bei unserer Ankunft könnte sich so ein unseliges Bild in dem alten Palazzo finden. Ich wußte, daß es dort viele Bilder gab, und während wir dem Haus immer näher kamen, wünschte ich die ganze Galerie in den Krater des Vesuv. Zu allem Unglück war es auch noch ein stürmischer, finsterer Abend, als wir schließlich diesen Teil der Riviera erreichten. Es donnerte, und in meiner Heimatstadt und ihrer Umgebung sind die Donnerschläge, da sie von den hohen Bergen widerhallen, besonders laut. Die Eidechsen huschten aus den Spalten der geborstenen Gartenmauer hervor und verschwanden wieder, als hätten sie Angst; die Frösche glucksten und quakten lärmend; der Seewind heulte; und die Bäume troffen vor Nässe; und dann die Blitze – bei den Gebeinen des Heiligen Lorenz, wie es blitzte!

Wir alle wissen ja, wie ein alter Palast in oder bei Genua aussieht: wie Alter und Seeluft ihn fleckig gemacht haben; wie die Fassadenmalerei mit dem Putz in großen Flächen abgeblättert ist; wie die unteren Fenster von rostigen Eisengittern verdunkelt werden; wie der Hof von Gras überwuchert ist; wie heruntergekommen die Außengebäude sind; wie der ganze Bau dem Verfall preisgegeben scheint. Unser Palazzo war von genau dieser Sorte. Seit Monaten war er verschlossen gewesen. Seit Monaten? Seit Jahren! Er roch dumpf wie ein Grab.

orange trees on the broad back terrace, and of the lemons ripening on the wall, and of some shrubs that grew around a broken fountain, had got into the house somehow, and had never been able to get out again. There was, in every room, an aged smell, grown faint with confinement. It pined in all the cupboards and drawers. In the little rooms of communication between great rooms, it was stifling. If you turned a picture – to come back to the pictures – there it still was, clinging to the wall behind the frame, like a sort of bat.

The lattice-blinds were close shut, all over the house. There were two ugly, grey old women in the house, to take care of it; one of them with a spindle, who stood winding and mumbling in the doorway, and who would as soon have let in the devil as the air. Master, mistress, la bella Carolina, and I, went all through the palazzo. I went first, though I have named myself last, opening the windows and the lattice-blinds, and shaking down on myself splashes of rain, and scraps of mortar, and now and then a dozing mosquito, or a monstrous, fat, blotchy, Genoese spider.

When I had let the evening light into a room, master, mistress, and la bella Carolina, entered. Then, we looked round at all the pictures, and I went forward again into another room. Mistress secretly had great fear of meeting with the likeness of that face – we all had; but there was no such thing. The Madonna and Bambino, San Francisco, San Sebastiano, Venus, Santa Caterina, Angels, Brigands, Friars, Temples at Sunset, Battles, White Horses, Forests, Apostles, Doges, all my old acquaintances many times repeated? – yes. Dark, handsome man in black, reserved and secret, with black hair and grey moustache, looking fixedly at mistress out of darkness? – no.

At last we got through all the rooms and all the pictures, and came out into the gardens. They were

Irgendwie war der Duft der Orangenbäume auf der großen rückwärtigen Terrasse, der Zitronen, die an der Außenwand reiften, und einiger Büsche, die um einen zerborstenen Brunnen wuchsen, ins Haus gedrungen, aber nie wieder hinausgelangt. In jedem der Räume hing ein welker Geruch, schwach geworden durch lange Abgeschlossenheit. Er lag wehmütig in allen Schränken und Schubladen. In den kleinen Verbindungszimmern zwischen den großen Räumen war er schier erstickend. Drehte man ein Bild um – womit wir wieder bei den Bildern wären –, dann war er auch da und hing an der Wand hinter dem Rahmen wie eine Art Fledermaus.

Die Fensterläden waren überall im Haus fest verschlossen. Zwei häßliche, graue alte Frauen lebten dort, um das Haus zu hüten. Eine von ihnen hatte eine Spindel, und sie stand spulend und murmelnd in der Eingangstür und hätte eher den Teufel hereingelassen als frische Luft. Der gnädige Herr, die gnädige Frau, la bella Carolina und ich gingen gemeinsam durch den Palazzo. Ich ging voraus, obwohl ich mich zuletzt genannt habe, um die Fenster und Läden zu öffnen, und dabei rieselten Regenspritzer, Mörtelbrocken und gelegentlich eine verschlafene Stechmücke oder eine abscheulich, dicke, gefleckte Genueser Spinne auf mich herab.

Wenn ich das Abendlicht in einen Raum gelassen hatte, traten die gnädigen Herrschaften und la bella Carolina ein. Dann sahen wir uns ringsum alle Bilder an, und darauf ging ich wieder voran in einen anderen Raum. Die gnädige Frau hatte insgeheim große Angst davor, dem Ebenbild dieses Gesichts zu begegnen – wir alle hatten Angst davor. Aber nirgends war dergleichen zu sehen. Die Madonna mit Bambino, San Francisco, San Sebastiano, Venus, Santa Caterina, Engel, Räuber, Mönche, Tempel im Abendlicht, Schlachten, Schimmel, Wälder, Apostel, Dogen – alle meine alten Bekannten in mehrfacher Ausführung: sie ja. Ein dunkler, stattlicher Mann in Schwarz, verschlossen und geheimnisvoll, mit schwarzem Haar in grauem Schnurrbart, der die gnädige Frau aus dem Dunkeln unverwandt ansieht: er nicht.

Schließlich waren wir mit allen Räumen und Bildern fertig und kamen hinaus in den Gärten. Sie waren recht gepflegt, da

pretty well kept, being rented by a gardener, and were large and shady. In one place there was a rustic theatre, open to the sky; the stage a green slope; the coulisses, three entrances upon a side, sweet-smelling leafy screens. Mistress moved her bright eyes, even there, as if she looked to see the face come in upon the scene; but all was well.

"Now, Clara," master said, in a low voice, "you see that it is nothing? You are happy."

Mistress was much encouraged. She soon accustomed herself to that grim palazzo, and would sing, and play the harp, and copy the old pictures, and stroll with master under the green trees and vines all day. She was beautiful. He was happy. He would laugh and say to me, mounting his horse for his morning ride before the heat:

"All goes well, Baptista!"

"Yes, signore, thank God, very well."

We kept no company. I too, la bella to the Duomo and Annunciata, to the Café, to the Opera, to the village Festa, to the Public Garden, to the Day Theatre, to the Marionetti. The pretty little one was charmed with all she saw. She learnt Italian – heavens! miraculously! Was mistress quite forgetful of that dream? I asked Carolina sometimes. Nearly, said la bella – almost. It was wearing out.

One day master received a letter, and called me.

"Baptista!"

"Signore!"

"A gentleman who is presented to me will dine here today. He is called the Signor Dellombra. Let me dine like a prince."

It was an odd name. I did not know that name. But there had been many noblemen and gentlemen pursued by Austria on political suspicions, lately, and some names had changed. Perhaps this was one. Altro! Dellombra was as good a name to me as another.

ein Gärtner sie gepachtet hatte, und sie waren groß und schattig. An einer Stelle befand sich ein Heckentheater, das noch oben offen war. Die Bühne war ein grüner Hang; die Kulissen mit drei Eingängen auf jeder Seite waren süß duftende Laubwände. Selbst dort sah die gnädige Frau mit ihren hellen Augen umher, als erwarte sie, das Gesicht, auf die Szene kommen zu sehen. Aber es geschah nichts.

«Nun, Clara», sagte der gnädige Herr leise, «siehst du, daß es nichts ist? Jetzt bist du doch glücklich.»

Die gnädige Frau faßte wieder Mut. Bald hatte sie sich in dem finsteren Palazzo eingelebt und sang Lieder und spielte auf der Harfe und kopierte die alten Gemälde und spazierte den ganzen Tag mit dem gnädigen Herrn unter den Bäumen und Lauben. Sie war schön. Er war glücklich. Oft lachte er und sagte zu mir, wenn er sein Pferd zum morgendlichen Ausritt vor der Tageshitze bestieg:

«Es steht alles gut, Baptista!»

«Ja, Signore, Gott sei Dank, sehr gut.»

Wir suchten keine Gesellschaft. Ich begleitete la belle zum Duomo, zur Annunziata, ins Café, in die Oper, zum Dorffest, in den Park, ins Tagestheater, zu den Marionetti. Die hübsche Kleine war entzückt von allem, wa sie sah. Sie lernte italienisch – beim Himmel, wundervoll! Ob die gnädige Frau den Traum völlig vergessen habe, fragte ich Carolina manchmal. Fast, sagte la bella, beinahe. Es sei schon viel besser geworden.

Eines Tages erhielt der gnädige Herr Post und rief mich zu sich.

«Baptista!»

«Signore!»

«Ein Herr, den man mir empfohlen hat, wird heute hier speisen. Er heißt Signor Dellombra. Ich möchte wie ein Fürst speisen.»

Es war ein merkwürdiger Name. Ich kannte diesen Namen nicht. Aber in letzter Zeit waren viele Adlige und Herren von den Österreichern aus politischen Gründen verfolgt worden, und manche Namen hatten sich geändert. Vielleicht war das einer davon. Altro! Dellombra war für mich genauso ein guter Name wie jeder andere.

When the Signor Dellombra came to dinner (said the Genoese courier in the low voice, into which he had subsided once before), I showed him into the reception-room, the great sala of the old palazzo. Master received him with cordiality, and presented him to mistress. As she rose, her face changed, she gave a cry, and fell upon the marble floor.

Then, I turned my head to the Signor Dellombra, and saw that he was dressed in black, and had a reserved and secret air, and was a dark, remarkable-looking man, with black hair and a grey moustache.

Master raised mistress in his arms, and carried her to her own room, where I sent la bella Carolina straight. La bella told me afterwards that mistress was nearly terrified to death, and that she wandered in her mind about her dream, all night.

Master was vexed and anxious – almost angry, and yet full of solicitude. The Signor Dellombra was a courtly gentleman, and spoke with great respect and sympathy of mistress's being so ill. The African wind had been blowing for some days (they had told him at his hotel of the Maltese Cross), and he knew that it was often hurtful. He hoped the beautiful lady would recover soon. He begged permission to retire, and to renew his visit when he should have the happiness of hearing that she was better. Master would not allow of this, and they dined alone.

He withdrew early. Next day he called at the gate, on horseback, to inquire for mistress. He did so two or three times in that week.

What I observed myself, and what la bella Carolina told me, united to explain to me that master had now set his mind on curing mistress of her fanciful terror. He was all kindness, but he was sensible and firm. He reasoned with her, that to encourage such fancies was to invite melancholy, if not madness. That it rested with herself to be herself. That if she once resisted her strange weakness, so successfully as to receive the

Als Signor Dellombra zum Abendessen kam (sagte der Genueser Reiseführer, wiederum mit leiser Stimme wie schon einmal zuvor), führte ich ihn in den großen Empfangssaal, die große sala des alten Palazzo. Der gnädige Herr begrüßte ihn herzlich und stellte ihn der gnädigen Frau vor. Als sie sich erhob, erbleichte sie, schrie auf und stürzte auf den Marmorboden nieder.

Daraufhin wandte ich mich Signor Dellombra zu und sah, daß er schwarze Kleidung trug, verschlossene, geheimnisvolle Gesichtszüge hatte und ein dunkler, gut aussehender Mann mit schwarzem Haar und grauem Schnurrbart war.

Der gnädige Herr nahm seine Gemahlin auf die Arme und trug sie in ihr Zimmer, wohin ich sogleich auch la bella Carolina schickte. Später erzählte mir la bella, daß die gnädige Frau sich fast zu Tode gefürchtet und die ganze Nacht von ihrem Traum fantasiert habe.

Der gnädige Herr war tief beunruhigt und erregt, fast zornig, aber zugleich voller Fürsorge. Signor Dellombra war ein Mann von tadellosem Auftreten, und er sprach mit Respekt und Anteilnahme von der Erkrankung der gnädigen Frau. Der afrikanische Wind wehe schon seit einigen Tagen (habe man ihm im Hospiz der Malteser gesagt), und er wisse, daß dieser oft ungesund sei. Er hoffe, die schöne Dame werde sich bald erholen. Er bat um Erlaubnis, sich zu verabschieden und erneut vorzusprechen, wenn ihm das Glück zuteil werden sollte zu erfahren, daß es ihr wieder besser gehe. Der gnädige Herr wollte das auf keinen Fall zulassen, und so speisten sie alleine.

Er verabschiedete sich früh. Am nächsten Tag hielt er zu Pferd am Gartentor und erkundigte sich nach der gnädigen Frau. Er kam während dieser Woche noch zwei- oder dreimal.

Meine eigenen Beobachtungen, und was la bella Carolina mir erzählte, machten mir klar, daß der gnädige Herr fest entschlossen war, seine Frau von ihrer eingebildeten Furcht zu heilen. Er war voll Rücksicht, aber zugleich überlegt und fest. Er erklärte ihr, daß Schwermut, sogar Wahnsinn drohten, wenn man sich solchen Einbildungen hingebe. Daß es bei ihr liege, sie selbst zu sein. Daß sie nur einmal ihrer seltsamen Schwäche erfolgreich widerstehen und Signor Dellombra so

Signor Dellombra as an English lady would receive any other guest, it was for ever conquered. To make an end, the signore came again, and mistress received him without marked distress (though with constraint and apprehension still), and the evening passed serenely. Master was so delighted with this change, and so anxious to confirm it, that the Signor Dellombra became a constant guest. He was accomplished in pictures, books, and music; and his society, in any grim palazzo, would have been welcome.

I used to notice, many times, that mistress was not quite recovered. She would cast down her eyes and droop her head, before the Signor Dellombra, or would look at him with a terrified and fascinated glance, as if his presence had some evil influence or power upon her. Turning from her to him, I used to see him in the shaded gardens, or the large half-lighted sala, looking, as I might say, "fixedly upon her out of darkness." But, truly, I had not forgotten la bella Carolina's words describing the face in the dream.

After his second visit I heard master say:

"Now, see, my dear Clara, it's over! Dellombra has come and gone, and your apprehension is broken like glass."

"Whill he – will he ever come again?" asked mistress.

"Again? Why, surely, over and over again! Are you cold?" (she shivered).

"No, dear – but – he terrifies me: are you sure that he need come again?"

"The surer for the question, Clara!" replied master, cheerfully.

But he was very hopeful of her complete recovery now, and grew more and more so every day. She was beautiful. He was happy.

"All goes well, Baptista?" he would say to me again.

empfangen müsse, wie eine englische Dame einen Gast empfängt, um sie für alle Zeiten überwunden zu haben. Kurzum, der Signore kam wieder, und die gnädige Frau empfing ihn ohne Anzeichen von Qual (obgleich immer noch mit Anspannung und Bangen), und der Abend verging in gelöster Stimmung. Der gnädige Herr war so erfreut über diesen Wandel und so begierig, ihm Dauer zu geben, daß Signor Dellombra ein ständiger Gast wurde. Er war ein hervorragender Kenner von Bildern, Büchern und Musik, und seine Gesellschaft wäre in jedem düsteren Palazzo willkommen gewesen.

Ich bemerkte damals immer wieder, daß die gnädige Frau sich doch nicht völlig gefaßt hatte. In Gegenwart von Signor Dellombra schlug sie die Augen nieder und senkte den Kopf, oder sie sah ihn mit angstvollen Augen wie gebannt an, als übe seine Anwesenheit bösen Einfluß oder Macht auf sie aus. Um von ihr auf ihn zu kommen: Ich sah ihn oft im Schatten der Gärten oder im Halbdunkel der großen sala, wie er sie sozusagen «unverwandt aus dem Dunkeln ansah.» Aber freilich hatte ich die Worte nicht vergessen, mit denen la bella Carolina, das Gesicht aus dem Traum beschrieben hatte.

Nach dem zweiten Besuch hörte ich den gnädigen Herrn sagen:

«Siehst du, liebe Clara, es ist vorüber! Dellombra ist gekommen und gegangen, und deine Ahnungen sind zersprungen wie Glas.»

«Wird er ... wird er je wiederkommen?» fragte die gnädige Frau.

«Wiederkommen? Aber gewiß, wieder und wieder! Frierst du?» (da sie erschauerte).

«Nein, Liebster ... aber ... er ängstigt mich: Bist du sicher, daß er wiederkommen muß?»

«Umso sicherer, da du das fragst, Clara!» erwiderte der gnädige Herr wohlgelaunt.

Aber er war jetzt sehr zuversichtlich, daß sie sich völlig erholen würde, und seine Zuversicht wuchs täglich. Sie war hübsch. Er war glücklich.

«Ist alles in Ordnung, Baptista?» fragte er mich jetzt wieder.

"Yes, signore, thank God; very well."

We were all (said the Genoese courier, constraining himself to speak a little louder) we were all at Rome for the Carnival. I had been out, all day, with a Sicilian, a friend of mine, and a courier, who was there with an English family. As I returned at night to our hotel, I met the little Carolina, who never stirred from home alone, running distractedly along the Corso.

"Carolina! What's the matter?"

"O Baptista! O, for the Lord's sake! where is my mistress?"

"Mistress, Carolina?"

"Gone since morning – told me, when master went out on his day's journey, not to call her, for she was tired with not resting in the night (having been in pain); and would lie in bed until the evening; then get up refreshed. She is gone! – she is gone! Master has come back, broken down the door, and she is gone! My beautiful, my good, my innocent mistress!"

The pretty little one so cried, and raved, and tore herself that I could not have held her, but for her swooning on my arm as if she had been shot. Master came up – in manner, face, or voice, no more the master that I knew, than I was he. He took me (I laid the little one upon her bed in the hotel, and left her with the chamber-women), in a carriage, furiously through the darkness, across the desolate Campagna. When it was day, and we stopped at a miserable post-house, all the horses had been hired twelve hours ago, and sent away in different directions. Mark me! by the Signor Dellombra, who had passed there in a carriage, with a frightened English lady crouching in one corner.

I never heard (said the Genoese courier, drawing a long breath) that she was ever traced beyond that spot. All I know is, that she vanished into infamous

«Ja, Signore. Gott sei Dank. In bester Ordnung.»

Wir waren alle (sagte der Genueser Reiseführer und zwang sich, ein wenig lauter zu sprechen), wir waren alle in Rom zum Karneval. Ich war den ganzen Tag mit einem Sizilianer ausgewesen, einem Freund, ebenfalls Reiseführer, der mit einer englischen Familie dort war. Als ich am Abend zu unserem Hotel zurückging, kam die kleine Carolina, die sonst nie alleine von zuhause fortging, mir wie von Sinnen auf dem Corso entgegengerannt.

«Carolina! Was ist denn los?»

«Oh Baptista! Oh um Gottes Willen! Wo ist die gnädige Frau?!»

«Gnädige Frau, Carolina?»

«Seit heute früh verschwunden ... sagte mir, als der gnädige Herr für den Tag ausfuhr, ich solle sie nicht stören, denn sie habe des nachts nicht geschlafen (da sie Schmerzen hatte) und sei müde und wolle bis zum Abend im Bett bleiben; wollte dann erfrischt aufstehen. Sie ist fort! Sie ist fort! der gnädige Herr kam eben zurück, brach die Tür auf, und sie ist fort! Meine schöne, meine gute, meine unschuldige gnädige Frau!»

Die hübsche Kleine schrie und tobte und raufte ihre Haare dermaßen, daß ich sie nicht hätte halten können, wäre sie mir nicht ohnmächtig in den Arm gesunken, wie von einem Geschoß getroffen. Der gnädige Herr kam daher, er glich in Haltung, Angesicht und Stimme so wenig dem Herrn, den ich kannte, wie ich ihm glich. Er fuhr mit mir (die Kleine legte ich im Hotel auf ihr Bett und ließ sie in der Obhut der Zimmermädchen) in einer Kutsche wild in der Dunkelheit durch die einsame Campagna. Als es Tag war und wir bei einer ärmlichen Poststation anhielten, waren alle Pferde zwölf Stunden zuvor gemietet und in verschiedene Richtungen davongeschickt worden. Und zwar – von Signor Dellombra, der dort mit einer Kutsche vorbeigekommen war, in der eine Engländerin saß und sich ängstlich in eine Ecke kauerte.

Ich habe nicht gehört (sagte der Genueser Reiseführer und holte tief Luft), daß man ihre Spur je über diesen Punkt hinaus verfolgen konnte. Ich weiß nur, daß sie einfach in abscheuliche

oblivion, with the dreaded face beside her that she had seen in her dream.

What do you call *that?*'' said the German courier, triumphantly. "Ghosts! There are no ghosts *there!* What do you call this, that I am going to tell you? Ghosts! There are no ghosts *here!*''

I took an engagement once (pursued the German courier) with an English gentleman, elderly and a bachelor, to travel through my country, my Fatherland. He was a merchant who traded with my country and knew the language, but who had never been there since he was a boy—as I judge, some sixty years before.

His name was James, and he had a twin-brother John, also a bachelor. Between these brothers there was a great affection. They were in business together, at Goodman's Fields, but they did not live together. Mr. James dwelt in Poland Street, turning out of Oxford Street, London; Mr. John resided by Epping Forest.

Mr. James and I were to start for Germany in about a week. The exact day depended on business. Mr. John came to Poland Street (where I was staying in the house), to pass that week with Mr. James. But he said to his brother on the second day, "I don't feel very well, James. There's not much the matter with me; but I think I am a little gouty. I'll go home and put myself under the care of my old housekeeper, who understands my ways. If I get quite better, I'll come back and see you before you go. If I don't feel well enough to resume my visit where I leave it off, why *you* will come and see *me* before you go." Mr. James, of course, said he would, and they shook hands – both hands, as they always did – and Mr. John ordered out his old-fashioned chariot and rumbled home.

It was on the second night after that – that is to say, the fourth in the week – when I was awoke out of my

Vergessenheit entschwand an der Seite des gefürchteten Gesichts, das sie im Traum gesehen hatte.

«Was sagt Ihr dazu?» rief der deutsche Reiseführer triumphierend. «Geister! Also *da* gab es keine Geister! Und was sagt ihr zu dem, was ich Euch jetzt erzählen werde? Geister! *Da* gibt es auch keine Geister!»

Ich übernahm einmal den Auftrag (fuhr der deutsche Reiseführer fort), mit einem englischen Gentleman, schon älter und Junggeselle, durch meine Heimat, mein Vaterland zu reisen. Er war Kaufmann, der mit meiner Heimat Handel trieb und die Sprache beherrschte, aber seit meiner Kindheit nicht mehr dort gewesen war – also schätzungsweise seit sechzig Jahren.

Er hieß James und hatte einen Zwillingsbruder John, ebenfalls Junggeselle. Zwischen den Brüdern bestand eine tiefe Zuneigung. Sie hatten gemeinsam ein Geschäft in Goodman's Fields, aber sie lebten nicht zusammen. Mr. James wohnte in Poland Street, einer Seitenstraße der Oxford Street in London; Mr. John wohnte in der Nähe von Epping Forest.

Mr. James und ich sollten in etwa einer Woche nach Deutschland abreisen. Der genaue Tag hing von den Geschäften ab. Mr. John kam in die Poland Street (wo ich währenddessen wohnte), um diese Woche bei Mr. James zu verbringen. Aber am zweiten Tag sagte er zu seinem Bruder: «Ich fühle mich nicht ganz wohl, James. Es ist nichts Ernstes, aber ich glaube, ich bin etwas gichtig. Ich werde nachhause zurückkehren und mich in die Pflege meiner alten Haushälterin begeben, die sich mit mir auskennt. Wenn ich wieder ganz gesund bin, werde ich zurückkommen und dich besuchen, ehe du abreist. Falls ich mich nicht wohl genug fühle, um meinen Besuch dort fortzusetzen, wo ich ihn abbreche, nun, dann wirst du eben kommen und mich besuchen, ehe du abreist.» Mr. James sagte ihm das natürlich zu, und sie schüttelten einander die Hand – beide Hände, wie sie es immer taten –, und Mr. John rief seine altmodische Kutsche herbei und rollte nachhause.

Es war in der zweiten Nacht danach, also der vierten jener Woche, als ich aus meinem Schlaf von Mr. James geweckt

sound sleep by Mr. James coming into my bedroom in his flannel-gown, with a lighted candle. He sat upon the side of my bed, and looking at me, said:

"Wilhelm, I have reason to think I have got some strange illness upon me."

I then perceived that there was a very unusual expression in his face.

"Wilhelm," said he, "I am not afraid or ashamed to tell you what I might be afraid or ashamed to tell another man. You come from a sensible country, where mysterious things are inquired into and are not settled to have been weighed and measured – or to have been unweighable and unmeasurable – or in either case to have been completely disposed of, for all time – ever so many years ago. I have just now seen the phantom of my brother."

I confess (said the German courier) that it gave me a little tingling of the blood to hear it.

"I have just now seen," Mr. James repeated, looking full at me, that I might see how collected he was, "the phantom of my brother John. I was sitting up in bed, unable to sleep, when it came into my room, in a white dress, and regarding me earnestly, passed up to the end of the room, glanced at some papers on my writing-desk, turned, and, still looking earnestly at me as it passed the bed, went out at the door. Now, I am not in the least mad, and am not in the least disposed to invest that phantom with any external existence out of myself. I think it is a warning to me that I am ill; and I think I had better be bled."

I got out of bed directly (said the German courier) and began to get on my clothes, begging him not to be alarmed, and telling him that I would go myself to the doctor. I was just ready, when we heard a loud knocking and ringing at the street door. My room being an attic at the back, and Mr. James's being the second-floor room in the front, we went down to his room, and put up the window, to see what was the matter.

wurde, der im Flanellrock und mit einer brennenden Kerze mein Schlafzimmer betrat. Er setzte sich auf den Bettrand, blickte mich an und sagte:

«Wilhelm, ich habe Grund anzunehmen, daß ich eine seltsame Krankheit in mir habe.»

Ich bemerkte nun, daß ein völlig ungewohnter Ausdruck auf seinem Gesicht lag.

«Wilhelm», sagte er, «ich fürchte oder schäme mich nicht, dir etwas zu sagen, was ich einem anderen Manne zu sagen mich fürchten oder schämen würde. Du kommst aus einem vernünftigen Land, wo man rätselhaften Dingen nachgeht und es nicht dabei bewenden läßt zu sagen, daß man das alles schon vor langer Zeit gemessen und gewogen habe, oder für unwägbar und unmeßbar befunden habe, und in jedem Fall ein für allemal damit fertig sei. Ich habe soeben den Geist meines Bruders gesehen.»

Ich gestehe (sagte der deutsche Reiseführer), daß mich ein leichter Schauer überlief, als ich das hörte.

«Ich habe soeben», wiederholte Mr. James und sah mir gerade ins Gesicht, damit ich sehen konnte, wie gefaßt er war, «den Geist meines Bruders John gesehen. Ich saß in meinem Bett, weil ich nicht schlafen konnte, als er in einem weißen Gewand hereinkam, mich ernst ansah, quer durchs Zimmer ging, einen Blick auf einige Papiere auf meinem Schreibtisch warf, sich umdrehte und mich, als er am Bett vorbeikam, wiederum ernst ansah, bevor er zur Tür hinausging. Nun, ich bin keineswegs verrückt und ich bin keineswegs geneigt, dieser Erscheinung irgendeine von mir unabhängige Existenz zuzuschreiben. Ich glaube, das ist eine Warnung, daß ich krank bin, und ich glaube, ich sollte zur Ader gelassen werden.»

Ich stand sofort auf (sagte der deutsche Reiseführer) und begann, mich anzukleiden, wobei ich ihn bat, sich nicht zu beunruhigen, und ihm sagte, ich selbst würde den Arzt holen. Kaum war ich fertig, als wir lautes Klopfen und Klingeln an der Haustür vernahmen. Da mein Zimmer eine nach hinten gelegene Dachkammer war, während Mr. James sein Zimmer im zweiten Stock zur Straße hin hatte, gingen wir zu ihm hinunter und öffneten das Fenster, um zu sehen, was es gebe.

"Is that Mr. James?" said a man below, falling back to the opposite side of the way to look up.

"It is," said Mr. James, "and you are my brother's man, Robert."

"Yes, Sir. I am sorry to say, Sir, that Mr. John is ill. He is very bad, Sir. It is even feared that he may be lying at the point of death. He wants to see you, Sir. I have a chaise here. Pray come to him. Pray lose no time."

Mr. James and I looked at one another. "Wilhelm," said he, "this is strange. I wish you to come with me!" I helped him to dress, partly there and partly in the chaise; and no grass grew under the horses' iron shoes between Poland Street and the Forest.

Now, mind! (said the German courier) I went with Mr. James into his brother's room, and I saw and heard myself what follows.

His brother lay upon his bed, at the upper end of a long bed-chamber. His old housekeeper was there, and others were there: I think three others were there, if not four, and they had been with him since early in the afternoon. He was in white, like the figure – necessarily so, because he had his night-dress on. He looked like the figure – necessarily so, because he looked earnestly at his brother when he saw him come into the room.

But, when his brother reached the bed-side, he slowly raised himself in bed, and looking full upon him, said these words:

"JAMES, YOU HAVE SEEN ME BEFORE, TO-NIGHT – AND YOU KNOW IT!"

And so died!

I waited, when the German courier ceased, to hear something said of this strange story. The silence was unbroken. I looked round, and the five couriers were gone: so noiselessly that the ghostly mountain might

«Ist dort Mr. James?» fragte unten ein Mann, indem er rückwärts zur anderen Straßenseite ging, um nach oben sehen zu können.

«Ja», antwortete Mr. James, «und Sie sind doch Robert, der Bedienstete meines Bruders?»

«Ja, Sir. Ich muß ihnen leider mitteilen, Sir, daß Mr. John krank ist. Es geht ihm sehr schlecht, Sir. Es ist sogar zu befürchten, daß er auf den Tod darniederliegt. Er möchte Sie sehen, Sir. Ich bin mit einer Kutsche hier. Bitte kommen Sie. Bitte verlieren Sie keine Zeit.»

Mr. James und ich sahen einander an. «Wilhelm», sagte er, «das ist doch sonderbar. Ich möchte, daß Sie mit mir kommen!» Ich half ihm beim Ankleiden, teils dort, teils noch in der Kutsche, und zwischen Poland Street und Epping Forest kamen die Pferdehufe nicht mehr zum Stehen.

Und nun gebt acht! (sagte der deutsche Reiseführer). Ich begleitete Mr. James in das Zimmer seines Bruders, und ich sah und hörte das folgende selbst mit an.

Sein Bruder lag auf dem Bett am anderen Ende des langgestreckten Schlafzimmers. Seine alte Haushälterin und mehrere andere Personen waren anwesend. Ich glaube, es waren drei, wenn nicht vier, und alle waren seit dem frühen Nachmittag bei ihm gewesen.

Er war ganz in Weiß wie jene Gestalt – selbstverständlich, denn er trug ja sein Nachtgewand. Er sah aus wie jene Gestalt – selbstverständlich, denn er blickte seinen Bruder ernst an, als er ihn ins Zimmer treten sah.

Aber als sein Bruder an das Bett herangetreten war, erhob er sich langsam in den Kissen, sah ihm ins Gesicht und sprach diese Worte:

«JAMES, DU HAST MICH HEUTE NACHT SCHON EINMAL GESE-HEN? UND DAS WEISST DU.»

Und starb darauf.

Ich wartete, als der deutsche Reiseführer geendet hatte, um zu hören, was man zu dieser merkwürdigen Geschichte sagen würde. Alles blieb still. Da sah ich mich um, und die Fünf waren verschwunden; so lautlos, als hätte der gespenstische Berg sie

have absorbed them into its eternal snows. By this time, I was by no means in a mood to sit alone in that awful scene, with the chill air coming solemnly upon me – or, if I may tell the truth, so sit alone anywhere. So I went back into the convent-parlour, and, finding the American gentleman still disposed to relate the biography of the Honourable Ananias Dodger, heard it all out.

Lord Dunsany: A Mystery of the East

November had come round again, and the woods away beyond London were a glory, and London had drawn round her ancient shoulders the grey cloak she wears at this season. It was dim in the room at the club where we sat after lunch, the curtains drawn round the one window seemed tall masses of shadow, and we were talking about the mystery of the East. It was really more than mystery we were discussing; for one who had met it in Port Said, another in Aden, a third who believed he had seen it in Kilindini, and a collector of butterflies who had met it all over India, were telling tales of pure magic. It is my object in recording tales I hear at my club to relate only those that are true so far as we know, and that seem to me to be interesting, but none of these stories of magic fulfilled either of these conditions, and I do not therefore retell them; yet I mention them because they gradually woke Jorkens, who happened to be asleep, and drew from him what is to me a very interesting statement.

"They understand magic perfectly", he asserted.

"What? Who do?" we said, startled by the vehement statement from the man that we thought was still sleeping.

"The East", said Jorkens. "I mean to say those in

in seinen ewigen Schnee geholt. Mir war jetzt ganz und gar nicht länger danach zumute, alleine an diesem unheimlichen Ort sitzen zu bleiben, wo mich die Kälte beklemmend überkam – oder, um die Wahrheit zu sagen, überhaupt irgendwo alleine sitzen zu bleiben. Deshalb ging ich zurück in die Gaststube des Klosters, und da ich den Herrn aus Amerika noch immer willens fand, die Lebensgeschichte des ehrenwerten Ananias Dodger zu erzählen, hörte ich sie mir zu Ende an.

Lord Dunsany: Ein Geheimnis des Orients

Es war wieder einmal November geworden, und die Wälder um London waren eine einzige Pracht, nur die Stadt selbst hatte sich den grauen Mantel, den sie in dieser Jahreszeit trägt, um die alten Schultern gelegt. Das Zimmer im Klub, in dem wir nach dem Lunch saßen, war nicht hell; die Vorhänge vor dem einen Fenster schienen wie hohe Schatten, und wir sprachen vom Geheimnis des Orients. Eigentlich war es mehr als nur eine Diskussion über das Geheimnis, denn einer war ihm in Port Said begegnet, ein andrer in Aden, ein dritter glaubte es in Kilindini gesehen zu haben, und ein Schmetterlingssammler hatte es überall in Indien angetroffen. Sie alle erzählten Geschichten von echter Magie. Wenn ich in meinem Klub Geschichten höre, nehme ich mir vor, nur solche weiterzuerzählen, die offensichtlich wahr sind, und solche, die mir interessant erscheinen; doch keine dieser Geschichten über Magie erfüllte eine meiner beiden Bedingungen, und deshalb will ich sie auch nicht weitererzählen. Ich erwähne sie jedoch, weil sie allmählich Jorkens aufweckten, der gerade eingenickt war, und ihn zu einem, wie mir scheint, sehr interessanten Bericht veranlaßten.

«Auf Magie verstehen sie sich glänzend!» bestätigte er.

«Wie bitte? Wer?» fragten wir, zusammenschreckend, weil die energische Äußerung von einem Mann kam, den wir noch schlafend geglaubt hatten.

«Der Orient», antwortete Jorkens. «Das heißt: diejenigen

the East whose business it is. Just as one says that the West understands machinery. Of course you'd find millions in Europe who could not run a machine, but engineers can."

"And in the East?" I said, to keep him to the point.

"In the East," said Jorkens, "the magicians understand magic."

"Can you give us a case in point?" asked Terbut. And I'm glad he did, for one often hears of the mystery of the East, but seldom, as now, a definite story of magic, with every detail that anybody could ask for.

"Certainly I can," replied Jorkens, now wide awake.

I have little doubt that Terbut hoped, in a tale of magic, to catch Jorkens out with something he could not prove, more thoroughly than he could ever hope to catch him over some more solid tale of travel or sport. How completely he failed I leave the reader to judge.

And then Jorkens began his story.

"On a bank of the Ganges, not so long ago, I was standing looking at that pearl of a river; there flowed the water of it a yard or two from my feet, and there flowed the beauty of it right through me. It was evening, and river and sky were not only unearthly, as you might suppose, but they somehow seemed realler than earth, with a reality that all the while was growing and growing and growing. So that if ever I had left the world we know for the world of fancies and song that seems sometimes to drift so near to it, then is the time I'd have gone. But I was brought back suddenly to reality by stepping on to a man who was sitting beside the river, while my eyes were full of twilight. In fact I fell over him, and all light of the Ganges was gone clean out of my mind; but he still sat motionless there with his eyes as full of the beauty of river and sky as they had probably been for hours.

im Orient, die sich mit so etwas beschäftigen. Ungefähr so, wie man sagt, daß der Westen sich auf Technik versteht. Natürlich gibt es in Europa Millionen Menschen, die nicht mit einer Maschine umzugehen wissen, aber Ingenieure können es.»

«Und im Orient?» fragte ich, um ihn bei der Stange zu halten.

«Im Orient», antwortete Jorkens, «verstehen sich eben die Magier auf Magie.»

«Können Sie uns nicht einen passenden Fall erzählen?» fragte Terbut. Ich war erfreut, daß er es tat, denn man hört oft vom Geheimnis des Orients sprechen, aber selten, wie eben jetzt, eine Geschichte von ausgesprochener Magie mit allen Einzelheiten, die man nur verlangen kann.

«Gewiß kann ich das», erwiderte Jorkens, nun hellwach.

Ich bin ziemlich überzeugt, daß Terbut hoffte, in einer Geschichte über Magie könne er Jorkens, viel eher bei etwas erwischen, das dieser nicht beweisen konnte, als er es bei einer hieb- und stichfesten Reise- oder Sportgeschichte erhoffen durfte. Wie völlig es ihm mißlang – das zu beurteilen überlasse ich dem Leser.

Und dann begann Jorkens mit seiner Geschichte.

«Vor noch nicht allzu langer Zeit stand ich am Ufer des Ganges und blickte auf diese Perle von einem Fluß. Das Wasser floß ein bis zwei Meter vor meinen Füßen vorüber, und seine Schönheit floß durch mich hindurch. Es war Abend, und Fluß und Himmel waren nicht nur unirdisch, wie man vermuten könnte – sie waren irgendwie wirklicher als die Erde, und von einer Wirklichkeit, die mehr und mehr und mehr zunahm. Wenn ich daher jemals die uns bekannte Welt für die Welt der Phantasie und Dichtung, die ihr manchmal so nahe zu kommen scheint, hätte verlassen mögen, so wäre es damals die Zeit dafür gewesen. Doch ich wurde plötzlich in die Wirklichkeit zurückgeholt, weil ich auf einen Mann stieß, der am Flußufer saß, während meine Augen noch vom Zwielicht erfüllt waren. Ich fiel regelrecht auf ihn, und alles Licht des Ganges war völlig vergessen. Er aber saß noch immer bewegungslos da, und seine Augen waren erfüllt von der Schönheit des Flusses und des Himmels – wahrscheinlich waren sie schon seit Stunden so

That is, I suppose, one of the principal differences between us and people like that; we can probably appreciate the glory of such a river under that sort of sky, with fires of the burning-ghats beginning to glow, and a young moon floating slender over their temples, we can probably appreciate it almost as well as they can; but we don't seem able to cling to it. Well, as I was saying, I was brought back to earth in every sense of the word, and there was this man, naked above the waist, sitting as though – well, there's only one way to describe it – sitting as though I had not been there at all. One of those what-d'you-call-ems, I said to myself. And all of a sudden the idea came to test him."

"How do you do that?" asked Terbut.

"Nothing simpler," said Jorkens. "Well, in one way it wasn't so simple, because I had to explain to him what a sweepstake was, and what numbers were, in fact practically everything; and I don't suppose he really understood; but one thing I did make him understand, and that was that the number on a ticket that I showed him, was the same as the number on a ticket in another part of the world, and that it was his job to make that other ticket come first out of a drum, first among millions. I got him to understand that, because he asked me why, and I told him that there was money in it. When a man starts asking questions you can nearly always make him understand, because you can see just where he has stuck, and can help him on every time. So he said that he had not the power to make the money of use to me, and I said: 'Never you mind about that!' And the rest he promised to do. The ticket with that very number should come first of all out of the drum, or there was no power in Ganges. And then he took my ticket out of my hand and held it up high in that glow of sunset and small moon and fires, and gave it back and went on with his meditation. I wanted to thank him, but it

gewesen. Das ist, wie ich vermute, einer der Hauptunterschiede zwischen jenen Menschen und uns: auch wir können die Pracht eines solchen Flusses unter solchem Himmel genießen, wenn die Feuer auf den Ghats aufleuchten und ein junger Mond schmal über ihren Tempeln schwebt – wir können sie wahrscheinlich beinah ebensosehr genießen; aber anscheinend können wir uns nicht genügend lange in sie versenken. Nun gut, wie ich bereits sagte, wurde ich im wahrsten Sinne des Wortes auf die Erde zurückgebracht, und dort saß dieser Mann mit seinem nackten Oberkörper, saß da, als ob – ja, es gibt eben nur ein Wort, es zu beschreiben – saß da, als ob ich überhaupt nicht vorhanden wäre. Einer von jenen Wie-heißen-sie-doch-gleich, dachte ich bei mir. Und auf einmal kam mir die Idee, ihn auf die Probe zu stellen.»

«Wie macht man das?» fragte Terbut.

«Nichts einfacher als das», antwortete Jorkens. «Das heißt, eigentlich war es nicht so einfach, weil ich ihm erklären mußte, was eine Lotterie ist und was Zahlen sind – eben im Grunde alles; und ich glaube nicht, daß er es wirklich verstanden hat; aber eine Sache habe ich ihm klarmachen können, nämlich, daß die Nummer auf einem Los, das ich ihm zeigte, der Nummer auf einem andern Kärtchen in einem andern Teil der Welt entsprach, und daß es seine Aufgabe sei, dafür zu sorgen, daß dies andere Kärtchen als erstes aus einer Trommel herauskäme – als erstes unter Millionen anderer Kärtchen. Es gelang mir, ihm das klarzumachen, denn er fragte mich nach dem Grund, und ich sagte, es gäbe Geld zu gewinnen. Wenn ein Mann Fragen stellt, kann man ihm fast alles klarmachen, weil man dann gleich merkt, wo er festsitzt, und ihm jederzeit weiterhelfen kann.

Er sagte also, er hätte nicht die Kraft, zu veranlassen, daß mir das Geld nütze, und ich antwortete: ‹Das laß nur meine Sorge sein!› Da versprach er, für das übrige zu sorgen. Das Los mit meiner Nummer würde zu allererst aus der Trommel kommen, oder der Ganges besäße keine Kraft. Und dann nahm er mir mein Los aus der Hand, hielt es hoch in den Glanz des Sonnenuntergangs und des jungen Mondes und der Bergfeuer und gab es mir zurück und fuhr fort mit seiner Meditation. Ich

was no use whatever; his spirit was somewhere far off; I might as well have tried to talk to one of his Indian gods.

"Well, I may as well tell you that that sweepstake was to be worth £ 30000.–.–; and I walked away pretty pleased, for I could see that if there is anything whatever in magic, or whatever it is that these people practise, then I was sure of the prize; he had given his word for that. Of course I still thought that there might still be nothing in it; but, if there was, there could be no possible doubt that he was one of them, or that he had exerted his power just as he said.

"Well, I left the Ganges next day; I left India within the week; and you may imagine I was pretty full of my chances of getting £ 30000.–.– Was there anything in the mystery of the East or was there not? That was the point. Now there was a man in the ship who knew, if everyone knew; a man called Lupton. He knew the East as well as anyone born on this side of the world is likely to know it; and, in particular, he knew about this very thing; I mean magic. Unfortunately I'd never met him, and I hardly liked to go up and beard him, he was too distinguished for that; and there was I watching him walking by me every day, and knowing that he carried the secret of my £ 30000.–.–, the simple knowledge of whether or not the East could do what it claimed. Well, sooner or later on board a ship you get to know everybody, though we were into the Mediterranean before I was introduced to him; and almost the first thing I said to him was: 'Is there anything in this magic that they say they can do in the East?'"

"It very nearly shut him up altogether; for he thought that I was speaking of magic lightly. But he luckily saw I was serious. I suppose he saw some light from that thirty thousand, that there must have been in my eyes. For after a moment's silence, as though he were not going to answer, he turned and, speaking

wollte ihm danken, aber das war überflüssig, sein Geist war schon wieder weit weg: ich hätte ebensogut versuchen können, mit einem seiner indischen Götter zu sprechen.

Ich kann Ihnen ruhig sagen, daß es bei der Lotterie um dreißigtausend Pfund ging und daß ich sehr zufrieden fortging, denn wenn an der Magie (oder was es ist, das die Leute da treiben) etwas Wahres dran ist, dann war mir das Große Los sicher – er hatte mir sein Wort darauf gegeben. Natürlich dachte ich zugleich, daß vielleicht nichts Wahres dran sei, aber falls doch, dann konnte kein Zweifel daran bestehen, daß er einer von denen war oder daß er seine Kraft darauf gerichtet hatte, wie er es nannte.

Am nächsten Tag verließ ich den Ganges, und innerhalb von einer Woche verließ ich Indien. Sie können sich vorstellen, wie sehr ich an meine Chancen dachte, die dreißigtausend Pfund zu gewinnen. War an dem Geheimnis des Orients etwas dran oder nicht – das war die Frage. Nun war da auf dem Schiff ein Mann – wenn jemand es wissen konnte, war er es. Er hieß Lupton. Er kannte den Orient, so gut ihn einer kennen kann, der auf dieser Seite des Globus geboren ist; und im besonderen verstand er etwas von dieser Sache, ich meine, von der Magie. Leider war ich ihm nie begegnet, und ich mochte nicht einfach auf ihn zugehen und ihn ansprechen, dafür war er zu berühmt.

Und da war ich nun und sah ihn Tag für Tag an mir vorbeigehen und dachte, daß er um das Geheimnis meiner dreißigtausend Pfund wußte, ganz einfach wußte, ob der Orient tun konnte, wessen er sich rühmte. Immerhin, über kurz oder lang lernt man alle Leute an Bord kennen, wenn wir auch schon im Mittelmeer waren, bis ich ihm vorgestellt wurde; und fast das erste, was ich zu ihm sagte, war: ‹Ist eigentlich etwas an dem Gerücht, daß sie sich im Orient auf Magie verstehen?›

Um ein Haar hätte ich ihn damit zum Schweigen gebracht, denn er glaubte, ich spräche leichtfertig von der Magie. Doch zum Glück sah er, daß es mir ernst war. Ich vermute, daß er in meinen Augen einen Widerschein von den dreißigtausend Pfund sah. Denn nach kurzem Schweigen – als wollte er nicht antworten –, wandte er sich mir zu und sagte ganz

in quite a friendly way, said: 'You might, just as well, doubt wireless.'

"So then I asked him what I wanted to know: was it possible for a man to exert any influence in the East that could cause a ticket to come first out of a drum in Dublin? And I remember still the very words of his answer: 'It is a very rare power,' he said, 'yet not only can it be done, but I know a man now living who is able to do it.'

"Well, I asked him then about my friend by the Ganges, but he knew nothing about him. His man lived in North Africa. My man might be able to do it too, he said, but there were very few of them. There was one obvious crab in the situation, and a difficult one to deal with: why didn't he go to his African friend himself, and lift that thirty thousand? He was a distinguished man and I had only just been introduced to him, and it wasn't too easy a question to ask. But I managed it. Of course my question was all wrapped up, but I got it out. And he answered me quite sincerely. 'I'm settling down now near London,' he said, 'on my pension and what I've put by, and I don't say that if anyone offered me thirty thousand I shouldn't be grateful to him; only, living as much in the East as I have done, one has taken a good deal of quinine in one's time, and in the end it's bad for the nerves; and if I got thirty thousand like that, out of the East by magic, I'd always be worrying as to whether the East might get level. It know it's silly of me, but there it is. You probably don't feel like that.'

"'No, I don't think I do,' I said. I couldn't say any more, for fear of hurting his feelings. But thirty thousand, you know; and afraid that the East might try to get it back! Well, let the East try: that was all I felt about it. But first of all let's get it. So I said: 'What part of North Africa were you saying that this man lived in?'

"He smiled at my persistence, and told me. 'Not

freundlich: ‹Ebensogut können Sie die drahtlose Telegrafie anzweifeln!›

Dann fragte ich ihn also, was ich wissen wollte: ob es einem Mann im Orient möglich sei, einen gewissen Einfluß auf ein Los in Dublin auszuüben, damit es als erstes aus der Trommel käme. Und ich erinnere mich noch genau an seine Antwort: ‹Es ist eine sehr seltene Gabe›, sagte er, ‹doch ist es nicht nur möglich, sondern ich kenne sogar einen noch jetzt lebenden Mann, der es tun kann.›

Dann fragte ich ihn nach meinem Freund am Ganges, aber er wußte nichts von ihm. Sein Bekannter lebte in Nord-Afrika. Mein Bekannter könne es vielleicht auch tun, meinte er, aber es gebe nur ganz wenige von ihnen. Offensichtlich war ein Haken an der Sache, und zwar einer, dem schwer beizukommen war: warum ging er nicht selber zu seinem afrikanischen Freund und verschaffte sich die Dreißigtausend? Er war ein vornehmer Mann, und ich war ihm eben erst vorgestellt worden; es war eine heikle Frage. Aber ich schaffte es. Natürlich war meine Frage verschlüsselt, aber es gelang mir. Und er antwortete mir ganz ehrlich. ‹Ich setze mich jetzt in der Nähe von London zur Ruhe›, sagte er, ‹und lebe von meiner Pension und dem, was ich beiseite gelegt habe, und ich will nicht behaupten, daß ich nicht dankbar wäre, falls jemand mir Dreißigtausend anböte; aber wenn man so lange im Orient gelebt hat wie ich, dann hat man derweil viel Chinin geschluckt, was schließlich schlecht für die Nerven ist – wenn ich da Dreißigtausend mittels Magie vom Orient bekäme, würde ich mich immer sorgen, ob der Orient sie nicht eines Tages wieder einfordern würde. Ich weiß, es ist töricht von mir, aber so ist es nun mal. Sie haben wahrscheinlich nicht die gleiche Einstellung?›

‹Nein, ich glaube nicht›, antwortete ich ihm. Mehr konnte ich nicht sagen, um ja nicht seine Gefühle zu verletzen. Dreißigtausend Pfund, verstehen Sie, und dann Angst haben, daß der Orient sie zurückholen könnte? Oh, soll's der Orient nur versuchen – das war alles, was *ich* dabei empfand. Aber zuerst will ich sie mal haben! Deshalb fragte ich: ‹Was sagten Sie, in welchem Teil Nord-Afrikas dieser Mann lebt?›

Er lächelte über meine Ausdauer und erzählte es mir. ‹Nicht

very far in,' he said. 'A night and half a day by train from the coast. You had better get out at El Kántara; and a few days' ride on a mule will bring you to the Ouled Naïl Mountains, where he lives.'

"'What part of the mountains?' I asked. For he had stopped speaking, and a mountain range seemed rather an incomplete address.

"'Oh, there's no difficulty in finding him,' he said. 'He's a holy man, and well enough known. You merely ask one of the nomads for Hamid ben Ibrahim, when you get to the feet of the mountains. Besides, you can see his house for twenty miles. It's only ten-foot high, and about eight yards broad and long; but it is white-washed, under brown mountains, and the desert is flat in front of it all the way to the Niger. You'll find Hamid all right.'

"'They don't all do it for nothing, I suppose,' said I, 'like my friend on the Ganges?'

"You see, I hadn't very much cash in hand after my trip to India, not counting my hope of the thirty thousand pounds.

"'No,' he said. 'But he'll do it for this.'

"And he gave me a little packet out of his pocket, a powder, as I could feel through the paper.

"'What is it?' I said.

"'Bismuth,' he answered. 'His digestion is bad. But he is too holy to take an aperient; never has had one in his life, or smoked; and of course brandy is out of the question. So he is rather hard to cure. As you probably know, all Europeans are held to be doctors over there; so the first thing he'll do is to tell you his symptoms and ask you to cure him; and I think bismuth may do it. If it does he'll work that ticket for you. In fact he knows a good deal more about magic than any of us know of medicine. And you might ask the ship's doctor for anything else that might be good for him. He's pretty fat, and takes no exercise. Do what you can for the old fellow.'

sehr weit landeinwärts›, sagte er. ‹Eine Nacht und einen halben Tag mit der Bahn von der Küste. Am besten steigen Sie in El Kántara aus. Ein Maultierritt von ein paar Tagen bringt sie dann in die Ouled Naïl-Berge, wo er wohnt.›

‹In welchem Teil jener Berge?› fragte ich, denn er hatte zu sprechen aufgehört, und eine Bergkette schien mir eine ziemlich unvollständige Adresse zu sein.

‹Oh, Sie werden keine Schwierigkeiten haben, ihn zu finden›, sagte er. ‹Er ist ein Heiliger und sehr bekannt. Sie brauchen nur einen der Nomaden nach Hamid ben Ibrahim zu fragen, wenn sie an den Fuß der Bergkette kommen. Außerdem ist sein Haus auf zwanzig Meilen Entfernung zu sehen. Es ist nur zehn Fuß hoch und ungefähr acht Yards breit und lang, aber es ist weiß getüncht inmitten von braunen Bergen, und die Wüste davor dehnt sich flach die ganze Strecke bis zum Niger hin. Sie werden Hamid ganz sicher finden.›

‹Wahrscheinlich tut's nicht jeder für umsonst›, sagte ich, ‹wie mein Freund am Ganges?›

Ich hatte nämlich nicht sehr viel von meiner Reise nach Indien übrig behalten, und meine Hoffnung auf die dreißigtausend Pfund zählte nicht.

‹Nein›, sagte er, ‹aber hierfür wird er es tun!›

Und damit gab er mir ein Päckchen, das er aus der Tasche holte – ein Pulver, wie ich durchs Papier fühlen konnte.

‹Was ist das?› fragte ich.

‹Wismut›, antwortete er. ‹Seine Verdauung ist schlecht. Doch er ist zu heilig, um ein Abführmittel zu nehmen. Das hat er noch nie im Leben genommen, auch nicht geraucht – und Alkohol kommt natürlich nicht in Frage. Also ist er ziemlich schwer zu kurieren. Wie Sie wohl wissen, werden dort unten alle Europäer für Ärzte gehalten. Das erste, was er tun wird, ist also, daß er Ihnen seine Symptome aufzählt und Sie bittet, ihn zu heilen. Ich glaube, Wismut wird ihm guttun. Wenn es hilft, wird er die Sache mit dem Los für Sie besorgen. Er versteht nämlich viel mehr von Magie als wir alle von Medizin. Und Sie könnten den Schiffsarzt fragen, was sonst noch gut für ihn sein könnte. Er ist ziemlich dick und macht sich keine Bewegung. Tun Sie für den alten Knaben, was Sie können!›

"'I certainly will,' I said. It seemed only fair.

"'And I should buy a tent in Algiers,' he said, 'rather than hire one from a Arab. You'll find it will cost you a quarter as much. Or an eighth. It depends how good you are at bargaining.'

"Daylight had gone while we talked, without my noticing it; and I looked up and saw bands of stars where there had been scarlet and gold. And a chill came with the stars, and Lupton's face grew suddenly grey, for the chill after sunset seemed the one thing he was unable to stand though you'd have thought the opposite, living as he had lived, more in tents than in houses. So he went below, and his last words to me were: 'He can do it all right. You need have no doubt of that.'

"Well, I troubled Lupton no more; oddly enough I rather avoided him, for any conversation we might have had would have sounded so trivial after this mystery of the East that he had revealed to me, while all those millions of stars slipped softly out to shine in the Mediterranean. And before the end of the week we came to Marseilles. Well, I got out there. If I'd gone on to England I'd only have had to come back again, in order to get to Africa; and the finances wouldn't have run to it. My only difficulty was how to get another ticket in that sweepstake, as I didn't want the two spells working on the same ticket. But, do you know, I was able to buy one from a man in Marseilles, who seemed to have lost faith in his luck. So with that I slipped across to Algiers by a line that goes backwards and forwards from Marseilles to the African coast, and cheers itself against any monotony it may find in that by calling itself the Compagnie Generale Transatlantique. I hadn't entirely lost faith in my friend by the Ganges; I had kept his ticket and wanted to see what he could do; but naturally, after having that talk with one of the foremost Orientalists, I relied a great deal more on the man he had

‹Gewiß, gern!› sagte ich. Es schien mir recht und billig.

‹Und an Ihrer Stelle würde ich mir ein Zelt in Algier kaufen›, sagte er, ‹statt es von einem Araber zu mieten. Sie werden sehen, daß es Sie nur auf ein Viertel kommt. Oder auf ein Achtel. Es hängt davon ab, wie gut Sie handeln können.›

Während wir sprachen, war die Nacht angebrochen, ohne daß ich es bemerkt hatte. Ich blickte auf und sah Bänder von Sternen, wo vorher Purpur und Gold gewesen waren. Und mit den Sternen kam eine Kühle, und Luptons Gesicht wurde plötzlich grau, denn die Kühle nach Sonnenuntergang schien das einzige zu sein, das er nicht vertragen konnte, obwohl man das Gegenteil hätte annehmen sollen, da er doch mehr in Zelten als in Häusern gelebt hatte. Er ging also nach unten, und seine letzten Worte waren: ‹Er kann es bestimmt. Daran brauchen Sie nicht zu zweifeln!›

Gut! Ich belästigte Lupton nicht mehr. Seltsamerweise ging ich ihm sogar aus dem Weg, denn jedes Gespräch hätte trivial klingen müssen, nachdem er mir das Geheimnis des Orients offenbart hatte, während all jene Millionen von Sternen leise hervorschlüpften, um über dem Mittelländischen Meer zu strahlen. Und noch vor dem Ende der Woche kamen wir nach Marseille. Dort stieg ich aus. Wenn ich nach England weitergefahren wäre, hätte ich nur wieder zurückkommen müssen, um nach Afrika zu gelangen, und das hätten die Finanzen nicht zugelassen. Die einzige Schwierigkeit war: wie ein zweites Los für die Lotterie zu bekommen, da ich nicht wollte, daß sich die Magie von beiden auf das gleiche Los konzentrierte. Aber denken Sie nur, ich konnte in Marseille ein Los von einem Mann kaufen, der anscheinend den Glauben an sein Glück verloren hatte. Ich fuhr also damit nach Algier – auf dem Schiff einer Reederei, die zwischen Marseille und der afrikanischen Küste hin und her fährt und sich gegen jede Monotonie, die darin liegen mag, verwahrt, indem sie sich Allgemeine Transatlantische Schiffahrtsgesellschaft nennt. Ich hatte den Glauben an meinen Freund am Ganges nicht gänzlich verloren. Ich hatte das Los aufbewahrt und wollte abwarten, was er tun konnte; doch nachdem ich jene Unterredung mit einem der berühmtesten Orientalisten gehabt hatte, verließ ich

recommended me. When first I had seen the man by the Ganges it had hardly seemed possible to me that he could fail, so overpowering seemed his eyes, and so much his spirit seemed dwelling only temporarily in that body that sat by the river, and able to exert its power on one place as well as another. But now I was all under the influence of Lupton, and only wanted to find the man in the Ouled Naïl Mountains.

"Well, I bought a cheap tent in Algiers and took the train one evening; and the next afternoon I came in sight of the mountains, going up like spires from El Kántara. There I told the Arabs that I was a doctor, travelling to the desert in search of health. It was easy enough for them to believe me, for I had given proof of medical knowledge by that very remark; for, do you know, there is more health in the Sahara than in the whole length of Harley Street. But in any case it was perfectly true what Lupton had told me, that every European is credited in those parts, with being a doctor. But I was a very special kind of doctor, and I had bought a few aperients and some extra quinine in order to prove it further. One day, with the wind in the date palms under those barren precipices, I started off on mules with three Arabs, riding south-west-wards. Somehow El Kántara always reminds me of gold in iron vaults, the green mass of a thousand date-palms, these people's only wealth, and all round them rocks that have never known as much green as you sometimes see on a salt-cellar."

"You were telling us," I said, "of the man you were looking for in the Ouled Naïl Mountains."

"I beg your pardon," said Jorkens. "Yes, we were riding south-westwards. As soon as we got through the pass we were in the desert, and we rode keeping the mountains on our right. We were never far from water: old torrents that had come with storms in the mountains had scooped out hundreds of basins in all the dry ravines; and over every one you came to

mich natürlich sehr viel mehr auf den Mann, den er mir empfohlen hatte. Als ich den Mann am Ganges das erstemal gesehen hatte, schien es fast unmöglich, daß er versagen könne, so überwältigend war sein Blick, und sein Geist schien nur vorübergehend in jenem Körper am Fluß zu wohnen und fähig, seine Kraft sowohl dort wie anderswo auszuüben. Doch jetzt stand ich ganz unter dem Einfluß Luptons und wollte nichts als den Mann in den Ouled Naïl-Bergen finden.

Ich kaufte mir also in Algier ein billiges Zelt und stieg eines Abends in den Zug. Am nächsten Nachmittag kamen die Berge in Sicht, die hinter El Kántara wie Kirchtürme in die Luft ragten. Dort erzählte ich den Arabern, daß ich ein Arzt sei und in die Wüste reise, um Gesundheit zu finden. Es war leicht genug für sie, mir Glauben zu schenken, denn mit eben dieser Bemerkung hatte ich den Beweis meiner ärztlichen Kenntnisse erbracht. Sie müssen bedenken, daß in der Sahara mehr Gesundheit zu finden ist als in der ganzen langen Harley Street. Doch es stimmte jedenfalls, was Lupton mir erzählt hatte: daß in jener Gegend von jedem Europäer angenommen wird, er sei Arzt. Aber ich war eine ganz besondere Art von Arzt, und ich hatte einige Abführmittel und etwas Chinin mitgebracht, um es noch deutlicher zu beweisen. Eines Tages, als der Wind durch die Dattelpalmen fuhr, die unter den öden Felsklippen wuchsen, ritten wir auf Maultieren in südwestlicher Richtung los, drei Araber und ich. El Kántara erinnerte mich immer an Gold in eisernen Gewölben – diese grüne Schar von Tausenden von Dattelpalmen, die der einzige Reichtum der Leute sind, und ringsum die Felsen, auf denen nicht soviel Grün gedeiht, wie man manchmal auf einem Salzfaß sieht.»

«Sie wollten uns von dem Mann erzählen, den Sie im Ouled Naïl-Gebirge aufsuchen wollten», erinnerte ich.

«Ach ja, Verzeihung», sagte Jorkens. «Ja, wir ritten nach Südwesten. Sobald wir über den Paß waren, gelangten wir in die Wüste, und wir ritten weiter und hielten die Berge immer zu unsrer Rechten. Wir waren nie weit weg vom Wasser: ehemalige Wildbäche, die mit den Stürmen in den Bergen heruntergekommen waren, hatten in all den trockenen Schluchten Hunderte von Löchern ausgehöhlt, und über jedes,

someone had placed a flat stone, to protect the water that lay there from being drunk up by the sun. We had an easy journey, camping whenever the mules were tired; and as we ambled past the flocks of the nomads the rumour of my skill as a doctor went on swiftly before me. Ah, those evenings in the desert, with the afterglow and the mountains; and here it is all dark and noisy and full of houses.''

"You found the Ouled Naïl Mountains?" I said.

"Ah yes," said Jorkens. "Yes, yes, of course. We kept out in the desert till I saw the white house. I saw it suddenly one evening. There had been no sign of anything in the mountains; and then the sun set, and far away to the north-east of us, I saw the house stand out exactly as Lupton described it, with its door and its two small windows, miles and miles away.

"I moved into the mountains to get water next day; and then I said that I had found the health that I sought and would go back to El Kántara, and we went along under the mountains on a course that brought me close to the little house. Of course we and our mules were visible from the house on the rocks all the morning, and my reputation as a physician had arrived there long before, so that as soon as I drew near, the holy man came running out of his house, so far as a man of that shape may be said to be able to run. Well, I talked a good deal of Arabic of a sort, and he talked a good deal of bad French, and we understood one another perfectly. Diagnosis is always a good thing in medicine, as any doctor will tell you, but it is particularly effective when you are able to do it before the patient has spoken at all. You see, I knew all about this man from Lupton. So I told him all his symptoms. And then I gave him some medicine right away, and he made some coffee for me and we sat and talked for five hours. Whether it was the medicine or the diagnosis, he was feeling better already, and when it came to offering me some fee I told him that my

zu dem wir kamen, hatte jemand einen flachen Stein gelegt, um zu verhindern, daß das Wasser darunter in der Sonne verdunstete. Wir hatten eine bequeme Reise; wir lagerten, wenn die Maultiere müde waren, und während wir an den Herden der Nomaden vorübertrabten, eilte das Gerücht von meiner Geschicklichkeit als Arzt mir voraus. Ach, diese Abende in der Wüste mit dem Bergglühen auf den Gipfeln! Und hier ist alles düster und laut und voller Häuser!»

«Haben Sie das Ouled Naïl-Gebirge gefunden?» fragte ich.

«O ja», sagte Jorkens. «Ja, ja, natürlich. Wir blieben in der Wüste draußen, bis ich das weiße Haus sah. Ich erblickte es plötzlich eines Abends. Bisher war rein gar nichts in den Bergen zu sehen gewesen, und dann ging die Sonne unter, und in weiter Ferne im Nordosten sah ich das Haus: es stand genauso da, wie Lupton es beschrieben hatte, mit der Tür und den zwei kleinen Fenstern und meilenweit weg.

Ich ritt am nächsten Tag in die Berge, um Wasser zu holen, und dann sagte ich, daß ich die Gesundheit gefunden hätte, die ich gesucht hatte, und daß ich wieder nach El Kántara zurückwolle. Wir ritten längs der Berge in einer Richtung, die mich nahe an das kleine Haus brachte. Natürlich waren wir und unsre Maultiere den ganzen Morgen vom Haus in den Felsen zu sehen gewesen, und mein Ruf als Arzt war lange vorher dort hingedrungen, so daß, als ich mich näherte, der Heilige aus seinem Haus hervorgerannt kam – falls man das bei einem Mann von seiner Figur als Rennen bezeichnen kann. Ich redete nun lang und breit in einer Art Arabisch, und er redete lang und breit in einem schlechten Französisch, und wir verständigten uns ausgezeichnet. Wenn man in der Medizin Diagnosen stellt, ist das gut, wie Ihnen jeder Arzt bestätigen kann, aber es ist besonders wirkungsvoll, wenn man es tun kann, bevor der Patient überhaupt gesprochen hat. Verstehen Sie, ich wußte durch Lupton alles über diesen Mann. Also zählte ich ihm all seine Symptome auf. Und dann gab ich ihm sofort Medikamente, und er kochte Kaffee für mich, und wir saßen und plauderten fünf Stunden lang. Ob es von den Medikamenten oder von der Diagnose herkam, er fühlte sich schon besser, und als er mir dann ein Honorar anbieten wollte, sagte ich ihm,

skill to heal was rather the result of magic than the study of medicine, and that therefore I took no fee; but that if, as some rumour among the nomads rather seemed to have indicated, he was himself a brother magician, I should be well content to be shown a little of his own magic; and I brought out the ticket I had bought in Marseilles from the man who had given up faith in it.

"He looked at the number of the ticket, and understood the whole thing at once, very unlike the man on the Ganges. Yes, he could do it. And I wouldn't have taken then an offer of twenty thousand pounds for that ticket.

"And he was right: he *could* do it! Lupton was right. There's magic in the East of which we know nothing.

"I went back to El Kántara then, back to London, third class of course all the way, and put those two tickets in the bank, and waited for the draw in the lottery."

"But wait a moment", said Terbut. "You said he *could* do it!"

"Certainly", said Jorkens. "And the man by the Ganges too."

"Then you got sixty thousand pounds", said Terbut, "not only thirty thousand!"

"Well, read for yourself," said Jorkens. "I kept the cutting to this day." And he took a cutting from an Irish paper out of an old leather wallet he had. He gave it to Terbut, and Terbut read it aloud. "At the fateful moment", he read, "a hundred nurses paraded before the drum, dressed as early-Victorian bicyclists, and marched past Mr. O'Riotty, who took the salute, attended by two machine-guns. A door in the drum was then opened, and the first nurse put in her hand to bring out the fortunate number. She accidently brought out two tickets, and Mr. O'Riotty ordered them both to be put back."

meine Geschicklichkeit im Heilen sei eher das Ergebnis der Magie als des Medizinstudiums, und daß ich deshalb kein Honorar annähme; wenn er aber – wie es Gerüchte unter den Nomaden anzudeuten schienen – mein Kollege in der Magie sei, ich es wohl zufrieden wäre, wenn er mir ein wenig von seiner Magie zeigen könne; und damit holte ich das Los hervor, das ich in Marseille von dem Mann gekauft hatte, der den Glauben daran verloren hatte.

Er betrachtete die Nummer auf dem Los und verstand die ganze Sache sofort, sehr im Gegensatz zu dem Mann am Ganges. Ja, er könne es. Da hätte ich, selbst wenn mir jemand zwanzigtausend Pfund geboten hätte, das Los nicht hergegeben.

Und er hatte recht: er konnte es wirklich! Lupton hatte recht gehabt! Es gibt im Orient eine Magie, von der wir nichts wissen.

Ich ritt dann nach El Kántara zurück, fuhr zurück nach London – die ganze Strecke natürlich dritter Klasse –, deponierte die beiden Lose in einer Bank und wartete auf die Ziehung der Lotterie.»

«Einen Augenblick mal!» sagte Terbut. «Sie sagten, daß er es konnte.»

«Gewiß», sagte Jorkens. «Und der Mann am Ganges – konnte es auch.»

«Dann bekamen Sie also sechzigtausend Pfund – nicht bloß dreißigtausend?»

«Sie können es selbst lesen», sagte Jorkens. «Ich habe den Zeitungsausschnitt bis auf den heutigen Tag aufgehoben.» Einer alten ledernen Brieftasche entnahm er einen Ausschnitt aus einer irischen Zeitung. Er gab ihn Terbut, und Terbut las laut vor: «Im entscheidenden Moment fuhren hundert Krankenschwestern, als Radfahrerinnen aus dem vorigen Jahrhundert kostümiert, zur Trommel und an Mr. O'Riotty vorbei, der zwischen zwei Machinengewehren die Parade abnahm. Dann wurde eine Tür in der Trommel geöffnet, und die erste Krankenschwester steckte die Hand hinein, um die Glücksnummer zu ziehen. Zufällig holte sie zwei Lose heraus und Mr. O'Riotty ließ sie beide wieder hineinstecken.»

"You needn't read any further," said Jorkens.

"What?" said Terbut.

"No," replied Jorkens. "The mistake I made! The mistake I made!" he repeated. "Oh, but of course it's easy to see it now."

"I see," began Terbut thoughtfully. "You think that both of them . . ."

But Jorkens only let out an impatient gasp.

"Never mind," I said. "Have a whiskey!"

"A whiskey?" said Jorkens. "What is the use of that?"

Nathaniel Hawthorne: Wakefield

In some old magazine or newspaper I recollect a story, told as truth, of a man – let us call him Wakefield – who absented himself for a long time from his wife. The fact, thus abstractly stated, is not very uncommon, nor – without a proper distinction of circumstances – to be condemned either as naughty or nonsensical. Howbeit, this, though far from the most aggravated, is perhaps the strangest, instance on record, of marital delinquency; and, moreover, as remarkable a freak as may be found in the whole list of human oddities. The wedded couple lived in London. The man, under pretence of going on a journey, took lodgings in the next street to his own house, and there, unheard of by his wife or friends, and without the shadow of a reason for such self-banishment, dwelt upwards of twenty years. During that period, he beheld his home every day, and frequently the forlorn Mrs. Wakefield. And after so great a gap in his matrimonial felicity – when his death was reckoned certain, his estate settled, his name dismissed from memory, and his wife, long, long ago, resigned to her autumnal widowhood – he entered the door one

«Weiter brauchen Sie nicht zu lesen», sagte Jorkens.

«Was?» sagte Turbot.

«Nein», erwiderte Jorkens. «Was für einen Fehler ich beging! Was für einen Fehler!» wiederholte er. «Oh, natürlich, ist es *jetzt* leicht, das einzusehen!»

«Ich verstehe», begann Turbot nachdenklich. «Sie glauben also, daß alle beide...»

Aber Jorkens tat nur einen ungeduldigen Schnaufer.

«Machen Sie sich nichts draus», sagte ich. «Trinken Sie einen Whiskey!»

«Einen Whiskey?» sagte Jorkens. «Was nützt mir der!»

Nathaniel Hawthorne: Wakefield

In einer alten Zeitschrift oder Zeitung finde ich einen als wahr erzählten Bericht über einen Mann – nennen wir ihn Wakefield – der sich für lange Zeit von seiner Frau entfernte. Die Tatsache, so allgemein dargestellt, ist nicht besonders ungewöhnlich und wäre ohne eine genaue Darlegung der Umstände weder als unmoralisch noch als unsinnig zu verdammen. Doch sie ist, wenn auch bei weitem nicht das schlimmste, so doch vielleicht das seltsamste bekannte Beispiel von ehelicher Pflichtvergessenheit, und dazu noch bemerkenswert als eine Grille – so toll, wie man sie auf der Liste menschlicher Sonderlichkeiten nur finden kann. Das Ehepaar lebte in London. Unter dem Vorwand, eine Reise anzutreten, nahm sich der Mann eine Wohnung in einer Straße ganz nah bei seinem Haus und wohnte dort mehr als zwanzig Jahre, ohne daß seine Frau oder seine Freunde davon wußten, und ohne den Schatten eines Grundes für eine solche Selbstverbannung. Während dieser Zeit sah er sein Haus jeden Tag, oft auch die verlassene Frau Wakefield. Und nach einer so großen Lücke in seinem ehelichen Glück – als man seinen Tod schon als bestimmt angenommen, seinen Nachlaß geregelt und seinen Namen fast vergessen, und als sich seine Frau schon längst in ihre herbstliche Witwenschaft gefunden hatte – trat er eines Abends

evening, quietly, as from a day's absence, and became a loving spouse till death.

This outline is all that I remember. But the incident, though of the purest originality, unexampled, and probably never to be repeated, is one, I think, which appeals to the generous sympathies of mankind. We know, each for himself, that none of us would perpetrate such a folly, yet feel as if some other might. To my own contemplations, at least, it has often recurred, always exciting wonder, but with a sense that the story must be true, and a conception of its hero's character.

Whenever any subject so forcibly affects the mind, time is well spent in thinking of it. If the reader choose, let him do his own meditation; or if he prefers to ramble with me through the twenty years of Wakefield's vagary, I bid him welcome; trusting that there will be a pervading spirit and a moral, even should we fail to find them, done up neatly, and condensed into the final sentence. Thought has always its efficacy, and every striking incident its moral.

What sort of a man was Wakefield! We are free to shape out our own idea, and call it by his name. He was now in the meridian of life; his matrimonial affections, never violent, were sobered into a calm, habitual sentiment; of all husbands, he was likely to be the most constant, because a certain sluggishness would keep his heart at rest, wherever it might be placed. He was intellectual, but not actively so; his mind occupied itself in long and lazy musings, that ended to no purpose, or had not vigor to attain it; his thoughts were seldom so energetic as to seize hold of words. Imagination, in the proper meaning of the term, made no part of Wakefield's gifts. With a cold but not depraved nor wandering heart, and a mind never feverish with riotous thoughts, nor perplexed with originality, who could have anticipated that our

durch die Tür, ruhig, als sei er nur einen Tag weggewesen, und wurde ein bis zu seinem Tod liebevoller Ehegatte.

Diese Skizze ist alles, was ich mir gemerkt habe. Doch das Geschehen, wenn auch einmalig und ohne Beispiel und wahrscheinlich auch ohne Wiederholung, ist dennoch, wie mir scheint, eines, das volle menschliche Anteilnahme fordert. Wir wissen, jeder für sich selbst, daß keiner von uns sich einer derartigen Torheit schuldig machen würde, und doch trauen wir sie andern zu. In meinen eigenen Betrachtungen wenigstens taucht sie immer wieder auf, jedesmal von neuem meine Verwunderung, jedoch zugleich das Gefühl erregend, daß die Geschichte wahr sein müsse, und mit einer deutlichen Vorstellung von dem Charakter des Helden. Sooft ein Gegenstand sich des Geistes so heftig bemächtigt, ist es keine verlorene Zeit, darüber nachzudenken. Wenn der Leser es gern selbst bedenken möchte, mag er es tun; zieht er es vor, mit mir durch die zwanzig Jahre der Schrulle Wakefields zu schweifen, so sei er mir willkommen; hoffen wir, daß ein durchgehender Sinn und eine Moral darin stecken, auch wenn wir sie nicht aufgeschlüsselt und im Schlußsatz zusammengefaßt entdecken. Der Gedanke hat immer eine wirksame Kraft, und jedes bemerkenswerte Geschehen hat seine Moral.

Was für ein Mann war Wakefield? Wir dürfen uns unsere eigene Vorstellung machen und sie mit seinem Namen bezeichnen. Er stand jetzt im Mittag seines Lebens; seine eheliche Liebe, die niemals leidenschaftlich gewesen war, hatte sich zu einem ruhigen, gewohnheitsmäßigen Gefühl gemindert; er war vermutlich der beständigste aller Ehemänner, weil eine gewisse Trägheit sein Herz dort zufrieden sein ließ, wo es einmal zuhause war. Er war intelligent, aber er wendete seinen Verstand nicht an; er hing langen und müßigen Betrachtungen nach, die entweder kein Ziel oder aber nicht die Kraft hatten, ihr Ziel zu erreichen; selten waren seine Gedanken so nachdrücklich, daß sie sich zu Worten formten. Phantasie im eigentlichen Sinn des Wortes gehörte nicht zu Wakefields Gaben. Bei seinem kalten, aber weder verderbten noch wankelmütigen Herzen, bei seinem Geist, in dem niemals aufrührerische Gedanken fieberten und den keinerlei Origina-

friend would entitle himself to a foremost place among the doers of eccentric deeds? Had his acquaintances been asked, who was the man in London the surest to perform nothing today which should be remembered on the morrow, they would have thought of Wakefield. Only the wife of his bosom might have hesitated. She, without having analyzed his character, was partly aware of a quiet selfishness, that had rusted into his inactive mind; of a peculiar sort of vanity, the most uneasy attribute about him; of a disposition to craft, which had seldom produced more positive effects than the keeping of petty secrets, hardly worth revealing; and, lastly, of what she called a little strangeness, sometimes, in the good man. This latter quality is indefinable, and perhaps non-existent.

Let us now imagine Wakefield bidding adieu to his wife. It is the dusk of an October evening. His equipment is a drab great-coat, a hat covered with an oil-cloth, top-boots, an umbrella in one hand and a small portmanteau in the other. He has informed Mrs. Wakefield that he is to take the night coach into the country. She would fain inquire the length of his journey, its object, and the probable time of his return; but, indulgent to his harmless love of mystery, interrogates him only by a look. He tells her not to expect him positively by the return coach, nor to be alarmed should he tarry three or four days; but, at all events, to look for him at supper on Friday evening. Wakefield himself, be it considered, has no suspicion of what is before him. He holds out his hand, she gives her own, and meets his parting kiss in the matter-of-course way of a ten year's matrimony; and forth goes the middle-aged Mr. Wakefield, almost resolved to perplex his good lady by a whole week's absence. After the door has closed behind him, she perceives in thrust partly open, and a vision of her husband's face, through the aperture, smiling on her,

lität verwirrte – wer hätte ahnen können, daß sich unser Freund einen ersten Platz unter jenen erwerben würde, welche exzentrische Taten begehen? Hätte man seine Bekannten gefragt, welcher Mensch in London mit der größten Sicherheit heute nichts tun würde, woran man sich morgen noch erinnerte, so hätten sie wohl an Wakefield gedacht. Nur die Frau seiner Wahl hätte vielleicht gezögert. Sie hatte seinen Charakter nicht analysiert, aber sie wußte um die stille Selbstsucht, die sich in seinen untätigen Geist eingefressen hatte; um die wunderliche Eitelkeit, die seine ärgste Eigenschaft war; um seine Neigung zu einer Art List, die selten handgreiflichere Wirkungen zeitigte, als daß er kindische Geheimnisse hatte, die kaum des Enthüllens wert waren; und schließlich wußte sie um eine gewisse Fremdheit, wie sie es nannte, die sie manchmal an dem guten Mann spürte. Letztere Eigenschaft läßt sich nicht genau beschreiben, und vielleicht gibt es sie gar nicht.

Stellen wir uns Wakefield vor, wie er seiner Frau Lebewohl sagt. Es herrscht die Dämmerung eines Oktoberabends. Seine Reiseausrüstung besteht aus einem graubraunen Winterüberzieher, einem mit Wachstuch geschützten Hut, Langschäftern, einem Regenschirm in der einen und einer Reisetasche in der anderen Hand. Er hat Frau Wakefield gesagt, daß er die Nachtpost über Land nehmen will. Sie hätte ihn gern nach der Dauer seiner Reise, ihrem Ziel und der vermutlichen Zeit seiner Heimkehr gefragt; doch mit Rücksicht auf seine harmlose Neigung zur Geheimniskrämerei fragt sie ihn nur durch einen Blick. Er sagt ihr, sie möge ihn keinesfalls postwendend erwarten und nicht beunruhigt sein, wenn er drei oder vier Tage fortbleibe; daß sie ihn aber auf jeden Fall Freitag zum Abendessen erwarten möge. Nehmen wir an, Wakefield selbst hat keine Ahnung, was ihm bevorsteht. Er reicht ihr seine Hand, sie gibt ihm die ihre und nimmt seinen Abschiedskuß mit der Selbstverständlichkeit einer zehnjährigen Ehe entgegen; und Herr Wakefield, ein Mann mittleren Alters, geht fort, beinahe entschlossen, seine gute Frau durch eine ganze Woche Abwesenheit in Unruhe zu versetzen. Nachdem sich die Tür hinter ihm geschlossen hat, bemerkt sie, daß diese nochmals einen Spalt geöffnet wird, und sieht durch die

and gone in a moment. For the time, this little incident is dismissed without a thought. But, long afterwards, when she has been more years a widow than a wife, that smile recurs, and flickers across all her reminiscences of Wakefield's visage. In her many musings, she surrounds the original smile with a multitude of fantasies, which make it strange and awful: as, for instance, if she imagines him in a coffin, that parting look is frozen on his pale features; or, if she dreams of him in heaven, still his blessed spirit wears a quiet and crafty smile. Yet, for its sake, when all others have given him up for dead, she sometimes doubts whether she is a widow.

But our business is with the husband. We must hurry after him along the street, ere he lose his individuality, and melt into the great mass of London life. It would be vain searching for him there. Let us follow close at his heels, therefore, until, after several superfluous turns and doublings, we find him comfortably established by the fireside of a small apartment, previously bespoken. He is in the next street to his own, and at his journey's end. He can scarcely trust his good fortune, in having got thither unperceived – recollecting that, at one time, he was delayed by the throng, in the very focus of a lighted lantern; and, again, there were footsteps that seemed to tread behind his own, distinct from the multitudinous tramp around him; and, anon, he heard a voice shouting afar, and fancied that it called his name. Doubtless, a dozen busybodies had been watching him, and told his wife the whole affair. Poor Wakefield! Little knowest thou thine own insignificance in this great world! No mortal eye but mine has traced thee. Go quietly to thy bed, foolish man; and, on the morrow, if thou wilt be wise, get thee home to good Mrs. Wakefield, and tell her the truth. Remove not thyself, even for a little week, from thy place in her chaste bosom. Were she, for a single moment, to

Öffnung das Gesicht ihres Mannes, der ihr zulächelt und gleich darauf verschwunden ist. Damals hat sie den kleinen Zwischenfall ohne weiteres vergessen. Aber lange nachher, als sie schon mehr Jahre Witwe als Ehefrau gewesen ist, fällt ihr dieses Lächeln wieder ein und flackert durch all ihre Erinnerungen an Wakefields Gesicht. In ihrem vielen Sinnen webt sie um dieses Lächeln manche Phantasien, die es seltsam und schrecklich machen. Wenn sie ihn sich zum Beispiel in einem Sarg vorstellt, ist dieser Abschiedsblick auf seinen bleichen Zügen festgefroren; oder wenn sie träumt, er sei im Himmel, trägt selbst sein seliger Geist noch dies listige, stille Lächeln. Doch wegen dieses Lächelns zweifelt sie manchmal, daß sie eine Witwe ist, nachdem alle andern ihn als tot aufgegeben haben.

Wir aber haben es mit dem Ehemann zu tun. Wir müssen ihm nach, die Straße hinuntereilen, ehe er seine Individualität verliert und mit der großen Masse des Londoner Lebens verschmilzt. Ihn dort zu suchen, wäre vergeblich. Folgen wir ihm also dicht auf den Fersen, bis wir ihn nach etlichen überflüssigen Wendungen und Haken behaglich am Kamin der bereits erwähnten kleinen Wohnung sitzend wiederfinden. Er ist in der Straße, die seiner eigenen zunächst liegt, am Ende seiner Reise. Kaum traut er seinem Glück, daß er unbemerkt bis hierher gekommen ist, denn er erinnert sich, daß er einmal, durch die Menge aufgehalten, gerade im Lichtkreis einer brennenden Laterne gewesen ist; daß Schritte hinter ihm waren, die ihn zu verfolgen schienen, da sie sich deutlich von dem Getrappel der Menge um ihn herum abhoben. Ein anderes Mal hörte er aus der Ferne eine Stimme rufen und bildete sich ein, daß sie seinen Namen riefe. Zweifellos hatte ein Dutzend Wichtigtuer ihn beobachtet und seiner Frau die ganze Sache zugetragen! Armer Wakefield! Wie wenig kennst du deine eigene Unbedeutendheit in dieser großen Welt! Kein menschliches Auge außer dem meinen ist deiner Spur gefolgt. Begib dich ruhig zu Bett, du törichter Mensch; und wenn du am nächsten Morgen weise handeln willst, dann geh heim zu der guten Frau Wakefield und sag ihr die Wahrheit! Weiche nicht von deinem Platz in ihrer treuen Brust, und sei es nur für eine kurze Woche! Wenn sie dich nur einen einzigen Augenblick

deem thee dead, or lost, or lastingly divided from her, thou wouldst be woefully conscious of a change in thy true wife forever after. It is perilous to make a chasm in human affections ; not that they gape so long and wide – but so quickly close again !

Almost repenting of his frolic, or whatever it may be termed, Wakefield lies down betimes, and starting from his first nap, spreads forth his arms into the wide and solitary waste of the unaccustomed bed. "No," thinks he, gathering the bedclothes about him, "I will not sleep alone another night."

In the morning he rises earlier than usual, and sets himself to consider what he really means to do. Such are his loose and rambling modes of thought that he has taken this very singular step with the conscious-ness of a purpose, indeed, but without being able to define it sufficiently for his own contemplation. The vagueness of the project, and the convulsive efforts with which he plunges into the execution of it, are equally characteristic of a feeble-minded man. Wake-field sifts his ideas, however, as minutely as he may, and finds himself curious to know the progress of matters at home – how his exemplary wife will en-dure her widowhood of a week ; and, briefly, how the little sphere of creatures and circumstances, in which he was a central object, will be affected by his removal. A morbid vanity, therefore, lies nearest the bottom of the affair. But, how is he to attain his ends ? Not certain-ly, by keeping close in this comfortable lodging, where, though he slept and awoke in the next street to his home, he is as effectually abroad as if the stage-coach had been whirling him away all night. Yet, should he reappear, the whole project is knocked in the head. His poor brains being hopelessly puzzled with this dilemma, he at length ventures out, partly resolving to cross the head of the street, and send one hasty glance towards his forsaken domicile. Habit – for he is a man of habits – takes him by the hand,

für tot oder verloren oder auf ewig von ihr getrennt wähnt, müßtest du dir schmerzvoll einer Veränderung in deiner guten Frau bewußt werden, die für immer andauert. Es ist gefährlich, eine Kluft in menschliche Gefühle zu reißen; nicht weil sie so lange und weit klafft – sondern weil sie sich so schnell schließt.

Seinen Scherz, oder wie man es nennen mag, beinahe bereuend, legt sich Wakefield beizeiten zur Ruhe und streckt, aus dem ersten Schlummer auffahrend, seine Arme in die weite und einsame Wüste des ungewohnten Bettes. «Nein», denkt er, während er die Decken enger um sich zieht, «ich will keine zweite Nacht allein schlafen!»

Am Morgen erhebt er sich früher als gewöhnlich und geht mit sich selbst zu Rate, was er nun wirklich zu tun gedenkt. So locker und schweifend sind seine Gedankengänge, daß er seinen äußerst sonderbaren Schritt zwar mit dem Bewußtsein einer Absicht getan hat, aber nicht imstande ist, sich diese für seine eigene Überlegung ausreichend klarzumachen. Das Unbestimmte seines Plans, die krampfhafte Anstrengung, mit der er sich in die Ausführung stürzt, sind gleichermaßen bezeichnend für einen Menschen von unentschlossenem Wesen. Immerhin erforscht Wakefield seine Gedanken, so genau er es vermag, und entdeckt, daß er neugierig ist, wie die Dinge zuhause laufen – wie seine musterhafte Gattin ihre einwöchige Witwenschaft aushalten wird; und kurzum, wie der kleine Kreis von Geschöpfen und Verhältnissen, deren Mittelpunkt er war, auf sein Fortgehen reagieren wird. Dem Ganzen liegt also zunächst eine krankhafte Eitelkeit zugrunde. Wie kann er aber sein Ziel erreichen? Gewiß nicht dadurch, daß er sich in dieser behaglichen Wohnung aufhält, wo er (obwohl er nur in der seinem Hause nächsten Straße schlief und erwachte) in Wirklichkeit so weit weg ist, als habe die Postkutsche ihn die ganze Nacht über Land getragen. Dennoch, wenn er wieder auftauchen würde, so wäre der ganze Plan über den Haufen geworfen. Sein armes Hirn ist hoffnungslos verwirrt von diesem Dilemma; endlich wagt er sich hinaus, halb entschlossen, die Straße nur am oberen Ende zu kreuzen und einen hastigen Blick auf sein verlassenes Haus zu werfen. Da bemächtigt sich seiner die Gewohnheit – denn er ist ein

and guides him, wholly unaware, to his own den, where, just at the critical moment, he is aroused by the scraping of his foot upon the step. Wakefield! whither are you going?

At that instant his fate was turning on the pivot. Little dreaming of the doom to which his first backward step devotes him, he hurries away, breathless with agitation hitherto unfelt, and hardly dares turn his head at the distant corner. Can it be that nobody caught sight of him? Will not the whole household – the decent Mrs. Wakefield, the smart maid servant and the dirty little footboy – raise a hue and cry, through London streets, in pursuit of their fugitive lord and master? Wonderful escape! He gathers courage to pause and look homeward, but is perplexed with a sense of change about the familiar edifice, such as affects us all, when, after a separation of months or years, we again see some hill or lake, or work of art, with which we were friends of old. In ordinary cases, this indescribable impression is caused by the comparison and contrast between our imperfect reminiscences and the reality. In Wakefield the magic of a single night has wrought a similar transformation, because, in that brief period, a great moral change has been effected. But this is a secret from himself. Before leaving the spot, he catches a far and momentary glimpse of his wife, passing athwart the front window, with her face turned towards the head of the street. The crafty nincompoop takes to his heels, scared with the idea that, among a thousand such atoms of mortality, her eye must have detected him. Right glad is his heart, though his brain be somewhat dizzy, when he finds himself by the coal fire of his lodgings.

So much for the commencement of this long whimwham. After the initial conception, and the stirring up of the man's sluggish temperament to put it in practice, the whole matter evolves itself in

Mann der Gewohnheit – und führt ihn, ohne daß er es merkt, zu seiner eigenen Behausung, wo er gerade im kritischen Moment dadurch erwacht, daß er sich die Füße an der Schwelle abstreift. Wakefield! Wohin gehst du?

In diesem Augenblick steht sein Schicksal am Wendepunkt. Er ahnt das Schicksal nicht, dem sein erster Schritt rückwärts ihn ausliefert, er eilt fort, atemlos von einer bisher ungekannten Erregung, und wagt am andern Ende der Straße kaum den Kopf zu wenden. Ist es möglich, daß niemand ihn gesehen hat? Wird nicht der ganze Haushalt – die ehrbare Frau Wakefield, das kecke Dienstmädchen und der schmutzige kleine Hausdiener – mit lautem Geschrei den durchgebrannten Herrn und Meister durch die Straßen Londons verfolgen? – Wunderbare Rettung! Er faßt Mut, stehenzubleiben und heimwärts zu schauen, aber er ist betroffen, er hat das Gefühl, als habe sich an dem vertrauten Bauwerk etwas verändert – ein Gefühl, das wir alle haben, wenn wir nach einer Trennung von Monaten oder Jahren einen Hügel, einen See, ein Kunstwerk wiedersehen, das uns einstmals ein guter Freund gewesen. In gewöhnlichen Fällen wird dieser unbeschreibliche Eindruck durch den Vergleich und Kontrast zwischen unseren unvollkommenen Erinnerungen und der Wirklichkeit hervorgerufen. In Wakefield hat die Zauberkraft einer einzigen Nacht eine ähnliche Verwandlung bewirkt, weil in dieser kurzen Zeitspanne eine große moralische Veränderung mit ihm vorgegangen ist. Dies bleibt ihm selbst aber ein Geheimnis. Ehe er seinen Platz verläßt, erhascht er aus der Entfernung einen kurzen Blick auf seine Frau, die am vorderen Fenster vorbeigeht, das Gesicht dem Anfang der Straße zugewendet. Der schlaue Narr nimmt Reißaus, erschreckt von dem Gedanken, ihr Auge müsse unter Tausenden solcher sterblichen Nichtse gerade ihn entdeckt haben. Sein Herz ist voll Freude, wenn sein Kopf auch etwas schwindelig ist, als er wieder am Kohlenfeuer seiner Wohnung sitzt.

Soviel vom Anfang dieser langen Posse. Nach dem ursprünglichen Gedanken ist das träge Temperament dieses Mannes in Bewegung gekommen, um den Plan in die Tat umzusetzen, und nun nimmt die ganze Sache einen natürli-

a natural train. We may suppose him, as the result of deep deliberation, buying a new wig, of reddish hair, and selecting sundry garments, in a fashion unlike his customary suit of brown, from a Jew's old-clothes bag. It is accomplished. Wakefield is another man. The new system being now established, a retrograde movement to the old would be almost as difficult as the step that placed him in his unparalleled position. Furthermore, he is rendered obstinate by a sulkiness occasionally incident to his temper, and brought on at present by the inadequate sensation which he conceives to have been produced in the bosom of Mrs. Wakefield. He will not go back until she be frightened half to death. Well; twice or thrice has she passed before his sight; each time with a heavier step, a paler cheek, and more anxious brow; and in the third week of his non-appearance he detects a portent of evil entering the house, in the guise of an apothecary. Next day the knocker is muffled. Towards nightfall comes the chariot of a physician, and deposits its big-wigged and solemn burden at Wakefield's door, whence, after a quarter of an hour's visit, he emerges, perchance the herald of a funeral. Dear woman! Will she die? By this time, Wakefield is excited to something like energy of feeling, but still lingers away from his wife's bedside, pleading with his conscience that she must not be disturbed at such a juncture. If aught else restrains him, he does not know it. In the course of a few weeks she gradually recovers; the crisis is over; her heart is sad, perhaps, but quiet; and, let him return soon or late, it will never be feverish for him again. Such ideas glimmer through the midst of Wakefield's mind, and render him indistinctly conscious that an almost impassable gulf divides his hired apartment from his former home. "It is but in the next street!" he sometimes says. Fool! it is in another world. Hitherto, he has put off his return from one particular day to another; henceforward, he

chen Verlauf. Wir können ihn uns vorstellen, wie er nach tiefer Überlegung eine neue Perücke von rötlichem Haar kauft und aus dem Lumpensack eines alten Juden verschiedene Kleidungsstücke aussucht, die von ganz anderer Art sind als sein gewöhnlicher brauner Anzug. Jetzt ist es geschehen. Wakefield ist ein anderer Mensch. Nachdem das neue System nun eingeführt ist, würde ein Schritt rückwärts, dem Alten zu, beinahe ebenso schwierig sein wie der Schritt, der ihn in diese beispiellose Lage gebracht hat. Dazu hat ihn eine gewisse Übellaunigkeit, die seinem Temperament zuweilen eigen ist, trotzig gemacht, gegenwärtig veranlaßt durch die Einbildung, er habe in der Brust von Frau Wakefield nur unzulängliche Gefühle erweckt. Er will nicht zurückkehren, ehe sie nicht halbtot vor Angst ist. Nun, zwei- oder dreimal ist sie vor seinen Augen vorbeigegangen, jedesmal mit schwererem Schritt, blasseren Wangen, besorgterer Stirn. Und in der dritten Woche seines Fernbleibens entdeckt er einen Unheilsboten, der in Gestalt eines Apothekers das Haus betritt. Am nächsten Tag ist der Türklopfer umwickelt. Gegen Abend kommt der Wagen eines Arztes und setzt seine feierliche Bürde mit der großen Perücke an Wakefields Tür ab ; nach einem viertelstündigen Besuch taucht der Arzt dort wieder auf, vielleicht als der Vorbote eines Begräbnisses. Die gute Frau! Wird sie sterben? Jetzt bekommt Wakefields Gefühl sogar eine Art Kraft, doch er bleibt dem Krankenbett seiner Frau fern und beruhigt sein Gewissen damit, daß sie an einem so kritischen Zeitpunkt nicht gestört werden dürfe. Wenn etwas anderes ihn zurückhält, so weiß er es nicht.

Im Lauf einiger Wochen erholt sie sich nach und nach ; die Krise ist vorüber ; ihr Herz ist vielleicht betrübt, aber es ist still ; und ob er früher oder später zurückkehren wird – es wird niemals wieder fieberhaft für ihn schlagen. Solche Ahnungen gehen durch Wakefields Hirn und bringen ihm unklar zum Bewußtsein, daß eine fast unüberbrückbare Kluft seine Mietswohnung von seinem früheren Heim trennt. «Es ist nur eine Straße weit!» sagt er manchmal. Du Narr! Es ist in einer anderen Welt. Bisher hat er seine Rückkehr von einem bestimmten Tag auf den andern verschoben ; von jetzt ab läßt er

leaves the precise time undetermined. Not tomorrow – probably next week – pretty soon. Poor man! The dead have nearly as much chance of revisiting their earthly homes as the self-banished Wakefield.

Would that I had a folio to write, instead of an article of a dozen pages! Then might I exemplify how an influence beyond our control lays its strong hand on every deed which we do, and weaves its consequences into an iron tissue of necessity. Wakefield is spell-bound. We must leave him, for ten years or so, to haunt around his house, without once crossing the threshold, and to be faithful to his wife, with all the affection of which his heart is capable, while he is slowly fading out of hers. Long since, it must be remarked, he had lost the perception of singularity in his conduct.

Now for a scene! Amid the throng of a London street we distinguish a man, now waxing elderly, with few characteristics to attract careless observers, yet bearing, in his whole aspect, the handwriting of no common fate, for such as have the skill to read it. He is meagre; his low and narrow forehead is deeply wrinkled; his eyes, small and lustreless, sometimes wander apprehensively about him, but oftener seem to look inward. He bends his head, and moves with an indescribable obliquity of gait, as if unwilling to display his full front to the world. Watch him long enough to see what we have described, and you will allow that circumstances – which often produce remarkable men from nature's ordinary handiwork – have produced one such here. Next, leaving him to sidle along the footwalk, cast your eyes in the opposite direction, where a portly female, considerably in the wane of life, with a prayer-book in her hand, is proceeding to yonder church. She has the placid mien of settled widowhood. Her regrets have either died away, or have become so essential to her heart, that they would be poorly exchanged for joy.

den Zeitpunkt unbestimmt. Morgen nicht – vielleicht nächste Woche – ziemlich bald. Armer Mann! Die Toten haben kaum weniger Aussicht, ihr irdisches Heim wieder aufzusuchen, als Wakefield, der sich selbst verbannt hat.

Oh, daß ich ein dickes Buch schreiben dürfte statt einer Skizze von ein paar Seiten! Dann könnte ich durch Beispiele belegen, wie ein außerhalb unserer Kraft liegender Einfluß seine Hand auf jede Tat legt, die wir tun, und ihre Folgen in ein eisernes Netz von Notwendigkeiten verwebt. Wakefield ist wie gebannt. Wir müssen ihn für etwa zehn Jahre verlassen, in denen er um sein Haus geistert, ohne jemals die Schwelle zu überschreiten; mit aller Zuneigung, deren sein Herz fähig ist, ist er seinem Weibe treu, während er langsam aus ihrem Herzen schwindet. Schon lange – wir müssen es betonen – hat er das Gefühl dafür verloren, daß sein Betragen wunderlich ist.

Nun eine Szene: Inmitten der Menschenmenge auf einer Londoner Straße erblicken wir einen Mann, jetzt sichtlich alternd, ohne viele bemerkenswerte Züge, die nachlässige Beobachter anziehen könnten; dennoch trägt seine ganze Erscheinung das Gepräge eines nicht gewöhnlichen Schicksals – für solche, die dergleichen zu lesen verstehen. Er ist mager; seine niedrige, schmale Stirn ist tief gefurcht, seine kleinen, glanzlosen Augen wandern manchmal furchtsam umher, öfter aber scheinen sie nach innen zu blicken. Er senkt den Kopf und schiebt sich mit einem irgendwie schrägen Schritt dahin, als habe er keine Lust, der Welt seine ganze Vorderseite zu zeigen. Betrachtet ihn lange genug, um das zu sehen, was wir geschildert haben, und ihr werdet zugeben, daß die Umstände, die oftmals aus gewöhnlichen Werken der Natur bemerkenswerte Menschen machen, hier einen solchen hervorgebracht haben. Lassen wir ihn auf dem Bürgersteig weitergehen und wenden wir unsere Augen nach der entgegengesetzten Richtung, wo eine stattliche Frau, in beträchtlich vorgerücktem Alter, mit einem Gebetbuch in der Hand, jener Kirche dort zuschreitet. Sie hat die ruhige Miene gesetzter Witwenschaft. Ihr Gram ist entweder erstorben oder aber ihrem Herzen so wesentlich geworden, daß es ein schlechter Tausch wäre, ihn

Just as the lean man and well-conditioned woman are passing, a slight obstruction occurs, and brings these two figures directly in contact. Their hands touch; the pressure of the crowd forces her bosom against his shoulder; they stand, face to face, staring into each other's eyes. After a ten year's separation, thus Wakefield meets his wife!

The throng eddies away, and carries them asunder. The sober widow, resuming her former pace, proceeds to church, but pauses in the portal, and throws a perplexed glance along the street. She passes in, however, opening her prayer-book as she goes. And the man! with so wild a face that busy and selfish London stands to gaze after him, he hurries to his lodgings, bolts the door, and throws himself upon the bed. The latent feelings of years break out; his feeble mind acquires a brief energy from their strength; all the miserable strangeness of his life is revealed to him at a glance: and he cries out, passionately, "Wakefield! Wakefield! You are mad!"

Perhaps he was so. The singularity of his situation must have so moulded him to himself, that, considered in regard to his fellow-creatures and the business of life, he could not be said to possess his right mind. He had contrived, or rather he had happened, to dissever himself from the world – to vanish – to give up his place and privileges with living men, without being admitted among the dead. The life of a hermit is nowise parallel to his. He was in the bustle of the city, as of old; but the crowd swept by and saw him not; he was, we may figuratively say, always beside his wife and at his hearth, yet must never feel the warmth of the one nor the affection of the other. It was Wakefield's unprecedented fate to retain his original share of human sympathies, and to be still involved in human interests, while he had lost his reciprocal influence on them. It would be a most curious speculation to trace out the effect of such circum-

gegen Freude herzugeben. Gerade als der hagere Mann und die stattliche Frau vorbeigehen, ergibt sich eine kleine Verkehrsstockung und bringt diese beiden Gestalten in direkte Fühlung miteinander. Ihre Hände berühren sich; der Druck der Menge preßt ihre Brust gegen seine Schulter; sie stehen Angesicht zu Angesicht und starren sich in die Augen. So begegnet Wakefield nach zehn Jahren der Trennung seiner Frau!

Die Menge strömt weg und trägt sie voneinander fort. Die ehrbare Witwe nimmt ihren früheren Schritt wieder auf und geht weiter auf die Kirche zu; erst im Portal bleibt sie stehen und schickt ihren bestürzten Blick die Straße hinunter. Doch sie geht hinein und öffnet beim Weitergehen ihr Gebetbuch. Und der Mann! Er eilt mit einem so verstörten Gesicht, daß das geschäftige und selbstische London stehenbleibt und ihm nachstarrt, seiner Behausung zu, verriegelt die Tür, wirft sich aufs Bett. Die verborgenen Gefühle von Jahren brechen in ihm auf; sein matter Geist zieht für einen kurzen Augenblick Kraft aus ihrer Stärke, mit einem Blick wird ihm die ganze erbärmliche Abwegigkeit seines Lebens klar, und leidenschaftlich schreit er auf: «Wakefield! Wakefield! Du bist ja wahnsinnig!»

Vielleicht war er es. Die Einzigartigkeit seiner Lage muß ihn so in sich selbst verschmolzen haben, daß er in seinen Beziehungen zu den Mitmenschen und den Geschäften des Lebens nicht als im Besitz seiner vollen geistigen Kräfte betrachtet werden konnte. Er hatte sich mehr durch Zufall als durch eigenes Streben von der Welt getrennt – war verschwunden – hatte seinen Platz und seine Vorrechte unter den Lebenden aufgegeben, ohne Zulaß bei den Toten zu finden. Das Leben eines Einsiedlers war dem seinen nicht vergleichbar. Er lebte wie früher im Gewühl der Stadt; aber die Menge fegte vorbei und sah ihn nicht; er war, bildlich gesprochen, immer bei seiner Frau und an seinem eigenen Herd, durfte aber niemals die Wärme des einen und die Zuneigung der andern spüren. Es war Wakefields beispielloses Schicksal, seinen ursprünglichen Anteil an menschlichem Fühlen bewahrt zu haben und noch in menschliche Interessen verwickelt zu sein, während er umgekehrt den eigenen Einfluß auf sie verloren hatte. Es wäre eine höchst seltsame Betrachtung, würde man

stances on his heart and intellect, separately, and in unison. Yet, changed as he was, he would seldom be conscious of it, but deem himself, the same man as ever; glimpses of the truth, indeed, would come, but only for the moment; and still he would keep saying, "I shall soon go back!" – nor reflect that he had been saying so for twenty years.

I conceive, also, that these twenty years would appear, in the retrospect, scarcely longer than the week to which Wakefield had at first limited his absence. He would look on the affair as no more than an interlude in the main business of his life. When, after a little while more, he should deem it time to re-enter his parlor, his wife would clap her hands for joy, on beholding the middle-aged Mr. Wakefield. Alas, what a mistake! Would time but await the close of our favorite follies, we should be young men, all of us, and till Doomsday.

One evening, in the twentieth year since he vanished, Wakefield is taking his customary walk towards the dwelling which he still calls his own. It is a gusty night of autumn, with frequent showers that patter down upon the pavement, and are gone before a man can put up his umbrella. Pausing near the house, Wakefield discerns, through the parlor windows of the second floor, the red glow and the glimmer and fitful flash of a comfortable fire. On the ceiling appears a grotesque shadow of good Mrs. Wakefield. The cap, the nose and chin, and the broad waist, form an admirable caricature, which dances, moreover, with the up-flickering and down-sinking blaze, almost too merrily for the shade of an elderly widow. At this instant a shower chances to fall, and is driven, by the unmannerly gust, full into Wakefield's face and bosom. He is quite penetrated with its autumnal chill. Shall he stand, wet and shivering here, when his own hearth has a good fire to warm him, and his own wife will run to fetch the gray coat and small-clothes,

die Wirkung solcher Umstände auf sein Herz und auf sein Hirn, gesondert und zusammen gesehen, verfolgen. Doch sosehr er verändert war – es wurde ihm selten bewußt; er hielt sich für den Menschen, der er immer gewesen; ab und zu ging ihm die Wahrheit auf, doch nur für den Augenblick; und immer noch sagt er: «Ich werde bald zurückgehen!» – ohne zu bedenken, daß er dies seit zwanzig Jahren sagte.

Ich kann mir auch vorstellen, daß diese zwanzig Jahre Wakefield rückblickend kaum länger erschienen als die Woche, auf welche er seine Abwesenheit zuerst hatte begrenzen wollen; daß er die ganze Angelegenheit nur als ein Zwischenspiel in der eigentlichen Aufgabe seines Lebens betrachtete. Wenn er es nun bald für angemessen halten sollte, sein Wohnzimmer wieder zu betreten, so würde, meinte er, seine Frau vor Freude in die Hände klatschen, wenn sie den ältlichen Herrn Wakefield erblickte. Aber ach, welch ein Irrtum! Als ob die Zeit nur auf das Ende unserer Lieblingstorheiten wartete! Dann würden wir alle bis zum Jüngsten Tage junge Leute bleiben!

Eines Abends im zwanzigsten Jahr seines Verschwindens macht Wakefield seinen gewohnten Spaziergang zu dem Haus, das er noch immer sein eigen nennt. Es ist eine stürmische Herbstnacht, häufige Regenschauer prasseln auf das Pflaster und sind vorbei, ehe man seinen Regenschirm aufspannen kann. Als Wakefield in der Nähe des Hauses stehenbleibt, bemerkt er durch die Wohnzimmerfenster im ersten Stock die rote Glut, den Schimmer und das unruhige Flackern eines behaglichen Feuers. An der Decke erscheint der groteske Schatten der guten Frau Wakefield – die Haube, die Nase, das Kinn, die kräftige Taille bilden eine prächtige Karikatur, die noch dazu beim Auf- und Abflackern des Feuers einen für den Schatten einer ältlichen Witwe beinahe zu lustigen Tanz aufführt. In diesem Augenblick prasselt zufällig ein Schauer nieder, den der unhöfliche Wind direkt gegen Wakefields Gesicht und Brust treibt; die herbstliche Kälte geht ihm durch und durch. Soll er naß und zitternd hier draußen stehenbleiben, wo doch sein eigener Herd ein gutes Feuer hat, um ihn zu wärmen, wo doch seine eigene Frau laufen wird, um den grauen Rock und die Hose herbeizuholen, die sie zweifellos sorgsam im Schrank

which, doubtless, she has kept carefully in the closet of their bed chamber? No! Wakefield is no such fool. He ascends the steps – heavily! – for twenty years have stiffened his legs since he came down – but he knows it not. Stay, Wakefield! Would you go to the sole home that is left you? Then step into your grave! The door opens. As he passes in, we have a parting glimpse of his visage, and recognize the crafty smile, which was the precursor of the little joke that he has ever since been playing off at his wife's expense. How unmercifully has he quizzed the poor woman! Well, a good night's rest to Wakefield!

This happy event – supposing it to be such – could only have occurred at an unpremeditated moment. We will not follow our friend across the threshold. He has left us much food for thought, a portion of which shall lend its wisdom to a moral, and be shaped into a figure. Amid the seeming confusion of our mysterious world, individuals are so nicely adjusted to a system, and systems to one another and to a whole, that, by stepping aside for a moment, a man exposes himself to a fearful risk of losing his place forever. Like Wakefield, he may become, as it were, the Outcast of the Universe.

O. Henry: A Retrieved Reformation

A guard came to the prison shoe-shop, where Jimmy Valentine was assiduously stitching uppers, and escorted him to the front office. There the warden handed Jimmy his pardon, which had been signed that morning by the governor. Jimmy took it in a tired kind of way. He had served nearly ten months of a four-year sentence. He had expected to stay only about three months, at the longest. When a man with as many friends on the outside as Jimmy Valentine

ihres Schlafzimmers aufbewahrt hat? Nein! Ein solcher Narr ist Wakefield nicht! Er steigt die Treppen hinauf – schweren Schrittes, denn zwanzig Jahre haben seine Beine steif gemacht, seit er auf ihnen heruntergestiegen ist – aber er weiß es nicht. Bleib stehen, Wakefield! Willst du die einzige Heimat suchen, die dir noch geblieben ist? Dann steig in dein Grab! Die Tür öffnet sich, und als er hineingeht, erhaschen wir noch einen letzten Schimmer von seinem Gesicht, und erkennen das listige Lächeln wieder, das der Vorbote jener kleinen Posse war, die er seit damals auf Kosten seiner Frau gespielt hat. Wie unbarmherzig hat er das arme Weib zum Narren gehalten! Nun, schlafen Sie recht gut, Herr Wakefield!

Dieses glückliche Ereignis (vorausgesetzt, daß es wirklich glücklich war) hatte nur in einem unbedachten Augenblick stattfinden können. Wir wollen unserm Freund nicht über die Schwelle folgen. Er hat uns viel Stoff zum Nachdenken gegeben; ein Teil davon soll uns seine Weisheit für eine «Moral» leihen und in eine Formel gefaßt werden: Inmitten der scheinbaren Verworrenheit unserer geheimnisvollen Welt sind die Individuen so genau in ein System und die Systeme aneinander und zu einem Ganzen gepaßt, daß ein Mensch, der auf einen Augenblick heraustritt, sich selbst der furchtbaren Gefahr aussetzt, seinen Platz für immer zu verlieren. Wie Wakefield wird er möglicherweise ein Ausgestoßener des Universums.

O. Henry: Eine gelungene Resozialisierung

Ein Wärter kam in die Gefängnisschusterei, wo Jimmy Valentine fleißig Oberleder steppte, und begleitete ihn zum Hauptbüro. Dort überreichte der Gefängnisdirektor Jimmy seine Begnadigung, die am Morgen vom Gouverneur unterzeichnet worden war. Jimmy nahm sie mit einer müden Geste entgegen. Er hatte beinahe zehn Monate von den vier Jahren verbüßt, zu denen sie ihn verurteilt hatten. Er hatte damit gerechnet, höchstens drei Monate davon abzusitzen. Wenn ein Mann ins Kittchen kommt, der draußen so viele Freunde hat

had is received in the "stir" it is hardly worth while to cut his hair.

"Now, Valentine," said the warden, "you'll go out in the morning. Brace up, and make a man of yourself. You're not a bad fellow at heart. Stop cracking safes, and live straight."

"Me?" said Jimmy, in surprise. "Why, I never cracked a safe in my life."

"Oh, no," laughed the warden. "Of course not. Let's see, now. How was it you happened to get sent up on that Springfield job? Was it because you wouldn't prove an alibi for fear of compromising somebody in extremely high-toned society? Or was it simply a case of a mean old jury that had it in for you? It's always one or the other with you innocent victims."

"Me?" said Jimmy, still blankly virtuous. "Why, warden, I never was in Springfield in my life!"

"Take him back, Cronin," smiled the warden, "and fix him up with outgoing clothes.

Unlock him at seven in the morning, and let him come to the bull-pen. Better think over my advice, Valentine."

At a quarter past seven on the next morning Jimmy stood in the warden's outer office. He had on a suit of the villainously fitting, ready-made clothes and a pair of the stiff, squeaky shoes that the state furnishes to its discharged compulsory guests.

The clerk handed him a railroad ticket and the five-dollar bill with which the law expected him to rehabilitate himself into good citizenship and prosperity. The warden gave him a cigar, and shook hands. Valentine, 9762, was chronicled on the books "Pardoned by Governor," and Mr. James Valentine walked out into the sunshine.

Disregarding the song of the birds, the waving green trees, and the smell of the flowers, Jimmy headed straight for a restaurant. There he tasted the

wie Jimmy Valentine, dann lohnt es sich kaum, ihm die Haare zu schneiden.

«Nun, Valentine», sagte der Direktor, «morgen früh verlassen Sie uns. Reißen Sie sich zusammen und werden Sie ein ordentlicher Mensch. Im Grunde sind Sie kein schlechter Kerl. Knacken Sie keine Geldschränke mehr! Leben Sie ehrlich!»

«Ich?» fragte Jimmy erstaunt. «Wieso, ich habe in meinem Leben noch keinen Geldschrank geknackt.»

«O nein», lachte der Direktor. «Natürlich nicht. Denken wir mal nach! Wie kam es, daß man Sie wegen der Geschichte in Springfield eingelocht hat? Etwa deshalb, weil Sie aus Angst, jemand aus den höchsten Kreisen zu kompromittieren, kein Alibi erbringen wollten? Oder war ganz einfach das bitterböse Schwurgericht daran schuld, das auf Sie schlecht zu sprechen war? Es ist doch immer das eine oder das andere bei euch unschuldigen Opfern.»

«Ich?» sagte Jimmy, noch immer die Tugend selbst. «Wieso, Herr Direktor, ich war überhaupt noch nie in Springfield!»

«Führen Sie ihn zurück, Cronin», sagte der Direktor lächelnd, «und verpassen Sie ihm einen Entlassungsanzug! Morgen früh um sieben Uhr sperren Sie seine Zelle auf und bringen ihn zur Personalstelle. Und Sie, Valentine, sollten sich meinen Rat durch den Kopf gehen lassen.»

Am nächsten Morgen um Viertel nach sieben stand Jimmy im Entlassungsbüro. Er trug einen jener verheerend sitzenden Konfektionsanzüge und ein Paar der steifen, knarzenden Schuhe, die der Staat seinen unfreiwilligen Gästen bei ihrer Entlassung mitgibt.

Der Buchhalter überreichte ihm eine Eisenbahnfahrkarte und einen Fünfdollarschein, der ihm nach Ansicht des Gesetzes wieder zu Bürgersinn und Wohlstand verhelfen sollte. Der Direktor gab ihm eine Zigarre und schüttelte ihm die Hand. Valentine, Nr. 9762, bekam in den Büchern den Vermerk «Vom Gouverneur begnadigt», und Herr James Valentine trat hinaus in den Sonnenschein.

Ohne die singenden Vögel, die sich sanft wiegenden grünen Bäume und die duftenden Blumen zu beachten, steuerte Jimmy geradewegs auf ein Wirtshaus zu. Dort kostete er die ersten

first sweet joys of liberty in the shape of a broiled chicken and a bottle of white wine – followed by a cigar a grade better than the one the warden had given him. From there he proceeded leisurely to the depot. He tossed a quarter into the hat of a blind man sitting by the door, and boarded his train. Three hours set him down in a little town near the state line. He went to the café of one Mike Dolan and shook hands with Mike, who was alone behind the bar.

"Sorry we couldn't make it sooner, Jimmy, me boy," said Mike. "But we had that protest from Springfield to buck against, and the governor nearly balked. Feeling all right?"

"Fine," said Jimmy. "Got my key?"

He got his key and went upstairs, unlocking the door of a room at the rear. Everything was just as he had left it. There on the floor was still Ben Price's collar-button that had been torn from that eminent detective's shirt-band when they had overpowered Jimmy to arrest him.

Pulling out from the wall a folding-bed, Jimmy slid back a panel in the wall and dragged out a dust-covered suit-case. He opened this and gazed fondly at the finest set of burglar's tools in the East. It was a complete set, made of specially tempered steel, the latest designs in drills, punches, braces and bits, jimmies, clamps, and augers, with two or three novelties invented by Jimmy himself, in which he took pride. Over nine hundred dollars they had cost him to have made at –, a place where they make such things for the profession.

In half an hour Jimmy went downstairs and through the café. He was now dressed in tasteful and well-fitting clothes, and carried his dusted and cleaned suit-case in his hand.

"Got anything on?" asked Mike Dolan, genially.

"Me?" said Jimmy, in a puzzled tone. "I don't understand. I'm representing the New York Amalga-

Genüsse der Freiheit in Form eines Brathuhnes und einer Flasche Weißwein, und darauf folgte eine Zigarre, die eine ganze Klasse besser war als die vom Gefängnisdirektor. Von hier aus spazierte er gemütlich zum Bahnhof. Er warf einen Viertel-dollar in den Hut eines Blinden, der neben dem Eingang saß, und bestieg seinen Zug. Nach dreistündiger Fahrt stieg er in einer kleinen Stadt kurz vor der Staatsgrenze aus. Er ging in das Café eines gewissen Mike Dolan und schüttelte Mike, der allein hinter der Theke stand, die Hand.

«Wir konnten es leider nicht schneller schaffen, Jimmy, mein Junge», sagte Mike. «Wir mußten uns noch mit einem Einspruch aus Springfield rumschlagen, und der Gouverneur hätte beinahe Zicken gemacht. Geht's dir gut?»

«Prima», sagte Jimmy. «Hast du meinen Schlüssel?»

Er bekam seinen Schlüssel, ging nach oben und schloß die Tür zu einem rückwärtigen Zimmer auf. Alles war genau so, wie er es verlassen hatte. Auf dem Boden lag noch immer der Kragenknopf von Ben Price, der jenem berühmten Kriminalbeamten vom Hemd gerissen worden war, als sie Jimmy bei seiner Festnahme überwältigten.

Jimmy zog ein Klappbett aus der Wand, schob ein Stück der Wandtäfelung zurück und zerrte einen staubbedeckten Koffer heraus. Er öffnete ihn und betrachtete mit zärtlichen Blicken den schönsten Satz von Einbrecherwerkzeugen, den es im ganzen Osten gab. Es war ein vollständiger Satz aus speziell gehärtetem Stahl, mit den neuesten Modellen von Bohrern, Locheisen, Bohrwinden, Stemmeisen, Zwingen und Holzbohrern, darunter auch zwei oder drei Neuheiten, die Jimmy selbst erfunden hatte und auf die er gehörig stolz war. Über neunhundert Dollar zahlte er dafür bei – nun, eben dort, wo man solche Werkzeuge für einschlägige Berufe herstellt.

Eine halbe Stunde später ging Jimmy hinunter und schritt durch das Café. Er trug jetzt geschmackvolle, gutsitzende Kleidung, und in der Hand hielt er seinen von Staub und Schmutz gereinigten Koffer.

«Hast du was vor?» fragte Mike Dolan wohlwollend.

«Ich?» sagte Jimmy im Tone der Verwunderung. «Ich verstehe nicht. Ich bin Vertreter für die New Yorker Ver-

mated Short Snap Biscuit Cracker and Frazzled Wheat Company.''

This statement delighted Mike to such an extent that Jimmy had to take a seltzer-and-milk on the spot. He never touched "hard" drinks.

A week after the release of Valentine, 9762, there was a neat job of safe-burglary done in Richmond, Indiana, with no clue to the author. A scant eight hundred dollars was all that was secured. Two weeks after that a patented, improved, burglar-proof safe in Logansport was opened like a cheese to the tune of fifteen hundred dollars, currency; securities and silver untouched. That began to interest the rogue-catchers. Then an old-fashioned bank-safe in Jefferson City became active and threw out of its crater an eruption of bank-notes amounting to five thousand dollars. The losses were now high enough to bring the matter up into Ben Price's class of work. By comparing notes, a remarkable similarity in the methods of the burglaries was noticed. Ben Price investigated the scenes of the robberies, and was heard to remark:

"That's Dandy Jim Valentine's autograph. He's resumed business. Look at that combination knob – jerked out as easy as pulling up a radish in wet weather. He's got the only clamps that can do it. And look how clean those tumblers were punched out! Jimmy never has to drill but one hole. Yes, I guess I want Mr. Valentine. He'll do his bit next time without any short-time or clemency foolishness."

Ben Price knew Jimmy's habits. He had learned them while working up the Springfield case. Long jumps, quick get-aways, no confederates, and a taste for good society – these ways had helped Mr. Valentine to become noted as a successful dodger of retribution. It was given out that Ben Price had taken up the trail of the elusive cracksman, and other people with burglar-proof safes felt more at ease.

einigten Knabberpause-Knusperkeks- und Weizenflocken-Werke.»

Dieser Ausspruch ergötzte Mike dermaßen, daß er Jimmy auf der Stelle einen Milchcocktail spendierte. Jimmy trank nie scharfe Sachen.

Eine Woche nach der Entlassung von Valentine, Nr. 9762, wurde ein geschickter Safeeinbruch in Richmond, Indiana, verübt. Vom Täter keine Spur. Freilich wurden nur knapp achthundert Dollar erbeutet. Vierzehn Tage darauf wurde in Logansport ein mehrfach verbessertes, einbruchsicheres Patentsafe wie ein Käse aufgeschnitten, wobei dem Täter bare fünfzehnhundert Dollar in die Hände fielen; Wertpapiere und Silber blieben unberührt. Das begann die Spitzbubenfänger zu interessieren. Dann wurde ein altmodisches Banksafe in Jefferson City tätig und spuckte bei seinem Ausbruch Banknoten in Höhe von fünftausend Dollar aus seinem Krater. Die Einbußen waren nunmehr so hoch geworden, daß die Angelegenheit in den Zuständigkeitsbereich von Ben Price rückte. Bei einem Vergleich der Ermittlungsergebnisse stellte man eine bemerkenswerte Ähnlichkeit der Einbruchsmethoden fest. Ben Price untersuchte die Tatorte und bemerkte dabei:

«Das ist die Handschrift des feinen Herrn Jim Valentine. Er hat seine Tätigkeit wieder aufgenommen. Sehen Sie dies Kombinationsschloß – einfach rausgerissen wie ein Rettich bei nassem Wetter. Er allein hat die Zwingen dazu. Und sehen Sie, wie sauber diese Verriegelungen herausgemeißelt wurden! Jimmy braucht nie mehr als ein Loch zu bohren. Ja, ich schätze, ich muß Mr. Valentine suchen. Das nächste Mal brummt er aber ohne Strafnachlaß- und Begnadigungsunfug!»

Ben Price kannte Jims Gewohnheiten. Er hatte sie kennengelernt, während er den Springfield-Fall bearbeitet hatte. Weite Ortswechsel nach rascher Flucht, Verzicht auf Komplizen und eine Vorliebe für bessere Gesellschaft – all dies hatte Mr. Valentine zu dem Ruhm verholfen, jederzeit dem Gesetz ein Schnippchen schlagen zu können. Es wurde verlautbart, daß Ben Price die Spur des flüchtigen Einbrechers aufgenommen hatte, und andere Leute mit einbruchsicheren Safes atmeten auf.

One afternoon Jimmy Valentine and his suit-case climbed out of the mail-hack in Elmore, a little town five miles off the railroad down in the black-jack country of Arkansas. Jimmy, looking like an athletic young senior just home from college, went down the board sidewalk toward the hotel.

A young lady crossed the street, passed him at the corner and entered a door over which was the sign "The Elmore Bank." Jimmy Valentine looked into her eyes, forgot what he was, and became another man. She lowered her eyes and colored slightly. Young men of Jimmy's style and looks were scarce in Elmore.

Jimmy collared a boy that was loafing on the steps of the bank as if he were one of the stock-holders, and began to ask him questions about the town, feeding him dimes at intervals. By and by the young lady came out, looking royally unconscious of the young man with the suit-case, and went her way.

"Isn't that young lady Miss Polly Simpson?" asked Jimmy, with specious guile.

"Naw," said the boy. "She's Annabel Adams. Her pa owns this bank. What'd you come to Elmore for? Is that a gold watch-chain? I'm going to get a bulldog. Got any more dimes?"

Jimmy went to the Planters' Hotel, registered as Ralph D. Spencer, and engaged a room. He leaned on the desk and declared his platform to the clerk. He said he had come to Elmore to look for a location to go into business. How was the shoe business, now, in the town? He had thought of the shoe business. Was there an opening?

The clerk was impressed by the clothes and manner of Jimmy. He, himself, was something of a pattern of fashion to the thinly gilded youth of Elmore, but he now perceived his shortcomings. While trying to figure out Jimmy's manner of tying his four-in-hand he cordially gave information.

An einem Nachmittag kletterten Jimmy Valentine und sein Koffer aus der Postkutsche in Elmore, einer kleinen Stadt, die fünf Meilen von der nächsten Bahnstation entfernt drunten im Bergbaugebiet von Arkansas liegt. Jimmy, der wie ein athletischer, eben vom College heimkommender Examenskandidat aussah, ging den breiten Bürgersteig entlang auf das Hotel zu.

Eine junge Dame überquerte die Straße, begegnete ihm an der Ecke und ging durch eine Tür, über der «The Elmore Bank» zu lesen war. Jimmy Valentine sah ihr in die Augen, vergaß, was er war, und wurde ein neuer Mensch. Sie schlug die Augen nieder und errötete leicht. Junge Männer, die so fesch aussahen wie Jimmy, hatten in Elmore Seltenheitswert.

Jimmy packte einen Jungen beim Kragen, der auf den Stufen der Bank herumlungerte, als wäre er einer der Aktionäre, und begann ihn über die Stadt auszufragen, wobei er ihm hin und wieder einen Groschen zusteckte. Bald kam die junge Dame wieder heraus und ging ihres Weges, anscheinend ohne in ihrer Unnahbarkeit von dem jungen Mann mit dem Koffer Notiz zu nehmen.

«Ist diese junge Dame nicht Miss Polly Simpson?» fragte Jimmy mit harmlos anmutender Gerissenheit.

«Nee», sagte der Junge, «das ist Annabel Adams. Ihrem Papa gehört diese Bank. Warum sind Sie nach Elmore gekommen? Ist Ihre Uhrkette aus Gold? Ich will mir eine Bulldogge kaufen. Haben Sie noch ein paar Groschen übrig?»

Jimmy ging in das Planter's Hotel, trug sich als Ralph D. Spencer ein und nahm ein Zimmer. Er lehnte sich über den Empfangstisch und erklärte dem Portier sein Programm. Er sagte, er sei nach Elmore gekommen, um sich nach einer guten Geschäftslage für einen Laden umzuschauen. Wie ging denn etwa das Schuhgeschäft in der Stadt? Er hatte an ein Schuhgeschäft gedacht. War da wohl etwas zu machen?

Der Portier war von Jimmys Kleidung und Auftreten beeindruckt. Er selbst war für die etwas klägliche Jeunesse dorée von Elmore eine Art Vorbild der Eleganz, aber jetzt entdeckte er seine eigenen Unzulänglichkeiten. Während er herauszubringen versuchte, wie Jimmy wohl sein Halstuch band, gab er zuvorkommend die gewünschten Auskünfte.

Yes, there ought to be a good opening in the shoe line. There wasn't an exclusive shoe-store in the place. The drygoods and general stores handled them. Business in all lines was fairly good. Hoped Mr. Spencer would decide to locate in Elmore. He would find it a pleasant town to live in, and the people very sociable.

Mr. Spencer thought he would stop over in the town a few days and look over the situation. No, the clark needn't call the boy. He would carry up his suit-case himself; it was rather heavy.

Mr. Ralph Spencer, the phoenix that arose from Jimmy Valentine's ashes – ashes left by the flame of a sudden and alterative attack of love – remained in Elmore, and prospered. He opened a shoe-store and secured a good run of trade.

Socially he was also a success, and made many friends. And he accomplished the wish of his heart. He met Miss Annabel Adams, and became more and more captivated by her charms.

At the end of a year the situation of Mr. Ralph Spencer was this: he had won the respect of the community, his shoe-store was flourishing, and he and Annabel were engaged to be married in two weeks. Mr. Adams, the typical, plodding, country banker, approved of Spencer. Annabel's pride in him almost equalled her affection. He was as much at home in the family of Mr. Adams and that of Annabel's married sister as if he were already a member.

One day Jimmy sat down in his room and wrote this letter, which he mailed to the safe address of one of his old friends in St. Louis:

Dear Old Pal:

I want you to be at Sullivan's place, in Little Rock, next Wednesday night at nine o'clock. I want you to wind up some little matters for me. And, also, I want to make you a present of my kit of tools. I know you'll

Ja, in der Schuhbranche müßten die Aussichten gut sein. Es gab kein einziges Schuhspezialgeschäft am Platze. Schuhe wurden von den Kurzwarenhändlern und Krämern geführt. Die Geschäfte gingen auf allen Gebieten recht ordentlich. Hoffentlich könne sich Mr. Spencer entschließen, in Elmore zu bleiben. Er würde dann selbst sehen, wie gut es sich hier leben lasse und wie umgänglich die Leute seien.

Mr. Spencer gedachte, ein paar Tage in der Stadt zu bleiben, um die Lage zu erkunden. Nein, der Portier brauche nicht den Boy zu rufen. Er wolle seinen Koffer selber hinauftragen; der sei nämlich ordentlich schwer.

Mr. Ralph Spencer, der Phönix, der aus der Asche Jimmy Valentines emporgestiegen war – aus einer Asche, welche die Flamme einer plötzlichen, läuternden Liebe zurückgelassen hatte –, blieb in Elmore und hatte Erfolg. Er eröffnete einen Schuhladen und machte gute Geschäfte.

Auch gesellschaftlich war er ein Erfolg, und er schloß viele Freundschaften. Dazu erfüllte sich die Sehnsucht seines Herzens. Er lernte Miss Annabel Adams kennen und ließ sich mehr und mehr von ihren Reizen fesseln.

Ein Jahr später befand sich Mr. Ralph Spencer in folgender Situation: Er hatte sich Ansehen unter seinen Mitbürgern erworben, sein Schuhgeschäft florierte, Annabel und er waren verlobt und sollten in zwei Wochen heiraten. Mr. Adams, der Typ des schwer arbeitenden Kleinstadtbankiers, war mit Spencer einverstanden. Annabels Stolz auf ihn war fast ebenso groß wie ihre Liebe. Er war bei den Adams und in der Familie von Annabels verheirateter Schwester so zu Hause, als gehöre er schon zu ihnen.

Eines Tages setzte sich Jimmy in sein Zimmer und schrieb folgenden Brief, den er an die sichere Adresse von einem seiner alten Freunde in St. Louis schickte:

Lieber alter Freund!

Ich möchte Dich gern am nächsten Mittwoch abends um neun Uhr im Gasthaus von Sullivan in Little Rock treffen. Ich möchte Dich bitten, ein paar kleine Angelegenheiten für mich zu erledigen. Außerdem möchte ich Dir meinen Werkzeugka-

be glad to get them – you couldn't duplicate the lot for a thousand dollars. Say, Billy, I've quit the old business – a year ago. I've got a nice store. I'm making an honest living, and I'm going to marry the finest girl on earth two weeks from now. It's the only life, Billy – the straight one. I wouldn't touch a dollar of another man's money now for a million. After I get married I'm going to sell out and go West, where there won't be so much danger of having old scores brought up against me. I tell you, Billy, she's an angel. She believes in me ; and I wouldn't do another crooked thing for the whole world. Be sure to be at Sully's for I must see you. I'll bring along the tools with me.

Your old friend,
Jimmy.

On the Monday night after Jimmy wrote this letter Ben Price jogged unobtrusively into Elmore in a livery buggy. He lounged about town in his quiet way until he found out what he wanted to know. From the drugstore across the street from Spencer's shoe-store he got a good look at Ralph D. Spencer.

"Going to marry the banker's daughter are you, Jimmy?" said Ben to himself, softly. "Well, I don't know!"

The next morning Jimmy took breakfast at the Adamses. He was going to Little Rock that day to order his wedding-suit and buy something nice for Annabel. That would be the first time he had left town since he came to Elmore. It had been more than a year now since those last professional "jobs," and he thought he could safely venture out.

After breakfast quite a family party went down town together – Mr. Adams, Annabel, Jimmy, and Annabel's married sister with her two little girls, aged five and nine. They came by the hotel where Jimmy still boarded, and he ran up to his room and brought

sten schenken. Ich weiß, daß Du Dich darüber freuen wirst – so einen Satz macht dir für tausend Dollar keiner nach. Hör zu, Billy, ich habe das alte Geschäft an den Nagel gehängt – schon vor einem Jahr. Ich habe einen hübschen Laden. Ich ernähre mich auf ehrliche Weise, und heute in vierzehn Tagen heirate ich das beste Mädchen der Welt. Das ist das einzig richtige, Billy – ein ehrliches Leben. Nicht für eine Million würde ich jetzt einem anderen auch nur einen Dollar wegnehmen. Nach meiner Heirat will ich hier alles verkaufen und in den Westen gehen, wo weniger Gefahr besteht, daß man mir alte Rechnungen präsentiert. Ich sage Dir, Billy, sie ist ein Engel. Sie glaubt an mich, und für nichts auf der ganzen Welt würde ich wieder ein krummes Ding drehen. Vergiß nicht, zu Sully zu kommen, denn ich muß Dich sprechen. Ich bringe die Werkzeuge mit.

Dein alter Freund
Jimmy.

Am nächsten Montagabend, nachdem Jimmy seinen Brief geschrieben hatte, trudelte Ben Price unauffällig mit einer gemieteten Pferdekutsche in Elmore ein. Er schlenderte in seiner ruhigen Art in der Stadt umher, bis er herausgefunden hatte, was er wissen wollte. Von einem Drugstore aus, der gegenüber von Spencers Schuhladen auf der anderen Straßenseite lag, konnte er Ralph D. Spencer genau in Augenschein nehmen.

«Du willst also die Tochter des Bankiers heiraten, Jimmy?» murmelte Ben leise vor sich hin. «Na, ich weiß nicht recht!»

Am folgenden Morgen frühstückte Jimmy bei Adams. Er wollte an diesem Tag nach Little Rock fahren, um seinen Hochzeitsanzug zu bestellen und etwas Hübsches für Annabel zu kaufen. Seit seiner Ankunft in Elmore würde er damit zum ersten Mal die Stadt verlassen. Es war jetzt schon über ein Jahr her, seit er seinen «Beruf» zum letzten Mal ausgeübt hatte, und so glaubte er, sich gefahrlos hinauswagen zu können.

Nach dem Frühstück fuhr eine ganze Familienversammlung gemeinsam in die Stadt – Mr. Adams, Annabel, Jimmy und Annabels verheiratete Schwester mit ihren beiden Töchterchen im Alter von fünf und neun Jahren. Sie kamen an dem Hotel

along his suit-case. Then they went on to the bank. There stood Jimmy's horse and buggy and Dolph Gibson, who was going to drive him over to the railroad station.

All went inside the high, carved oak railings into the banking-room – Jimmy included, for Mr. Adams's future son-in-law was welcome anywhere. The clerks were pleased to be greeted by the good-looking, agreeable young man who was going to marry Miss Annabel. Jimmy set his suit-case down. Annabel, whose heart was bubbling with happiness and lively youth, put on Jimmy's hat and picked up the suit-case. "Wouldn't I make a nice drummer?" said Annabel. "My! Ralph, how heavy it is. Feels like it was full of gold bricks."

"Lot of nickel-plated shoe-horns in there," said Jimmy, coolly, "that I'm going to return. Thought I'd save express charges by taking them up. I'm getting awfully economical."

The Elmore Bank had just put in a new safe and vault. Mr. Adams was very proud of it, and insisted on an inspection by every one. The vault was a small one, but it had a new patented door. It fastened with three solid steel bolts thrown simultaneously with a single handle, and had a time-lock. Mr. Adams beamingly explained its workings to Mr. Spencer, who showed a courteous but not too intelligent interest. The two children, May and Agatha, were delighted by the shining metal and funny clock and knobs.

While they were thus engaged Ben Price sauntered in and leaned on his elbow, looking casually inside between the railings. He told the teller that he didn't want anything; he was just waiting for a man he knew.

Suddenly there was a scream or two from the women, and a commotion. Unperceived by the elders, May, the nine-year-old girl, in a spirit of play, had

vorbei, in dem Jimmy noch immer wohnte, und er rannte in sein Zimmer hinauf, um seinen Koffer zu holen. Dann gingen sie alle weiter zur Bank. Dort stand schon Jimmys Pferdewagen und Dolph Gibson, der ihn zum Bahnhof fahren sollte.

Sie gingen alle zwischen den hohen geschnitzten Eichengittern hindurch in den inneren Bankraum – auch Jimmy, denn Mr. Adams zukünftiger Schwiegersohn war überall willkommen. Die Bankbeamten freuten sich über den Gruß des gutaussehenden, netten jungen Mannes, der Miss Annabel heiraten würde. Jimmy setzte seinen Koffer ab. Annabel, deren Herz vor Glück und jugendlicher Ausgelassenheit überschäumte, setzte Jimmys Hut auf und hob den Koffer hoch. «Wäre ich nicht ein flotter Vertreter?» sagte sie. «Um Himmels Willen, Ralph, wie schwer er ist. Man möchte meinen, er wäre voller Goldbarren.»

«Eine ganze Menge vernickelter Schuhlöffel ist drin», sagte Jimmy kaltblütig. «Die will ich nämlich wieder zurückgeben. Und ich dachte, ich spare mir das Porto, wenn ich sie persönlich hinbringe. Ich bin dabei, unheimlich sparsam zu werden.»

Die Elmore-Bank hatte sich eben erst ein neues Safe und eine neue Stahlkammer einbauen lassen. Mr. Adams war sehr stolz und bestand darauf, jedem alles zu zeigen. Die Stahlkammer war klein, hatte aber eine neue Patenttür. Diese Tür wurde durch drei massive Stahlbolzen, die alle zugleich mit einem einzigen Handgriff zu bewegen waren, verschlossen und besaß ein Uhrwerkschloß. Mr. Adams strahlte, als er ihren Mechanismus Mr. Spencer erklärte, der ein höfliches, aber nicht allzu sachkundiges Interesse zeigte. Die beiden Kinder, May und Agatha, hatten ihren Spaß an dem blinkenden Metall, dem komischen Uhrwerk und den Knöpfen.

Während so alles mit der Stahlkammer beschäftigt war, kam Ben Price hereinspaziert, stützte sich mit dem Ellbogen an die Wand und schaute wie zufällig zwischen den Gitterstäben hindurch in das Innere der Bank. Zum Kassenbeamten sagte er, daß er nichts wolle; er warte nur auf einen Bekannten.

Auf einmal schrien die Frauen auf, und es entstand ein Durcheinander. Unbemerkt von den Erwachsenen hatte May, die Neunjährige, aus spielerischem Übermut Agatha in die

shut Agatha in the vault. She had then shot the bolts and turned the knob of the combination as she had seen Mr. Adams do.

The old banker sprang to the handle and tugged at it for a moment. "The door can't be opened," he groaned. "The clock hasn't been wound nor the combination set."

Agatha's mother screamed again, hysterically.

"Hush!" said Mr. Adams, raising his trembling hand. "All be quiet for a moment. Agatha!" he called as loudly as he could. "Listen to me." During the following silence they could just hear the faint sound of the child wildly shrieking in the dark vault in a panic of terror.

"My precious darling!" wailed the mother. "She will die of fright! Open the door! Oh, break it open! Can't you men do something?"

"There isn't a man nearer than Little Rock who can open that door," said Mr. Adams, in a shaky voice. "My God! Spencer, what shall we do? That child – she can't stand it long in there. There isn't enough air, and, besides, she'll go into convulsions from fright."

Agatha's mother, frantic now, beat the door of the vault with her hands. Somebody wildly suggested dynamite. Annabel turned to Jimmy, her large eyes full of anguish, but not yet despairing. To a woman nothing seems quite impossible to the powers of the man she worships.

"Can't you do something, Ralph – *try*, won't you?"

He looked at her with a queer, soft smile on his lips and in his keen eyes.

"Annabel," he said, "give me that rose you are wearing, will you?"

Hardly believing that she heard him aright, she unpinned the bud from the bosom of her dress, and placed it in his hand. Jimmy stuffed it into his vestpocket, threw off his coat and pulled up his

Stahlkammer eingeschlossen. Dann hatte sie die Bolzen vorgeschoben und den Knopf des Kombinationsschlosses gedreht, wie sie es bei Mr. Adams gesehen hatte.

Der alte Bankier sprang hinzu und rüttelte einen Augenblick am Griff. «Die Tür läßt sich nicht öffnen», stöhnte er. «Das Uhrwerk ist nicht aufgezogen und die Kombination nicht eingestellt.»

Agathas Mutter begann von neuem hysterisch zu schreien.

«Still!» sagte Mr. Adams und hob seine zitternde Hand. «Seid mal alle einen Moment ruhig. Agatha!» rief er so laut er konnte. «Hör mir zu!» In der folgenden Stille hörte man nur schwach das wilde Schreien des Kindes, das die dunkle Kammer in einen panischen Schrecken versetzt hatte.

«Mein geliebtes Kind!» jammerte die Mutter. «Sie wird vor Angst sterben! Macht die Tür auf! Brecht sie doch auf! Könnt ihr Männer denn nicht irgend etwas tun?»

«Näher als in Little Rock gibt es niemand, der diese Tür öffnen könnte», sagte Mr. Adams mit zittriger Stimme. «Mein Gott! Spencer, was sollen wir tun? Das Kind – sie kann es nicht lange da drin aushalten. Sie bekommt nicht genug Luft, und außerdem verfällt sie ja in Angstkrämpfe!»

Agathas Mutter schlug jetzt in wilder Verzweiflung mit den Händen gegen die Tür der Stahlkammer. Irgend jemand machte den verrückten Vorschlag, es mit Dynamit zu versuchen. Annabel wandte sich Jimmy zu; in ihren großen Augen stand die Angst, aber noch nicht die Verzweiflung. Eine Frau hat ja ein fast grenzenloses Vertrauen zu den Fähigkeiten des Mannes, den sie liebt.

«Kannst du nicht etwas tun, Ralph – wenigstens versuchen?»

Er sah sie an mit einem sonderbaren, zärtlichen Lächeln auf seinen Lippen und in seinen hellen Augen.

«Annabel», sagte er, «willst du mir bitte die Rose geben, die du angesteckt hast?»

Sie konnte kaum glauben, daß sie ihn richtig verstanden hatte, aber sie löste die Knospe von ihrem Kleid und gab sie ihm in die Hand. Jimmy steckte sie in seine Westentasche, zog seine Jacke aus und krempelte die Hemdsärmel hoch. Bei dieser

shirtsleeves. With that act Ralph D. Spencer passed away and Jimmy Valentine took his place.

"Get away from the door, all of you," he commanded, shortly.

He set his suit-case on the table, and opened it out flat. From that time on he seemed to be unconscious of the presence of any one else. He laid out the shining, queer instruments swiftly and orderly, whistling softly to himself as he always did when at work. In a deep silence and immovable, the others watched him as if under a spell.

In a minute Jimmy's pet drill was biting smoothly into the steel door. In ten minutes – breaking his own burglarious record – he threw back the bolts and opened the door.

Agatha, almost collapsed, but safe, was gathered into her mother's arms.

Jimmy Valentine put on his coat, and walked outside the railings toward the front door. As he went he thought he heard a far-away voice that he once knew call "Ralph!" But he never hesitated.

At the door a big man stood somewhat in his way.

"Hello, Ben!" said Jimmy, still with his strange smile. "Got around at last, have you? Well, let's go. I don't know that it makes much difference, now."

And then Ben Price acted rather strangely.

"Guess you're mistaken, Mr. Spencer," he said. "Don't believe I recognize you. Your buggy's waiting for you, ain't it?"

And Ben Price turned and strolled down the street.

Rudyard Kipling: The Return of Imray

Imray achieved the impossible. Without warning, for no conceivable motive, in his youth, at the threshold of his career he chose to disappear from the

Geste verschwand Ralph D. Spencer und machte Jimmy Valentine Platz.

«Tretet ihr alle mal von der Tür zurück», befahl er kurz.

Er stellte seinen Koffer auf den Tisch und klappte ihn flach auseinander. Von nun an schien er die Anwesenheit der anderen nicht mehr zu bemerken. Er legte sich die blinkenden, merkwürdigen Werkzeuge flink und ordentlich zurecht und pfiff leise vor sich hin, wie er es immer bei der Arbeit tat. Wie gebannt beobachteten ihn die anderen, schweigend und unbeweglich.

Innerhalb einer Minute fraß sich Jimmys Lieblingsbohrer weich in die Stahltüre. Nach zehn Minuten – damit brach er seinen eigenen Einbrecherrekord – schob er die Bolzen zurück und öffnete die Tür.

Agatha, fast ohnmächtig, aber unversehrt, wurde von ihrer Mutter in die Arme geschlossen.

Jimmy Valentine zog seine Jacke an und ging zwischen den Gittern hindurch zur Eingangstür. Während er ging, war ihm, als höre er in weiter Ferne eine ihm einst bekannte Stimme «Ralph!» rufen. Aber er zögerte keinen Augenblick.

An der Türe vertrat ihm ein großer Mann beinahe den Weg.

«Hallo, Ben!» sagte Jimmy, immer noch mit seinem sonderbaren Lächeln. «Haben Sie mich endlich erwischt? Na schön, gehen wir. Das macht mir jetzt auch nichts mehr aus.»

Und dann tat Ben Price etwas sehr Merkwürdiges.

«Sie müssen sich irren, Mr. Spencer», sagte er, «ich glaube nicht, daß ich Sie kenne. Ihr Wagen wartet doch auf Sie, nicht wahr?»

Und Ben Price machte kehrt und schlenderte die Straße hinunter.

Rudyard Kipling: Imrays Rückkehr

Imray erreichte das Unmögliche. Ohne Vorankündigung, ohne erkennbaren Grund, in jungen Jahren, an der Schwelle einer erfolgreichen Laufbahn gefiel es ihm, aus der Welt zu

world – which is to say, the little Indian station where he lived.

Upon a day he was alive, well, happy, and in great evidence among the billiard-tables at his Club. Upon a morning he was not, and no manner of search could make sure where he might be. He had stepped out of his place; he had not appeared at his office at the proper time, and his dogcart was not upon the public roads. For these reasons, and because he was hampering, in a microscopical degree, the administration of the Indian Empire, that Empire paused for one microscopical moment to make inquiry into the fate of Imray. Ponds were dragged, wells were plumbed, telegrams were despatched down the lines of railways and to the nearest seaport town – twelve hundred miles away; but Imray was not at the end of the drag-ropes nor the telegraph wires. He was gone, and his place knew him no more. Then the work of the great Indian Empire swept forward, because it could not be delayed, and Imray from being a man became a mystery – such a thing as men talk over at their tables in the Club for a month, and then forget utterly. His guns, horses, and carts were sold to the highest bidder. His superior officer wrote an altogether absurd letter to his mother, saying that Imray had unaccountably disappeared, and his bungalow stood empty.

After three of four months of the scorching hot weather had gone by, my friend Strickland, of the Police, saw fit to rent the bungalow from the native landlord. This was before he was engaged to Miss Youghal – an affair which has been described in another place – and while he was pursuing his investigations into native life. His own life was sufficiently peculiar, and men complained of his manners and customs. There was always food in his house, but there were no regular times for meals. He ate, standing up and walking about, whatever he

verschwinden – das heißt, aus der kleinen Station in Indien, auf der er lebte.

Den einen Tag war er noch lebendig, voller Wohlbefinden, zufrieden und zwischen den Billard-Tischen in seinem Club sehr deutlich sichtbar. Am nächsten Morgen war er es nicht mehr, und keinerlei Nachforschung vermochte sicheren Aufschluß darüber zu bringen, wo er sein könnte. Er war von seiner Stätte hinweggetreten; er war nicht zur angemessenen Zeit in seinem Amt erschienen, und sein zweirädriger Einspänner befand sich nicht auf den öffentlichen Straßen. Deshalb, und weil er in einem winzigen Ausmaß die Verwaltung des indischen Kolonialreiches beeinträchtigte, hielt das Kolonialreich einen winzigen Augenblick lang inne, um Imrays Schicksal zu erkunden. Teiche wurden abgesucht, Brunnen ausgelotet, Telegramme die Eisenbahnstrecken entlang und zur nächstgelegenen Hafenstadt geschickt; aber Imray fand sich nicht am Ende der Schleppleinen noch der Telegraphendrähte. Er war verschwunden, und seine Stätte kannte ihn nicht mehr. Dann ging die Arbeit des großen indischen Kolonialreiches machtvoll weiter, denn sie konnte nicht aufgeschoben werden, und aus dem Menschen Imray wurde ein geheimnisvolles Rätsel – etwas, das die Männer einen Monat lang am Clubtisch bereden und dann gänzlich vergessen. Seine Gewehre, Pferde und Einspänner wurden an den Meistbietenden verkauft. Sein Vorgesetzter schrieb seiner Mutter einen völlig unverständlichen Brief, der besagte, daß Imray unerklärlicherweise verschwunden war, und sein Bungalow stand leer.

Nachdem drei oder vier Monate des sengend heißen Wetters vergangen waren, hielt es mein Freund Strickland, ein Angehöriger der Polizei, für angebracht, den Bungalow von dem einheimischen Besitzer zu mieten. Das geschah, bevor er sich mit Miss Youghal verlobte – eine Angelegenheit, die anderswo geschildert worden ist – und während er seinen Forschungen über das Leben der Einheimischen nachging. Das Leben, das er selber führte, war seltsam genug, seine Sitten und Gebräuche gaben Anlaß zu Klagen. In seinem Haus waren stets Nahrungsmittel vorhanden, aber es gab keine geregelten Mahlzeiten. Er aß, indem er aufstand und umherging, was

might find at the sideboard, and this is not good for human beings. His domestic equipment was limited to six rifles, three shot-guns, five saddles, and a collection of stiff-jointed masheer-rods, bigger and stronger than the largest salmon-rods. These occupied one-half of his bungalow, and the other half was given up to Strickland and his dog Tietjens – an enormous Rampur slut who devoured daily the rations of two men. She spoke to Strickland in a language of her own; and whenever, walking abroad, she saw things calculated to destroy the peace of Her Majesty the Queen-Empress, she returned to her master and laid information. Strickland would take steps at once, and the end of his labours was trouble and fine and imprisonment for other people. The natives believed that Tietjens was a familiar spirit, and treated her with the great reverence that is born of hate and fear. One room in the bungalow was set apart for her special use. She owned a bedstead, a blanket, and a drinking-trough, and if any one came into Strickland's room at night her custom was to knock down the invader and give tongue till some one came with a light.

Strickland owed his life to her when he was on the Frontier, in search of a local murderer, who came in the gray dawn to send Strickland much farther than the Andaman Islands. Tietjens caught the man as he was crawling into Strickland's tent with a dagger between his teeth; and after his record of iniquity was established in the eyes of the law he was hanged. From that date Tietjens wore a collar of rough silver, and employed a monogram on her night-blanket; and the blanket was of double woven Kashmir cloth, for she was a delicate dog.

Under no circumstances would she be separated from Strickland; and once, when he was ill with fever, made great trouble for the doctors, because she did not know how to help her master and would not

immer er auf der Anrichte fand, und das tut menschlichen Wesen nicht gut. Die Einrichtung seines Hauses beschränkte sich auf sechs Büchsen, drei Schrotflinten, fünf Sättel und eine Sammlung von zusammensetzbaren Masheer-Angelruten, die größer und kräftiger waren als die längsten Lachs-Angelruten. Diese Dinge nahmen die eine Hälfte des Bungalows ein, während die andere Hälfte Strickland und seinem Hund Tietjens überlassen war – einer riesigen Rampur-Hündin, die täglich die Rationen von zwei Männern verschlang. Sie redete mit Strickland in ihrer eigenen Sprache; und wann immer sie, während sie draußen umherstreifte, Dinge sah, die darauf abzielten, den Frieden Ihrer Majestät der Kaiserin und Königin zu stören, kehrte sie zu ihrem Herrn zurück und brachte sie zur Anzeige. Strickland ergriff dann sogleich Maßnahmen, und das Ende seiner Bemühungen waren Schwierigkeiten, Geldbußen und Gefängnisstrafen für andere Leute. Die Einheimischen glaubten, daß Tietjens ein ihm nahestehender Geist sei, und behandelten sie mit der großen Ehrfurcht, die aus Haß und Furcht geboren wird. Ein Raum im Bungalow war ausschließlich für ihren Gebrauch reserviert. Ihr gehörten eine Bettstelle, eine Wolldecke und ein Trinknapf, und wenn irgend jemand nachts in Stricklands Zimmer kam, so pflegte sie den Eindringling zu Boden zu werfen und Laut zu geben, bis jemand ein Licht brachte. Sie hatte Strickland das Leben gerettet, als er an der Grenze einen Mörder aus jener Gegend verfolgte, der im Morgengrauen kam, um Strickland erheblich weiter als bis zu den Andamanen-Inseln zu schicken: Tietjens stellte den Mann, als er gerade mit einem Dolch zwischen den Zähnen in Stricklands Zelt kroch; und nachdem sein Sündenregister vor dem Auge des Gesetzes zusammengestellt worden war, wurde er gehängt. Seit der Zeit trug Tietjens ein Halsband aus grobem Silber und verfügte über ein Monogramm auf ihrer Nachtdecke; und die Decke bestand aus doppelt gewebtem Kaschmirtuch, denn Tietjens war ein feinfühliges Tier.

Unter keinen Umständen ließ sie es zu, daß sie von Strickland getrennt wurde; und einmal, als er Fieber hatte, machte sie den Ärzten große Schwierigkeiten, weil sie nicht wußte, wie sie ihrem Herrn helfen sollte, und keinem anderen

allow another creature to attempt aid. Macarnaght, of the Indian Medical Service, beat her over her head with a gun-butt before she could understand that she must give room for those who could give quinine.

A short time after Strickland had taken Imray's bungalow, my business took me through that Station, and naturally, the Club quarters being full, I quartered myself upon Strickland. It was a desirable bungalow, eight-roomed and heavily thatched against any chance of leakage from rain. Under the pitch of the roof ran a ceiling-cloth which looked just as neat as a white-washed ceiling. The landlord had repainted it when Strickland took the bungalow. Unless you knew how Indian bungalows were built you would never have suspected that above the cloth lay the dark three-cornered cavern of the roof, where the beams and the underside of the thatch harboured all manner of rats, bats, ants, and foul things.

Tietjens met me in the verandah with a bay like the boom of the bell of St. Paul's, putting her paws on my shoulder to show she was glad to see me. Strickland had contrived to claw together a sort of meal which he called lunch, and immediately after it was finished went out about his business. I was left alone with Tietjens and my own affairs.

The heat of the summer had broken up and turned to the warm damp of the rains. There was no motion in the heated air, but the rain fell like ramrods on the earth, and flung up a blue mist when it splashed back. The bamboos, and the custard-apples, the poinsettias, and the mango-trees in the garden stood still while the warm water lashed through them, and the frogs began to sing among the aloe hedges. A little before the light failed, and when the rain was at its worst, I sat in the back verandah and heard the water roar from the eaves, and scratched myself because I was covered with the thing called

Wesen den Versuch erlauben wollte, ihm Hilfe zu leisten. Macarnaght, ein Angehöriger des Medizinischen Dienstes in Indien, mußte ihr einen Gewehrkolben über den Kopf schlagen, bevor sie begriff, daß sie denen zu weichen hatte, die Chinin verabreichen konnten.

Kurze Zeit, nachdem Strickland Imrays Bungalow übernommen hatte, führten mich meine Geschäfte durch jene Station, und da die Räume des Clubs belegt waren, quartierte ich mich natürlich bei Strickland ein. Es handelte sich um einen sehr schönen Bungalow mit acht Räumen und einem dichtgedeckten Dach, das jegliches Durchregnen verhinderte. Unter die Dachschrägen war ein Deckentuch gespannt, das genauso adrett aussah wie eine frisch getünchte Decke. Der Besitzer hatte es neu gestrichen, als Strickland den Bungalow übernahm. Wenn man nicht wußte, wie indische Bungalows gebaut waren, hätte man nie vermutet, daß über dem Tuch sich die dunkle, dreieckige Höhle des Daches befand, wo die Balken und die Unterseite der deckenden Schicht alle Arten von Ratten, Fledermäusen, Ameisen und faulenden Dingen beherbergten.

Tietjens begrüßte mich auf der Veranda mit einem Bellen, das dem Dröhnen der Glocke von St. Paul ähnelte, und legte mir die Pfoten auf die Schulter, um mir zu zeigen, daß sie sich über das Wiedersehen freute. Strickland war es gelungen, eine Art Mahlzeit zusammenzukratzen, die er Mittagessen nannte, und als wir damit fertig waren, verließ er sogleich das Haus, um seinen Geschäften nachzugehen. Ich blieb mit Tietjens und meinen eigenen Angelegenheiten allein zurück. Die Hitze des Sommers hatte nachgelassen und war der feuchten Wärme der Regenzeit gewichen. Keinerlei Bewegung war in der heißen Luft zu spüren, aber der Regen fiel gleich Ladestöcken auf die Erde und warf blauen Nebel hoch, wenn er zurückspritzte. Das Bambusrohr, die Zimtapfelbäume, die Euphorbien und die Mangobäume im Garten standen regungslos, während das warme Wasser durch sie hindurchströmte, und in den Agavenhecken begannen die Frösche zu singen. Kurz bevor die Helligkeit schwand und als der Regen am stärksten fiel, setzte ich mich auf die hintere Veranda, hörte das Wasser in den Dachtraufen gurgeln und kratzte mich, denn ich war übersät

prickly-heat. Tietjens came out with me and put her head in my lap and was very sorrowful; so I gave her biscuits when tea was ready, and I took tea in the back verandah on account of the little coolness found there. The rooms of the house were dark behind me. I could smell Strickland's saddlery and the oil on his guns, and I had no desire to sit among these things. My own servant came to me in the twilight, the muslin of his clothes clinging tightly to his drenched body, and told me that a gentleman had called and wished to see some one. Very much against my will, but only because of the darkness of the rooms, I went into the naked drawing-room, telling my man to bring the lights. There might or might not have been a caller waiting – it seemed to me that I saw a figure by one of the windows – but when the lights came there was nothing save the spikes of the rain without, and the smell of the drinking earth in my nostrils. I explained to my servant that he was no wiser than he ought to be, and went back to the verandah to talk to Tietjens. She had gone out into the wet, and I could hardly coax her back to me, even with biscuits with sugar tops. Strickland came home, dripping wet, just before dinner, and the first thing he said was,

"Has any one called?"

I explained, with apologies, that my servant had summoned me into the drawing-room on a false alarm; or that some loafer had tried to call on Strickland, and thinking better of it had fled after giving his name.

Strickland ordered dinner, without comment, and since it was a real dinner with a white tablecloth attached, we sat down.

At nine o'clock Strickland wanted to go to bed, and I was tired too. Tietjens, who had been lying underneath the table, rose up, and swung into the least exposed verandah as soon as her master moved

mit dem, was man Hitzepickel nennt. Tietjens ging mit mir hinaus, legte ihren Kopf in meinen Schoß und war sehr bekümmert; darum gab ich ihr Kekse, als der Tee fertig war, und nahm diesen auf der hinteren Veranda zu mir, weil es dort ein bißchen kühler war. Hinter mir lagen dunkel die Räume des Hauses. Ich konnte Stricklands Sattelzeug und das Öl auf seinen Gewehren riechen, und ich hatte kein Verlangen danach, zwischen diesen Dingen zu sitzen. Als es dämmerte, kam mein Diener, an dessen durchnäßtem Körper die Baumwollgewänder klebten, und berichtete mir, daß ein Herr zu Besuch gekommen sei und jemanden zu sprechen wünsche. Höchst unwillig, allerdings nur wegen der Dunkelheit der Räume, ging ich in das kahle Wohnzimmer und befahl meinem Diener, Lampen zu bringen. Möglicherweise hatte ein Besucher gewartet – mir kam es so vor, als hätte ich an einem der Fenster eine Gestalt gesehen –, aber als die Lampen gebracht wurden, war draußen nichts außer dem wie in Stiften niederfallenden Regen und dem Geruch der trinkenden Erde in meiner Nase. Ich erklärte meinem Diener, daß er kein bißchen klüger sei, als er es verdiene, und ging zurück auf die Veranda, um mit Tietjens zu reden. Sie war hinausgegangen in die Nässe, und ich konnte sie fast nicht zu mir zurücklocken, nicht einmal mit Keksen, die mit Zuckerguß überzogen waren. Kurz vor dem Abendessen kam Strickland triefend naß nach Hause, und das erste, was er sagte, war:

«Ist Besuch gekommen?»

Ich erklärte ihm unter Entschuldigungen, daß mein Diener mich aufgrund eines Fehlalarms ins Wohnzimmer gerufen habe; oder daß irgendein Müßiggänger den Versuch gemacht habe, ihn zu besuchen, und sich eines Besseren besonnen und sich davongemacht habe, nachdem er seinen Namen genannt hatte. Ohne sich dazu zu äußern, gab Strickland Befehl, das Essen zu bringen, und da es sich um ein richtiges Abendessen mit weißem Tischtuch handelte, setzten wir uns hin.

Um neun Uhr wollte Strickland zu Bett gehen, und ich war ebenfalls müde. Tietjens, die unter dem Tisch gelegen hatte, erhob sich, und sobald sich ihr Herr in sein Zimmer begab, das neben dem für Tietjens reservierten Prunkgemach lag, lief sie

to his own room, which was next to the stately chamber set apart for Tietjens. If a mere wife had wished to sleep out of doors in that pelting rain it would not have mattered; but Tietjens was a dog, and therefore the better animal. I looked at Strickland, expecting to see him flay her with a whip. He smiled queerly, as a man would smile after telling some unpleasant domestic tragedy. "She has done this ever since I moved in here," said he. "Let her go."

The dog was Strickland's dog, so I said nothing, but I felt all that Strickland felt in being thus made light of. Tietjens encamped outside my bedroom window, and storm after storm came up, thundered on the thatch, and died away. The lightning spattered the sky as a thrown egg spatters a barn-door, but the light was pale blue, not yellow; and, looking through my split-bamboo blinds, I could see the great dog standing, not sleeping, in the verandah, the hackles alift on her back, and her feet anchored as tensely as the drawn wire-rope of a suspension bridge. In the very short pauses of the thunder I tried to sleep, but it seemed that some one wanted me very urgently. He, whoever he was, was trying to call me by name, but his voice was no more than a husky whisper. The thunder ceased, and Tietjens went into the garden and howled at the low moon. Somebody tried to open my door, walked about and about through the house, and stood breathing heavily in the verandahs, and just when I was falling asleep I fancied that I heard a wild hammering and clamouring above my head or on the door.

I ran into Strickland's room and asked him whether he was ill, and had been calling for me. He was lying on his bed half dressed, a pipe in his mouth. "I thought you'd come," he said. "Have I been walking round the house recently?"

I explained that he had been tramping in the dining-room and the smoking-room and two or three

in großen Sprüngen auf die Veranda, die dem Wetter am wenigsten ausgesetzt war. Wenn es nur die Ehefrau gewesen wäre, die in dem herniederprasselnden Regen draußen hätte schlafen wollen, wäre es nicht von Bedeutung gewesen; aber Tietjens war ein Hund, und darum das bessere Tier. Ich sah Strickland an, in der Erwartung, daß er sie auspeitschen würde. Er lächelte sonderbar, so wie ein Mann lächelt, wenn er eine unerfreuliche häusliche Tragödie erzählt hat. «Sie tut das, seitdem ich hier eingezogen bin», sagte er. «Laß sie.»

Der Hund war Stricklands Hund, also sagte ich nichts, aber ich empfand alle Gefühle, die Strickland über ein so gering-schätziges Verhalten empfand. Tietjens bezog draußen vor meinem Schlafzimmer ihr Lager, und ein Gewitter nach dem andern zog auf, donnerte auf das Dach und ließ dann nach. Die Blitze spritzten über den Himmel, wie ein zerschmettertes Ei über ein Scheunentor spritzt, aber das Licht war von einem fahlen Blau, nicht gelb; und wenn ich durch meinen Vorhang aus gespaltenem Bambus blickte, konnte ich den großen Hund sehen, der nicht schlief, sondern auf der Veranda stand, die Rückenhaare gesträubt, die Füße so angespannt verankert wie das unter Zug stehende Drahtseil einer Hängebrücke. In den sehr kurzen Donnerpausen versuchte ich zu schlafen, aber es schien, daß jemand sehr dringend nach mir verlangte. Er, wer auch immer es war, versuchte mich mit Namen zu rufen, aber seine Stimme war nicht mehr als ein heiseres Flüstern. Der Donner erstarb, und Tietjens ging in den Garten und heulte den tiefstehenden Mond an. Jemand versuchte meine Tür zu öffnen, ging immer wieder im Haus herum und stand schwer atmend auf den Verandas, und gerade als ich dabei war, einzuschlafen, glaubte ich ein wildes Hämmern und Lärmen über meinem Kopf oder an der Tür zu hören.

Ich rannte in Stricklands Zimmer und fragte ihn, ob er krank sei und nach mir gerufen habe. Er lag halb angezogen auf seinem Bett, eine Pfeife im Mund. «Ich hatte mir gedacht, daß du kommen würdest», sagte er. «Bin ich vor kurzem im Haus umhergegangen?»

Ich erklärte ihm, daß er laut im Eßzimmer, im Rauchzimmer und an zwei oder drei anderen Orten umhergegangen sei; und

other places; and he laughed and told me to go back to bed. I went back to bed and slept till the morning, but through all my mixed dreams I was sure I was doing some one an injustice in not attending to his wants. What those wants were I could not tell; but a fluttering, whispering, bolt-fumbling, lurking, loitering Someone was reproaching me for my slackness, and, half awake, I heard the howling of Tietjens in the garden and the threshing of the rain.

I lived in that house for two days. Strickland went to his office daily, leaving me alone for eight or ten hours with Tietjens for my only companion. As long as the full light lasted I was comfortable, and so was Tietjens; but in the twilight she and I moved into the back verandah and cuddled each other for company. We were alone in the house, but none the less it was much too fully occupied by a tenant with whom I did not wish to interfere. I never saw him, but I could see the curtains between the rooms quivering where he had just passed through; I could hear the chairs creaking as the bamboos sprung under a weight that had just quitted them; and I could feel when I went to get a book from the dining-room that somebody was waiting in the shadows of the front verandah till I should have gone away. Tietjens made the twilight more interesting by glaring into the darkened rooms with every hair erect, and following the motions of something that I could not see. She never entered the rooms, but her eyes moved interestedly: that was quite sufficient. Only when my servant came to trim the lamps and make all light and habitable she would come in with me and spend her time sitting on her haunches, watching an invisible extra man as he moved about behind my shoulder. Dogs are cheerful companions.

I explained to Strickland, gently as might be, that I would go over to the Club and find for myself quarters there. I admired his hospitality, was pleased

er lachte und sagte, ich solle wieder ins Bett gehen. Ich ging wieder ins Bett und schlief bis zum Morgen, aber durch all meine wirren Träume zog sich die Gewißheit, daß ich irgend jemandem Unrecht tat, indem ich seinen Bedürfnissen nicht Gehör schenkte. Worin diese Bedürfnisse bestanden, wußte ich nicht; aber ein unruhiger, flüsternder, an den Riegeln hantierender, lauernder, umherstreifender Jemand tadelte mich wegen meiner Trägheit, und im Halbschlaf hörte ich Tietjens im Garten heulen und den Regen auf die Erde trommeln.

Zwei Tage wohnte ich in diesem Haus. Strickland ging jeden Tag in sein Amt und ließ mich acht oder zehn Stunden allein, mit Tietjens als einzigem Gefährten. Solange es hell war, fühlte ich mich behaglich, und Tietjens ebenso: aber in der Dämmerung zogen wir uns beide auf die hintere Veranda zurück und schmiegten uns aneinander, um Gesellschaft zu haben. Wir waren allein im Haus, aber nichtsdestoweniger war es in viel zu starkem Maße in Besitz genommen von einem Bewohner, mit dem ich mich nicht einzulassen wünschte. Ich erblickte ihn nie, aber ich konnte sehen, wie sich die Vorhänge zwischen den Räumen bewegten, wo er gerade hindurchgegangen war; ich konnte hören, wie die Stühle knarrten, wenn das Bambusrohr unter einem Gewicht zurückfederte, das es gerade verlassen hatte; und wenn ich mir ein Buch aus dem Eßzimmer holte, konnte ich fühlen, daß jemand im Schatten der vorderen Veranda wartete, bis ich fortgegangen sein würde. Tietjens machte die Dämmerung dadurch interessanter, daß sie mit gesträubtem Fell in die dunkler werdenden Räume starrte und irgendwelchen Bewegungen folgte, die ich nicht sehen konnte. Sie betrat die Räume nie, aber ihre Augen bewegten sich aufmerksam: das reichte völlig aus. Nur wenn mein Diener kam, um die Lampen in Ordnung zu bringen und alles hell und wohnlich zu machen, ging sie mit mir hinein und verbrachte ihre Zeit damit, daß sie auf den Hinterbeinen saß und beobachtete, wie sich ein unsichtbarer weiterer Mann hinter meinem Rücken bewegte. Hunde sind fröhliche Gefährten.

So liebenswürdig wie möglich erklärte ich Strickland, daß ich mich zum Club hinüberbegeben und mir dort ein Quartier suchen würde. Ich fände seine Gastfreundschaft bewunderns-

with his guns and rods, but I did not much care for his house and its atmosphere. He heard me out to the end, and then smiled very wearily,

but without contempt, for he is a man who understands things. "Stay on," he said, "and see what this thing means. All you have talked about I have known since I took the bungalow. Stay on and wait. Tietjens has left me. Are you going too?"

I had seen him through one little affair, connected with a heathen idol, that had brought me to the doors of a lunatic asylum, and I had no desire to help him through further experiences. He was a man to whom unpleasantnesses arrived as do dinners to ordinary people.

Therefore I explained more clearly than ever that I liked him immensely, and would be happy to see him in the daytime; but that I did not care to sleep under his roof. This was after dinner, when Tietjens had gone out to lie in the verandah.

"'Pon my soul, I don't wonder," said Strickland, with his eyes on the ceiling-cloth. "Look at that!"

The tails of two brown snakes were hanging between the cloth and the cornice of the wall. They threw long shadows in the lamplight.

"If you are afraid of snakes of course –" said Strickland.

I hate and fear snakes, because if you look into the eyes of any snake you will see that it knows all and more of the mystery of man's fall, and that it feels all the contempt that the Devil felt when Adam was evicted from Eden. Besides which its bite is generally fatal, and it twists up trouser legs.

"You ought to get your thatch overhauled," I said. "Give me a mahseer-rod, and we'll poke 'em down."

"They'll hide among the roof-beams," said Strickland. "I can't stand snakes overhead. I'm going up

wert, hätte Spaß an seinen Gewehren und Angelruten, machte mir aber nicht übermäßig viel aus seinem Haus und dessen Atmosphäre. Er hörte mich bis zu Ende an und lächelte dann sehr müde, aber ohne Verachtung, denn er ist ein Mann, der etwas von den Dingen versteht. «Bleib noch», sagte er, «und finde heraus, was dies alles bedeutet. Worüber du geredet hast, das weiß ich alles, seitdem ich den Bungalow übernommen habe. Bleib noch und warte ab. Tietjens läßt mich im Stich. Willst du auch gehen?»

Ich hatte ihm durch eine kleine Geschichte, einen heidnischen Götzen betreffend, hindurchgeholfen, die mich bis an die Tore einer Irrenanstalt gebracht hatte, und ich spürte keinerlei Verlangen, ihm bei weiteren Erfahrungen beizustehen. Er war ein Mann, bei dem Unangenehmes stattfand wie bei gewöhnlichen Leuten das Essen.

Deshalb erklärte ich ihm deutlicher als zuvor, daß ich ihn wirklich sehr gern hätte und ihn mit Freuden am Tage besuchen würde, daß ich aber keine Neigung hätte, unter seinem Dach zu schlafen. Das war nach dem Essen, als Tietjens hinausgegangen war, um sich auf die Veranda zu legen.

«Meine Güte, es wundert mich nicht», sagte Strickland, die Augen auf das Deckentuch gerichtet. «Sieh dir das an!»

Die Schwanz-Enden von zwei braunen Schlangen hingen zwischen dem Tuch und dem Mauervorsprung herab. Sie warfen lange Schatten im Lampenlicht.

«Wenn du dich natürlich vor Schlangen fürchtest –» sagte Strickland.

Ich hasse Schlangen und fürchte mich vor ihnen, denn wenn man einer beliebigen Schlange in die Augen sieht, erkennt man, daß sie alles und noch viel mehr über das Geheimnis von Adams Fall weiß und daß sie die ganze Verachtung empfindet, die der Teufel empfand, als Adam aus dem Paradies vertrieben wurde. Abgesehen davon ist der Biß einer Schlange meistens tödlich, und sie windet sich an den Hosenbeinen hoch.

«Du solltest dein Dach instandsetzen lassen», sagte ich. «Gib mir eine Masheer-Angelrute, und wir stochern sie herunter.»

«Sie werden sich zwischen den Dachbalken verstecken», sagte Strickland. «Schlangen über meinem Kopf kann ich nicht

into the roof. If I shake 'em down, stand by with a cleaning-rod and break their backs.''

I was not anxious to assist Strickland in his work, but I took the cleaning-rod and waited in the dining-room, while Strickland brought a gardener's ladder from the verandah, and set it against the side of the room. The snake-tails drew themselves up and disappeared. We could hear the dry rushing scuttle of long bodies running over the baggy ceiling-cloth. Strickland took a lamp with him, while I tried to make clear to him the danger of hunting roof-snakes between a ceiling-cloth and a thatch, apart from the deterioration of property caused by ripping out ceiling-cloths.

"Nonsense!" said Strickland. "They're sure to hide near the walls by the cloth. The bricks are too cold for 'em, and the heat of the room is just what they like." He put his hand to the corner of the stuff and ripped it from the cornice. It gave with a great sound of tearing, and Strickland put his head through the opening into the dark of the angle of the roof-beams. I set my teeth and lifted the rod, for I had not the least knowledge of what might descend.

"H'm!" said Strickland, and his voice rolled and rumbled in the roof. "There's room for another set of rooms up here, and, by Jove, some one is occupying 'em!"

"Snakes?" I said from below.

"No. It's a buffalo. Hand me up the two last joints of a mahseer-rod, and I'll prod it. It's lying on the main roof-beam."

I handed up the rod.

"What a nest for owls and serpents! No wonder the snakes live here," said Strickland, climbing farther into the roof. I could see his elbow thrusting with the rod. "Come out of that, whoever you are! Heads below there! It's falling."

ausstehen. Ich werde ins Dach hinaufsteigen. Wenn ich sie herunterschüttele, steh mit dem Putzstock bereit und brich ihnen das Rückgrat.»

Ich war nicht scharf darauf, Strickland bei seiner Arbeit zu helfen, aber ich nahm den Putzstock und wartete im Eßzimmer, während Strickland eine Gartenleiter von der Veranda holte und gegen die Zimmerwand stellte. Die Schwanzenden der Schlangen zogen sich nach oben und verschwanden. Wir konnten das trockene Geräusch einer hastigen Flucht hören, als ihre langen Körper über das bauschige Deckentuch eilten. Strickland nahm eine Lampe mit, während ich ihm klarzumachen versuchte, welche Gefahr darin lag, Schlangen im Dach zwischen Deckentuch und Belag jagen zu wollen, abgesehen von der Wertminderung des Eigentums, die durch das Herausreißen von Deckentüchern verursacht wurde.

«Unsinn!» sagte Strickland. «Sie verbergen sich sicher nahe den Wänden am Tuch. Die Steine sind ihnen zu kalt, und die Wärme des Raumes ist genau das, was sie mögen.» Er faßte nach der Ecke des Stoffes und zerrte es vom Mauervorsprung los. Es gab mit einem lauten, reißenden Geräusch nach, und Strickland steckte den Kopf durch die Öffnung in den dunklen Winkel, den die Dachbalken bildeten. Ich biß die Zähne zusammen und hob den Putzstock, denn ich hatte nicht die geringste Ahnung von dem, was da herabkommen könnte.

«Hm!» sagte Strickland, und seine Stimme rollte und donnerte im Dach. «Hier ist Platz genug für eine weitere Anzahl von Räumen, und, beim Himmel, jemand bewohnt sie!»

«Schlangen?» sagte ich von unten.

«Nein. Ein Büffel. Reich mir die beiden letzten Glieder einer Masheer-Angelrute herauf, dann werde ich ihn anstoßen. Er liegt auf dem Hauptbalken.»

Ich reichte die Angelrute hinauf.

«Was für ein Eulen- und Schlangennest! Kein Wunder, daß die Schlangen sich hier aufhalten», sagte Strickland und kletterte weiter hinein ins Dach. Ich konnte sehen, wie sein Ellbogen mit der Angelrute zustieß. «Komm da raus, wer immer du bist! Kopf einziehen! Er fällt runter!»

I saw the ceiling-cloth nearly in the centre of the room bag with a shape that was pressing it downwards and downwards towards the lighted lamp on the table. I snatched the lamp out of danger and stood back. Then the cloth ripped out from the walls, tore, split, swayed, and shot down upon the table something that I dared not look at, till Strickland had slid down the ladder and was standing by my side.

He did not say much, being a man of few words; but he picked up the loose end of the tablecloth and threw it over the remnants on the table.

"It strikes me," said he, putting down the lamp, "our friend Imray has come back. Oh! you would, would you?"

There was a movement under the cloth, and a little snake wriggled out, to be back-broken by the butt of the mahseer-rod. I was sufficiently sick to make no remarks worth recording.

Strickland meditated, and helped himself to drinks. The arrangement under the cloth made no more signs of life.

"Is it Imray?" I said.

Stickland turned back the cloth for a moment, and looked.

"It is Imray," he said; "and his throat is cut from ear to ear."

Then we spoke, both together and to ourselves: "That's why he whispered about the house."

Tietjens, in the garden, began to bay furiously. A little later her great nose heaved open the dining-room door.

She snuffed and was still. The tattered ceiling-cloth hung down almost to the level of the table, and there was hardly room to move away from the discovery.

Tietjens came in and sat down; her teeth bared under her lip and her forepaws planted. She looked at Strickland.

"It's a bad business, old lady," said he. "Men don't

Ich sah, wie sich das Deckentuch fast in der Mitte des Zimmers ausbeulte, unter einer Gestalt, die es immer weiter nach unten drückte, zur brennenden Lampe auf dem Tisch. Ich brachte hastig die Lampe in Sicherheit und trat zurück. Dann riß das Tuch von den Wänden ab, platzte, barst, schwang hin und her und ließ etwas auf den Tisch hinunterschießen, das ich nicht anzusehen wagte, bis Strickland die Leiter hinabgeglitten war und neben mir stand.

Er sagte nicht viel, denn er war ein Mann von wenig Worten; aber er hob das lose herabhängende Ende des Tischtuchs auf und warf es über die Reste auf dem Tisch.

«Ich habe den Eindruck», sagte er und setzte die Lampe nieder, «unser Freund Imray ist zurückgekommen. Oh! Das möchtest du wohl, nicht wahr?»

Unter dem Tuch entstand eine Bewegung, und eine kleine Schlange wand sich heraus, um sich von dem Schaft der Angelrute das Rückgrat brechen zu lassen. Mir war so übel, daß ich nichts sagte, was der Erwähnung wert gewesen wäre.

Strickland dachte nach und bediente sich mit Getränken. Die Anordnung unter dem Tuch gab keine weiteren Lebenszeichen von sich.

«Ist es Imray?» sagte ich.

Strickland schlug einen Moment lang das Tuch zurück und schaute.

«Es ist Imray», sagte er. «Und seine Kehle ist aufgeschlitzt von einem Ohr bis zum anderen.»

Dann sprachen wir beide, gleichzeitig und zu uns selbst: «Deshalb wisperte er im Haus umher.»

Tietjens, draußen im Garten, begann wild zu bellen. Ein wenig später schob ihre große Schnauze die Tür zum Eßzimmer auf.

Sie schnupperte und war still. Das zerfetzte Deckentuch hing fast bis zur Höhe des Tischs herab, und es gab kaum Platz, um sich von dem Fund fortzubewegen.

Tietjens kam herein und setzte sich; unter ihren Lefzen wurden die Zähne sichtbar, und ihre Vorderpfoten stemmten sich gegen den Boden. Sie sah Strickland an.

«Eine böse Geschichte, alte Dame», sagte er. «Männer

climb up into the roofs of their bungalows to die, and they don't fasten up the ceiling-cloth behind 'em. Let's think it out.''

''Let's think it out somewhere else,'' I said.

''Excellent idea! Turn the lamps out. We'll get into my room.''

I did not turn the lamps out. I went into Strickland's room first, and allowed him to make the darkness. Then he followed me, and we lit tobacco and thought. Strickland thought. I smoked furiously, because I was afraid.

''Imray is back,'' said Strickland. ''The question is – who killed Imray? Don't talk, I've a notion of my own. When I took this bungalow I took over most of Imray's servants. Imray was guileless and inoffensive, wasn't he?''

I agreed; though the heap under the cloth had looked neither one thing nor the other.

''If I call in all the servants they will stand fast in a crowd and lie like Aryans. What do you suggest?''

''Call 'em in one by one,'' I said.

''They'll run away and give the news to all their fellows,'' said Strickland. ''We must segregate 'em. Do you suppose your servant knows anything about it?''

''He may, for aught I know; but I don't think it's likely. He has only been here two or three days,'' I answered. ''What's your notion?''

''I can't quite tell. How the dickens did the man get the wrong side of the ceiling-cloth?''

There was a heavy coughing outside Strickland's bedroom door. This showed that Bahadur Khan, his body-servant, had waked from sleep and wished to put Strickland to bed.

''Come in,'' said Strickland. ''It's a very warm night, isn't it?''

Bahadur Khan, a great, green-turbaned, six-foot Mahomedan, said that it was a very warm night;

klettern nicht in die Dächer ihrer Bungalows, um zu sterben, und sie machen das Deckentuch nicht hinter sich fest. Laß uns das zu Ende denken.»

«Laß uns das woanders zu Ende denken», sagte ich.

«Hervorragende Idee! Mach die Lampen aus. Wir gehen in mein Zimmer.»

Ich machte die Lampen nicht aus. Ich ging als erster in Stricklands Zimmer und ließ ihn dunkel machen. Dann folgte er mir, und wir zündeten unseren Tabak an und dachten nach. Strickland dachte nach. Ich rauchte heftig, weil ich Angst hatte.

«Imray ist wieder da», sagte Strickland. «Die Frage ist: wer hat Imray getötet? Sag nichts, ich habe selbst eine Idee. Als ich diesen Bungalow übernahm, übernahm ich die meisten von Imrays Dienern. Imray war arglos und gutmütig, nicht wahr?»

Ich stimmte zu, obwohl der Haufen unter dem Tuch weder nach dem einen noch nach dem anderen ausgesehen hatte.

«Wenn ich alle Diener hereinrufe, werden sie sich in der Menge stark fühlen und lügen wie gedruckt. Was schlägst du vor?»

«Ruf sie einzeln herein», sagte ich.

«Dann werden sie fortlaufen und all ihren Kameraden die Neuigkeit erzählen», sagte Strickland. «Wir müssen sie voneinander trennen. Glaubst du, daß dein Diener irgend etwas davon erfahren hat?»

«Es könnte sein, nach allem, was ich weiß; aber ich halte es nicht für wahrscheinlich. Er ist ja erst seit zwei oder drei Tagen hier», antwortete ich. «Wie sieht deine Idee aus?»

«Ich kann es nicht genau sagen. Wie zum Teufel kam der Mann auf die falsche Seite vom Deckentuch?»

Ein starkes Husten ertönte draußen vor Stricklands Zimmertür. Dies zeigte an, daß Bahadur Khan, sein Leibdiener, vom Schlaf erwacht war und Strickland zu Bett zu bringen wünschte.

«Komm herein», sagte Strickland. «Die Nacht ist sehr warm, nicht wahr?»

Bahadur Khan, ein kräftiger, sechs Fuß großer Mohammedaner mit grünem Turban, sagte, es sei eine sehr warme Nacht;

but that there was more rain pending, which, by his Honour's favour, would bring relief to the country.

"It will be so, if God pleases," said Strickland, tugging off his boots. "It is in my mind, Bahadur Khan, that I have worked thee remorselessly for many days – ever since that time when thou first camest into my service. What time was that?"

"Has the Heaven-born forgotten? It was when Imray Sahib went secretly to Europe without warning given; and I – even I – came into the honoured service of the protector of the poor."

"And Imray Sahib went to Europe?"

"It is so said among those who were his servants."

"And thou wilt take service with him when he returns?"

"Assuredly, Sahib. He was a good master, and cherished his dependants."

"That is true. I am very tired, but I go buck-shooting to-morrow. Give me the little sharp rifle that I use for black-buck; it is in the case yonder."

The man stooped over the case; handed barrels, stock, and fore-end to Strickland, who fitted all together, yawning dolefully. Then he reached down to the gun-case, took a solid-drawn cartridge, and slipped it into the breech of the ·360 Express.

"And Imray Sahib has gone to Europe secretly! That is very strange, Bahadur Khan, is it not?"

"What do I know of the ways of the white man, Heaven-born?"

"Very little, truly. But thou shalt know more anon. It has reached me that Imray Sahib has returned from his so long journeyings, and that even now he lies in the next room, waiting his servant."

"Sahib!"

The lamplight slid along the barrels of the rifle as they levelled themselves at Bahadur Khan's broad breast.

es sei aber noch weiterer Regen zu erwarten, der, mit Seiner Gnaden gütiger Erlaubnis, eine Wohltat für das Land sein werde.

«Das wird so sein, wenn es Gott gefällt», sagte Strickland und zerrte sich die Stiefel von den Füßen. «Ich weiß es wohl, Bahadur Khan, daß ich dich viele Tage lang erbarmungslos beansprucht habe – seit der Zeit, da du erstmals in meine Dienste tratst. Zu welcher Zeit war das?»

«Hat der Göttliche es vergessen? Das war, als Sahib Imray sich heimlich nach Europa begab, ohne es vorher anzukündigen; und ich – selbst ich – kam in den ehrenvollen Dienst des Beschützers der Armen.»

«Und Sahib Imray begab sich nach Europa?»

«So sagen die, die seine Diener waren.»

«Und du willst wieder in seine Dienste treten, wenn er zurückkommt?»

«Gewiß, Sahib. Er war ein guter Herr und seinen Untergebenen zugetan.»

«Das ist wahr. Ich bin sehr müde, aber morgen will ich auf die Jagd gehen. Gib mir das kleine Präzisionsgewehr, das ich für die Hirschziegenantilopen verwende; es ist dort drüben in der Truhe.»

Der Mann beugte sich über die Truhe und übergab Läufe, Schaft und Kolben Strickland, der alles zusammensetzte und dabei jammervoll gähnte. Dann langte er hinunter in die Gewehrtruhe, nahm eine Patrone mit einem massiv gedrehten Geschoß heraus und schob sie in den Lauf der ·360er Expreß.

«Und Sahib Imray hat sich heimlich nach Europa begeben! Das ist sehr seltsam, nicht wahr, Bahadur Khan?»

«Was weiß ich von der Art des weißen Mannes, Göttlicher?»

«Sehr wenig, das ist richtig. Aber du sollst bald mehr wissen. Mich hat die Kunde erreicht, daß Sahib Imray von seinen so langdauernden Reisen zurückgekehrt ist und daß er in diesem Augenblick in dem Raum nebenan liegt und seinen Diener erwartet.»

«Sahib!»

Das Lampenlicht glitt an den Gewehrläufen entlang, als sich diese auf Bahadur Khans breite Brust richteten.

"Go and look!" said Strickland. "Take a lamp. Thy master is tired, and he waits thee. Go!"

The man picked up a lamp, and went into the dining-room, Strickland following, and almost pushing him with the muzzle of the rifle. He looked for a moment at the black depths behind the ceiling-cloth; at the writhing snake under foot; and last, a gray glaze settling on his face, at the thing under the tablecloth.

"Hast thou seen?" said Strickland after a pause.

"I have seen. I am clay in the white man's hands. What does the Presence do?"

"Hang thee within the month. What else?"

"For killing him? Nay, Sahib, consider. Walking among us, his servants, he cast his eyes upon my child, who was four years old. Him he bewitched, and in ten days he died of the fever – my child!"

"What said Imray Sahib?"

"He said he was a handsome child, and patted him on the head; wherefore my child died. Wherefore I killed Imray Sahib in the twilight, when he had come back from office, and was sleeping. Wherefore I dragged him up into the roof-beams and made all fast behind him. The Heaven-born knows all things. I am the servant of the Heaven-born."

Strickland looked at me above the rifle, and said, in the vernacular, "Thou art witness to this saying? He has killed."

Bahadur Khan stood ashen gray in the light of the one lamp. The need for justification came upon him very swiftly. "I am trapped," he said, "but the offence was that man's. He cast an evil eye upon my child, and I killed and hid him. Only such as are served by devils," he glared at Tietjens, couched stolidly before him, "only such could know what I did."

"It was clever. But thou shouldst have lashed him to the beam with a rope. Now, thou thyself wilt hang by a rope. Orderly!"

«Geh und sieh nach!» sagte Strickland. «Nimm eine Lampe mit. Dein Herr ist müde, und er erwartet dich. Geh!»

Der Mann ergriff eine Lampe und ging in das Eßzimmer; Strickland folgte ihm, wobei er ihn mit der Gewehrmündung fast vorwärtsschob. Bahadur Khan sah einen Augenblick lang in die schwarzen Tiefen hinter dem Deckentuch; auf die sich windende Schlange unter seinem Fuß; und schließlich, während ein grauer, glasiger Ausdruck sein Gesicht überzog, auf die Sache unter dem Tischtuch.

«Hast du nachgesehen?» sagte Strickland nach einer Pause.

«Ich habe nachgesehen. Ich bin Ton in den Händen des weißen Mannes. Was wird der Hochwohlgeborene tun?»

«Dich innerhalb eines Monats aufhängen. Was sonst?»

«Weil ich ihn getötet habe? Nein, Sahib, überlege. Während er unter uns, seinen Dienern, wandelte, warf er sein Auge auf mein Kind, das vier Jahre alt war. Er hat es behext, und innerhalb von zehn Tagen starb es am Fieber – mein Kind!»

«Was sagte Sahib Imray?»

«Er sagte, es sei ein hübsches Kind, und tätschelte ihm den Kopf; weshalb mein Kind starb. Weshalb ich Sahib Imray in der Dämmerung tötete, nachdem er aus dem Amt zurückgekommen war und schlief. Weshalb ich ihn in die Dachbalken hinaufzog und hinter ihm alles wieder festmachte. Der Göttliche weiß alle Dinge. Ich bin der Diener des Göttlichen.»

Strickland blickte mich über das Gewehr hinweg an und sagte in der landeseigenen Sprache: «Du bist Zeuge dessen, was er sagte? Er hat getötet.»

Bahadur Khan stand aschfahl im Licht der einen Lampe da. Sehr bald überkam ihn das Bedürfnis, sich zu rechtfertigen. «Ich bin ertappt», sagte er, «aber jener Mann hat das Unrecht begangen. Er hat mein Kind mit dem bösen Blick angesehen, und ich habe ihn getötet und versteckt. Nur Menschen, denen Teufel dienen», und er warf Tietjens, die gleichmütig vor ihm lag, einen wilden Blick zu, «konnten wissen, was ich tat.»

«Es war schlau. Aber du hättest ihn mit einem Seil an den Balken festbinden sollen. Jetzt wirst du selbst mit einem Seil gehängt werden. Ordonnanz!»

A drowsy policeman answered Strickland's call. He was followed by another, and Tietjens sat wondrous still.

"Take him to the police-station," said Strickland. "There is a case toward."

"Do I hang, then?" said Bahadur Khan, making no attempt to escape, and keeping his eyes on the ground.

"If the sun shines or the water runs – yes!" said Strickland.

Bahadur Khan stepped back one long pace, quivered, and stood still. The two policemen waited further orders.

"Go!" said Stickland.

"Nay; but I go very swiftly," said Bahadur Khan. "Look! I am even now a dead man."

He lifted his foot, and to the little toe there clung the head of the half-killed snake, firm fixed in the agony of death.

"I come of land-holding stock," said Bahadur Khan, rocking where he stood. "It were a disgrace to me to go to the public scaffold: therefore I take this way. Be it remembered that the Sahib's shirts are correctly enumerated, and that there is an extra piece of soap in his wash-basin. My child was bewitched, and I slew the wizard. Why should you seek to slay me with the rope? My honour is saved, and – and – I die."

At the end of an hour he died, as they die who are bitten by the little brown *karait*, and the policemen bore him and the thing under the tablecloth to their appointed places. All were needed to make clear the disappearance of Imray.

"This," said Strickland, very calmly, as he climbed into bed, "is called the nineteenth century. Did you hear what that man said?"

"I heard," I answered. "Imray made a mistake."

"Simply and solely through not knowing the nature of the Oriental, and the coincidence of a little

Ein schläfriger Polizist meldete sich auf Stricklands Ruf. Ihm folgte ein weiterer, und Tietjens saß wunderbar still.

«Bringt ihn zur Polizeiwache», sagte Strickland. «Daraus wird ein Rechtsfall.»

«Ich werde also gehängt?» sagte Bahadur Khan, der keinen Versuch machte zu fliehen und seine Augen auf den Boden gerichtet hielt.

«Ob die Sonne scheint oder der Regen fällt – ja!» sagte Strickland.

Bahadur Khan trat einen großen Schritt zurück, schauderte zusammen und stand still. Die beiden Polizisten warteten auf weitere Befehle.

«Geh!» sagte Strickland.

«Nein; aber ich gehe sehr bald», sagte Bahadur Khan. «Sieh! Ich bin schon jetzt ein toter Mann.»

Er hob einen Fuß hoch, und am kleinen Zeh hing der Kopf der halbgetöteten Schlange, festgebissen im Todeskampf.

«Ich stamme aus einer Familie mit Grundbesitz», sagte Bahadur Khan und schwankte hin und her an seinem Platz. «Es wäre eine Schande für mich, öffentlich hingerichtet zu werden; deshalb wähle ich diesen Weg. Es sei daran erinnert, daß des Sahibs Hemden alle korrekt gezählt sind und daß in seiner Waschschüssel ein zusätzliches Stück Seife liegt. Mein Kind wurde behext, und ich habe den, der es behext hat, umgebracht. Warum solltest du mich mit dem Seil umzubringen trachten? Meine Ehre ist gerettet, und – und – ich sterbe.»

Nach einer Stunde starb er, wie alle sterben, die von der kleinen braunen *Karait* gebissen werden, und die Polizisten trugen ihn und die Sache unter dem Tischtuch an die für sie bestimmten Orte. Alle waren nötig, um Licht in Imrays Verschwinden zu bringen.

«Und dies», sagte Strickland sehr ruhig, als er ins Bett stieg, «nennt sich das 19. Jahrhundert. Hast du gehört, was der Mann sagte?»

«Ich habe es gehört», antwortete ich. «Imray hat einen Fehler gemacht.»

«Einzig und allein deshalb, weil er die Natur des Orientalen nicht kannte und weil zufällig ein jahreszeitlich bedingtes

seasonal fever. Bahadur Khan had been with him for four years."

I shuddered. My own servant had been with me for exactly that length of time. When I went over to my own room I found my man waiting, impassive as the copper head on a penny, to pull off my boots.

"What has befallen Bahadur Khan?" said I.

"He was bitten by a snake and died. The rest the Sahib knows," was the answer.

"And how much of this matter hast thou known?"

"As much as might be gathered from One coming in in the twilight to seek satisfaction. Gently, Sahib. Let me pull off those boots."

I had just settled to the sleep of exhaustion when I heard Strickland shouting from his side of the house –

"Tietjens has come back to her place!"

And so she had. The great deerhound was couched statelily on her own bedstead on her own blanket, while, in the next room, the idle, empty, ceiling-cloth waggled as it trailed on the table.

Jack London: Which Make Men Remember

Fortune La Pearle crushed his way through the snow, sobbing, straining, cursing his luck, Alaska, Nome, the cards, and the man who had felt his knife. The hot blood was freezing on his hands, and the scene yet bright in his eyes, –

the man, clutching the table and sinking slowly to the floor; the rolling counters and the scattered deck; the swift shiver throughout the room, and the pause; the game-keepers no longer calling, and the clatter of the chips dying away; the startled faces; the infinite instant of silence; and then the great blood-roar and the tide of vengeance

Fieber dazukam. Bahadur Khan war vier Jahre lang bei ihm gewesen.»

Mich schauderte es. Mein eigener Diener war genau dieselbe Zeitspanne bei mir. Als ich hinüber in mein Zimmer ging, fand ich ihn vor, wie er, in seinem Gleichmut dem kupfernen Porträt auf einem Penny ähnlich, darauf wartete, mir die Stiefel auszuziehen.

«Was ist Bahadur Khan widerfahren?» sagte ich.

«Er wurde von einer Schlange gebissen und starb. Den Rest kennt der Sahib», war die Antwort.

«Und wieviel von dieser Angelegenheit hast du gewußt?»

«So viel wie man vermuten kann über einen, der in der Dämmerung hereinkommt, um Genugtuung zu suchen. Gemach, Sahib. Laß mich die Stiefel ausziehen.»

Ich war gerade in den Schlaf der Erschöpfung gesunken, als ich Strickland von seiner Seite des Hauses rufen hörte:

«Tietjens ist auf ihren Platz zurückgekehrt!»

Und so war es. Der große Jagdhund lag würdevoll auf seinem eigenen Bett und auf seiner eigenen Decke, während im angrenzenden Zimmer das sinnlose, leere, auf den Tisch herabhängende Deckentuch sich hin- und herbewegte.

Jack London: Was einen nicht losläßt

Fortune La Pearle bahnte sich seinen Weg durch den Schnee, keuchend, mit letzter Kraft, und er verfluchte sein Glück, verfluchte Alaska, verfluchte Nome, verfluchte die Karten und verfluchte den Mann, der sein Messer zu spüren bekommen hatte. Dessen warmes Blut gefror ihm an den Händen, und er sah die Szene noch klar vor sich – der Mann, wie er sich an den Tisch krallte und langsam zu Boden sackte; die rollenden Spielmarken und die verstreuten Karten; der Schauder, der gleich durch den Raum ging, und dann die Stille; die Croupiers, die nicht mehr riefen, und das verklingende Klappern der Jetons; die entsetzten Gesichter; der unendlich lange Augenblick des Schweigens; und dann das ungeheure «Mord»-Gebrüll

which lapped his heels and turned the town mad behind him.

"All hell's broke loose," he sneered, turning aside in the darkness and heading for the beach. Lights were flashing from open doors, and tent, cabin, and dance-hall let slip their denizens upon the chase. The clamor of men and howling of dogs smote his ears and quickened his feet.

He ran on and on. The sounds grew dim, and the pursuit dissipated itself in vain rage and aimless groping. But a flitting shadow clung to him. Head thrust over shoulder, he caught glimpses of it, now taking vague shape on an open expanse of snow, now merging into the deeper shadows of some darkened cabin or beach-listed craft.

Fortune La Pearle swore like a woman, weakly, with the hint of tears that comes of exhaustion, and plunged deeper into the maze of heaped ice, tents, and prospect holes. He stumbled over taut hawsers and piles of dunnage, tripped on crazy guy-ropes and insanely planted pegs, and fell again and again upon frozen dumps and mounds of hoarded driftwood. At times, when he deemed he had drawn clear, his head dizzy with the painful pounding of his heart and the suffocating intake of his breath, he slackened down; and ever the shadow leaped out of the gloom and forced him on in heart-breaking flight. A swift intuition flashed upon him, leaving in its trail the cold chill of superstition. The persistence of the shadow he invested with his gambler's symbolism. Silent, inexorable, not to be shaken off, he took it as the fate which waited at the last turn when chips were cashed in and gains and losses counted up. Fortune La Pearle believed in those rare, illuminating moments, when the intelligence flung from it time and space, to rise naked through eternity and read the facts of life from the open book of chance. That this was such a moment he had no doubt; and when he turned inland and sped

und die Welle der Rachgier, die ihm bis an die Fersen schwappte und die Stadt da hinter ihm in Raserei versetzte.

«Die ganze Hölle ist los», sagte er verächtlich, während er seitlich ins Dunkle abbog und zum Ufer rannte. Aus den aufgerissenen Türen fiel helles Licht, und Zelt, Holzhütte und Tanzboden spuckten Leute aus, die sich der Jagd anschlossen. Die Rufe der Männer und das Geheul der Hunde hallten ihm in den Ohren und beschleunigten seinen Lauf. Er rannte drauflos, immer weiter. Die Geräusche wurden leiser; die Verfolger zerstreuten sich in unnützer Wut und planlosem Herumsuchen. Doch ein flüchtiger Schatten blieb hinter ihm. Sooft er zurücksah, erhaschte er einen kurzen Blick auf ihn – mal nahm er auf einer freien Schneefläche undeutlich Gestalt an, mal verschwand er in dem noch dunkleren Schatten einer unbeleuchteten Holzhütte oder eines an Land gezogenen Bootes.

Fortune La Pearle fluchte wie ein Weib, kraftlos, den Tränen nahe vor Erschöpfung, und tauchte noch tiefer in das Labyrinth von aufgetürmten Eisschollen, Zelten und Schürflöchern. Er strauchelte an straffen Tauen und Gepäckstapeln, stolperte über töricht gespannte Zeltleinen und unsinnig eingerammte Häringe und fiel wieder und wieder auf gefrorene Abfallhaufen und gesammeltes Treibholz. Manchmal, wenn er meinte, er sei entkommen, wurde er langsamer – es schwindelte ihm vom quälenden Pochen seines Herzens und vom keuchend mühsamen Atemholen – aber immer wieder tauchte der Schatten aus dem Dunkel auf und zwang ihn zum Weiterlaufen, das ihm die Brust sprengte. Für einen Augenblick kam ihm wie ein greller Strahl ein Gedanke, der ihm einen abergläubischen kalten Schrecken einflößte. Die Hartnäckigkeit des Schattens erschien ihm, dem Spieler, wie ein Symbol: Schweigend, unerbittlich, nicht abzuschütteln – am Ende war der Schatten das Schicksal, das nach der letzten Runde wartet, wenn die Jetons eingelöst und Gewinne und Verluste aufgerechnet werden? Fortune La Pearle glaubte an solche seltenen, erhellenden Augenblicke, in denen sich der menschliche Verstand von Raum und Zeit freimacht und gänzlich nackt, irgendwo jenseits aller Ewigkeit, im offenen Buch des Glücks liest, was das Leben eigentlich ausmacht. Er zweifelte nicht, daß dies ein solcher Augenblick

across the snow-covered tundra he was not startled because the shadow took upon it greater definiteness and drew in closer. Oppressed with his own impotence, he halted in the midst of the white waste and whirled about. His right hand slipped from its mitten, and a revolver, at level, glistened in the pale light of the stars.

"Don't shoot. I haven't a gun."

The shadow had assumed tangible shape, and at the sound of its human voice a trepidation affected Fortune La Pearle's knees, and his stomach was stricken with the qualms of sudden relief.

Perhaps things fell out differently because Uri Bram had no gun that night when he sat on the hard benches of the El Dorado and saw murder done. To that fact also might be attributed the trip on the Long Trail which he took subsequently with a most unlikely comrade. But be it as it may, he repeated a second time, "Don't shoot. Can't you see I haven't a gun?"

"Then what the flaming hell did you take after me for?" demanded the gambler, lowering his revolver.

Uri Bram shrugged his shoulders. "It don't matter much, anyhow. I want you to come with me."

"Where?"

"To my shack, over on the edge of the camp."

But Fortune La Pearle drove the heel of his moccasin into the snow and attested by his various deities to the madness of Uri Bram.

"Who are you," he perorated, "and what am I, that I should put my neck into the rope at your bidding?"

"I am Uri Bram," the other said simply, "and my shack is over there on the edge of camp. I don't know who you are, but you 've thrust the soul from a living man's body, – there 's the blood red on your sleeve, – and, like a second Cain, the hand of all mankind is against you, and there is no place you may lay your head. Now, I have a shack –"

"For the love of your mother, hold your say,

war, und als er sich landeinwärts wandte und über die schneebedeckte Tundra hastete, war er durchaus nicht überrascht, daß der Schatten sich verdichtete und näherkam. Bezwungen von der eigenen Ohnmacht, blieb er auf der öden weißen Fläche stehen und drehte sich um. Seine rechte Hand fuhr aus dem Fausthandschuh, und waagerecht glänzte ein Revolver im schwachen Sternenlicht.

«Nicht schießen. Ich hab keine Waffe.»

Der Schatten hatte greifbare Gestalt angenommen, und beim Klang der menschlichen Stimme begannen Fortune La Pearle die Knie zu zittern, ja, von der plötzlichen Erleichterung drehte sich ihm beinahe der Magen um.

Vielleicht kam alles so ganz anders, weil Uri Bram keine Waffe bei sich hatte, als er auf den harten Bänken im «El Dorado» saß und Augenzeuge des Mordes war. Daran mag es auch liegen, daß er später mit einem so ungleichen Gefährten auf den Großen Marsch ging. Das muß dahingestellt bleiben. Sicher ist jedenfalls, daß er wiederholte: «Nicht schießen. Siehst du nicht, daß ich keine Waffe habe?»

«Warum zum Teufel bist du mir dann nachgerannt?» fragte der Spieler und ließ den Revolver sinken.

Uri Bram zuckte die Achseln. «Ist ja jetzt sowieso gleich. Ich möchte, daß du mit mir kommst.»

«Wohin?»

«In meine Bude, da drüben am Rand vom Lager.»

Worauf Fortune La Pearle den Absatz seines Mokassins in den Schnee stieß und seine diversen Götter zu Zeugen von Uri Brams Verrücktheit anrief.

«Wer bist du denn», schloß er seine Rede, «und wer bin ich, daß ich den Kopf in die Schlinge stecken soll auf dein Gebot?»

«Ich bin Uri Bram», sagte der andere schlicht, «und meine Hütte steht da drüben, am Rand vom Lager. Ich weiß nicht, wer du bist, aber du hast einem lebendigen Menschen die Seele aus dem Körper gestoßen, dein Ärmel ist rot von seinem Blut, und die Hände der ganzen Menschheit sind gegen dich erhoben wie gegen einen zweiten Kain, und es gibt keinen Ort, wo du dein Haupt betten kannst. Ich aber hab da die Hütte...»

«Bei der Liebe deiner Mutter, halt's Maul, Mann», unter-

man," interrupted Fortune La Pearle, "or I'll make you a second Abel for the joy of it. So help me, I will! With a thousand men to lay me by the heels, looking high and low, what do I want with your shack? I want to get out of here – away! away! away! Cursed swine! I've half a mind to go back and run amuck, and settle for a few of them, the pigs! One gorgeous, glorious fight, and end the whole damn business! It's a skin game, that's what life is, and I'm sick of it!"

He stopped, appalled, crushed by his great desolation, and Uri Bram seized the moment. He was not given to speech, this man, and that which followed was the longest in his life, save one long afterward in another place.

"That's why I told you about my shack. I can stow you there so they'll never find you, and I've got grub in plenty. Elsewise you can't get away. No dogs, no nothing, the sea closed, St. Michael the nearest post, runners to carry the news before you, the same over the portage to Anvik – not a chance in the world for you! Now wait with me till it blows over.

They'll forget all about you in a month or less, what of stampeding to York and what not, and you can hit the trail under their noses and they won't bother. I've got my own ideas of justice. When I ran after you, out of the El Dorado and along the beach, it wasn't to catch you or give you up. My ideas are my own, and that's not one of them."

He ceased as the murderer drew a prayer-book from his pocket. With the aurora borealis glimmering yellow in the northeast, heads bared to the frost and naked hands grasping the sacred book, Fortune La Pearle swore him to the words he had spoken – an oath which Uri Bram never intended breaking, and never broke.

At the door of the shack the gambler hesitated for an instant, marvelling at the strangeness of this man

brach ihn Fortune La Pearle, «oder ich mache aus dir einen zweiten Abel, nur so aus Spaß. Wirklich, so wahr mir Gott helfe. Mit tausend Leuten, die mir auf den Fersen sind und alles absuchen, was soll mir da deine Hütte nützen? Ich will weg von hier – weg, weg, weg! Die verdammten Schweine! Am liebsten würde ich umkehren und Amok laufen, ein paar abknallen von diesen Saukerlen! Ein richtig schöner Kampf, ein großer Auftritt, und dann hat sich's mit der ganzen verfluchten Sache! Ein Scheißspiel, dieses Leben, ich hab die Nase voll davon!»

Er hielt inne, entsetzt und erschlagen von seiner elenden Lage, und Uri Bram nutzte den Augenblick. Er hielt nichts von großen Reden, dieser Mann, und was jetzt folgte, war die längste seines Lebens, abgesehen von einer, die er viel später ganz woanders halten würde.

«Deshalb hab ich dir das mit meiner Hütte ja gesagt. Ich kann dich so verstauen, daß sie dich nie finden, und zu essen hab ich reichlich. Anders kommst du sowieso nicht weg. Keine Hunde, überhaupt nichts, das Meer vereist, St. Michael die nächste Station, da laufen sie hin und melden die Sache, bevor du da bist, dasselbe über die Tragestelle nach Anvik – in der ganzen Welt keine Chance für dich! Also warte bei mir ab, bis die Sache verraucht ist. Kein Monat, und sie haben dich vergessen, weil es dann nur noch darum geht, ob man nach York weiterziehen soll oder nicht, da kannst du ihnen vor der Nase weg abhauen, es interessiert sie überhaupt nicht. Ich hab meine eigene Vorstellung von Gerechtigkeit. Als ich dir nachgerannt bin, aus dem El Dorado raus und am Ufer lang, wollte ich dich nicht erwischen oder verraten. Ich hab meine Vorstellungen, und sowas gehört nicht dazu.»

Er verstummte, weil der Mörder ein Gebetbuch aus der Tasche zog. Im gelben Flackerschein des Nordlichts im Nordosten, barhäuptig in der Kälte, faßten die Männer mit bloßen Händen das Gebetbuch an, und Fortune La Pearle ließ Uri Bram die Worte beschwören, die er gesprochen hatte. Diesen Eid niemals zu brechen, war Uri entschlossen, und er brach ihn auch niemals.

An der Tür der Hütte zögerte der Spieler einen Augenblick, weil er sich wunderte über diesen Menschen, der ihm zu Hilfe

who had befriended him, and doubting. But by the candlelight he found the cabin comfortable and without occupants, and he was quickly rolling a cigarette while the other man made coffee. His muscles relaxed in the warmth and he lay back with half-assumed indolence, intently studying Uri's face through the curling wisps of smoke. It was a powerful face, but its strength was of that peculiar sort which stands girt in and unrelated. The seams were deep-graven, more like scars, while the stern features were in no way softened by hints of sympathy or humor. Under prominent bushy brows the eyes shone cold and gray. The cheekbones, high and forbidding, were undermined by deep hollows. The chin and jaw displayed a steadiness of purpose which the narrow forehead advertised as single, and, if needs be, pitiless. Everything was harsh, the nose, the lips, the voice, the lines about the mouth. It was the face of one who communed much with himself, unused to seeking counsel from the world; the face of one who wrestled oft of night with angels, and rose to face the day with shut lips that no man might know. He was narrow but deep; and Fortune, his own humanity broad and shallow, could make nothing of him. Did Uri sing when merry and sigh when sad, he could have understood; but as it was, the cryptic features were undecipherable; he could not measure the soul they concealed.

"Lend a hand, Mister Man," Uri ordered when the cups had been emptied. "We've got to fix up for visitors."

Fortune purred his name for the other's benefit, and assisted understandingly. The bunk was built against a side and end of the cabin. It was a rude affair, the bottom being composed of driftwood logs overlaid with moss. At the foot the rough ends of these timbers projected in an uneven row. From the side next the wall Uri ripped back the moss and removed three of the logs. The jagged ends he sawed off and

gekommen war, und weil er wieder mißtrauisch wurde. Doch im Kerzenlicht stellte sich ihm die hölzerne Bude gemütlich und ohne Bewohner dar, und er rollte sich hastig eine Zigarette, während der andere Kaffee aufgoß. Seine Muskeln entspannten sich in der Wärme; er lehnte sich mit nur halb gespielter Gleichgültigkeit zurück und betrachtete durch die sich kräuselnden Rauchringe aufmerksam Uris Gesicht. Es war ein kraftvolles Gesicht, aber seine Stärke war von der besonderen Art, die beziehungslos sich selber genug ist. Die Furchen waren tief eingegraben wie Narben, und nicht die geringste Andeutung von Mitgefühl oder Humor milderte die harten Züge. Die Augen schimmerten kalt und grau unter wulstigen, dichten Brauen. Die hohen, abstoßend wirkenden Backenknochen wurden durch tiefe Höhlungen noch betont. Kinn und Unterkiefer deuteten auf eine unbeirrbare Entschlossenheit hin, von der die schmale Stirn verriet, daß sie stur und, wenn nötig, erbarmungslos war. Alles war schroff, Nase, Lippen, Stimme, die Falten um den Mund.

Es war das Gesicht eines Menschen, der des Nachts mit dem Engel rang und den neuen Tag mit zusammengekniffenen Lippen anging, damit niemand etwas davon merkte. Dieser Mann war eng, aber tief, und Fortune, von heiterer, oberflächlicher Menschennatur, konnte nichts mit ihm anfangen. Hätte Uri gesungen, wenn er froh, und geseufzt, wenn er traurig war, so hätte er ihn verstanden, aber so waren die mysteriösen Züge für ihn nicht zu entziffern; er konnte die Seele, die sich dahinter verbarg, nicht ermessen.

«Nun hilf mit, Mann», befahl Uri, als die Tassen geleert waren. «Wir müssen aufräumen für Besuch.»

Fortune brummelte seinen Namen, damit der andere ihn erfuhr, und half ihm dann sehr gelehrig. Die Bettstatt war an die Rückwand und an die eine Seitenwand angebaut, eine primitive Angelegenheit: Der Boden bestand aus Treibholz mit einer Schicht Moos darauf. Die unbearbeiteten Enden der Stämme ragten am Fußende in unregelmäßiger Reihe vor. Uri riß das Moos an der Wandseite ab und nahm drei von den Rundhölzern heraus. Die rohen Enden sägte er ab und setzte sie

replaced so that the projecting row remained unbroken. Fortune carried in sacks of flour from the cache and piled them on the floor beneath the aperture. On these Uri laid a pair of long sea-bags, and over all spread several thicknesses of moss and blankets. Upon this Fortune could lie, with the sleeping furs stretching over him from one side of the bunk to the other, and all men could look upon it and declare it empty.

In the weeks which followed, several domiciliary visits were paid, not a shack or tent in Nome escaping, but Fortune lay in his cranny undisturbed. In fact, little attention was given to Uri Bram's cabin; for it was the last place under the sun to expect to find the murderer of John Randolph. Except during such interruptions, Fortune lolled about the cabin, playing long games of solitaire and smoking endless cigarettes. Though his volatile nature loved geniality and play of words and laughter, he quickly accommodated himself to Uri's taciturnity. Beyond the actions and plans of his pursuers, the state of the trails, and the price of dogs, they never talked; and these things were only discussed at rare intervals and briefly. But Fortune fell to working out a system, and hour after hour, and day after day, he shuffled and dealt, shuffled and dealt, noted the combinations of the cards in long columns, and shuffled and dealt again. Toward the end even this absorption failed him, and, head bowed upon the table, he visioned the lively all-night houses of Nome, where the gamekeepers and lookouts worked in shifts and the clattering roulette ball never slept. At such times his loneliness and bankruptcy stunned him till he sat for hours in the same unblinking, unchanging position. At other times, his long-pent bitterness found voice in passionate outbursts; for he had rubbed the world the wrong way and did not like the feel of it.

"Life's a skin-game," he was fond of repeating,

so wieder ein, daß die vorragende Reihe unverändert blieb. Fortune holte Mehlsäcke aus dem Lagerschuppen und stapelte sie unter der Öffnung auf dem Fußboden. Darauf legte Uri zwei lange Seesäcke und breitete über das ganze noch mehrere Lagen Moos und Wolldecken. Hier konnte Fortune liegen, die Schlafpelze über die ganze Bettstatt und damit auch über ihn gebreitet – jeder mochte sich das Lager ansehen und mußte sagen, es sei leer.

In den folgenden Wochen wurde mehrmals Haussuchung gehalten, keine Hütte, kein Zelt in Nome wurde ausgelassen, doch Fortune lag ungestört in seiner schmalen Höhlung. Außerdem interessierte man sich nicht besonders für Uri Brams Behausung; sie war wohl von allen Orten unter der Sonne der letzte, wo man John Randolphs Mörder vermutet hätte. Außer während dieser Unterbrechungen lungerte Fortune in der Hütte herum, legte endlose Patiencen und rauchte eine Zigarette nach der anderen. Obwohl sein leichtlebiges Naturell zu Herzlichkeit, Scherzworten und Lachen neigte, fand er sich rasch mit Uris Schweigsamkeit ab. Außer über die Aktionen und Pläne der Verfolger, den Zustand der Wege und die Preise für Schlittenhunde sprachen sie nicht miteinander, und auch über das wenige unterhielten sie sich nur kurz und in großen Abständen. Dafür hatte sich Fortune an das Ausarbeiten eines Kartenspiel-Systems gemacht; Stunde um Stunde, Tag um Tag mischte und gab er, mischte und gab er, notierte sich in langen Zahlenreihen die Kombinationen, mischte und gab von neuem. Schließlich konnte ihn aber auch das nicht mehr ablenken, und er saß mit tief über den Tisch gesenktem Kopf da und malte sich die lustigen, rund um die Uhr geöffneten Lokale in Nome aus, wo die Croupiers und Aufpasser in Schichten arbeiteten und die scheppernde Roulettekugel niemals schlief. In solchen Augenblicken überkam ihn das Gefühl, ein Ausgestoßener und ein Versager zu sein, so sehr, daß er stundenlang regungslos dasaß, ohne auch nur mit den Augen zu blinzeln. Dann wieder machte sich seine angestaute Verbitterung in wilden Ausbrüchen Luft; er war die Welt falsch angegangen und mochte es nicht wahrhaben.

«Ein Scheißspiel ist das Leben», war seine ständig wiederhol-

and on this one note he rang the changes. "I never had half a chance," he complained. "I was faked in my birth and flim-flammed with my mother's milk. The dice were loaded when she tossed the box, and I was born to prove the loss. But that was no reason she should blame me for it, and look on me as a cold deck; but she did – ay, she did. Why didn't she give me a show? Why didn't the world?

Why did I go broke in Seattle? Why did I take the steerage, and live like a hog to Nome? Why did I go to the El Dorado? I was heading for Big Pete's and only went for matches. Why didn't I have matches? Why did I want to smoke? Don't you see? All worked out, every bit of it, all parts fitting snug. Before I was born, like as not. I'll put the sack I never hope to get on it, before I was born. That's why! That's why John Randolph passed the word and his checks in at the same time. Damn him! It served him well right! Why didn't he keep his tongue between his teeth and give me a chance? He knew I was next to broke. Why didn't I hold my hand? Oh, why? Why? Why?"

And Fortune La Pearle would roll upon the floor, vainly interrogating the scheme of things. At such outbreaks Uri said no word, gave no sign, save that his grey eyes seemed to turn dull and muddy, as though from lack of interest. There was nothing in common between these two men, and this fact Fortune grasped sufficiently to wonder sometimes why Uri had stood by him.

But the time of waiting came to an end. Even a community's blood lust cannot stand before its gold lust. The murder of John Randolph had already passed into the annals of the camp, and there it rested. Had the murderer appeared, the men of Nome would certainly have stopped stampeding long enough to see justice done, whereas the whereabouts of Fortune La

te Rede und dieses Thema variierte er dann. «Ich hatte nie die geringste Chance», klagte er. «Von Geburt an bin ich betrogen worden, schon mit der Milch meiner Mutter haben sie mich reingelegt. Man hat ihr gefälschte Würfel gegeben, als sie mitspielen wollte, und meine Geburt war der Beweis, daß sie verloren hatte. Aber das war doch kein Grund, mir die Schuld zu geben und mich anzuschauen wie ein mieses Blatt, und genau das hat sie getan, genau das. Warum hat sie mir keine Gelegenheit gegeben? Und die Welt auch nicht? Warum bin ich in Seattle so heruntergekommen? Warum bin ich im Zwischendeck nach Nome gefahren und habe dort wie ein Schwein gelebt? Warum bin ich ins El Dorado gegangen? Ich wollte zu Big Pete und bin nur rein, um Streichhölzer zu holen. Warum hatte ich keine Streichhölzer bei mir? Warum wollte ich rauchen? Verstehst du, alles paßt zusammen, jede Kleinigkeit, alles fügt sich genau ineinander. Schon vor meiner Geburt. Ich wette den ganzen Sack Gold, den ich doch nicht kriege, daß schon vor meiner Geburt alles klar war. Davon kommt das Ganze! Davon kommt es, daß John Randolph sein Maul nicht gehalten hat und prompt ins Gras beißen mußte. Der verdammte Kerl, es geschah ihm ganz recht! Warum konnte er seine Zunge nicht hinter den Zähnen lassen und mir eine Chance geben? Er wußte genau, daß ich kurz vorm Ende war. Warum hab ich mein Blatt nicht noch behalten? Ja, warum? Warum?»

Und dann wälzte sich Fortune La Pearle auf dem Boden und brüllte seine sinnlosen Fragen an die Weltordnung. Zu solchen Ausbrüchen sagte Uri kein Wort, er zeigte keine Reaktion, nur seine grauen Augen schienen matt und trübe zu werden, als sei ihm dies alles egal. Die beiden Männer hatten nichts miteinander gemein, und das war Fortune so klar, daß er sich manchmal fragte, warum Uri ihm eigentlich geholfen hatte.

Aber schließlich war die Warterei zu Ende. Selbst die Blutgier einer ganzen Gesellschaft kann es mit ihrer Goldgier nicht aufnehmen. Der Mord an John Randolph war schon in die Annalen des Lagers eingegangen, und da blieb er. Wäre der Mörder aufgetaucht, hätten die Männer von Nome ihren Marsch zum Gold sicherlich lange genug unterbrochen, um beim Vollzug der Gerechtigkeit dabei zu sein, aber wo Fortune

Pearle was no longer an insistent problem. There was gold in the creek beds and ruby beaches, and when the sea opened, the men with healthy sacks would sail away to where the good things of life were sold absurdly cheap.

So, one night, Fortune helped Uri Bram harness the dogs and lash the sled, and the twain took the winter trail south on the ice. But it was not all south; for they left the sea east from St. Michael's, crossed the divide, and struck the Yukon at Anvik, many hundred miles from its mouth. Then on, into the northeast, past Koyokuk, Tanana, and Minook, till they rounded the Great Curve at Fort Yukon, crossed and recrossed the Arctic Circle, and headed south through the Flats.

It was a weary journey, and Fortune would have wondered why the man went with him, had not Uri told him that he owned claims and had men working at Eagle. Eagle lay on the edge of the line; a few miles farther on, the British flag waved over the barracks at Fort Cudahy. Then came Dawson, Pelly, the Five Fingers, Windy Arm, Caribou Crossing, Linderman, the Chilcoot and Dyea.

On the morning after passing Eagle, they rose early. This was their last camp, and they were now to part. Fortune's heart was light. There was a promise of spring in the land, and the days were growing longer. The way was passing into Canadian territory. Liberty was at hand, the sun was returning, and each day saw him nearer to the Great Outside.

The world was big, and he could once again paint his future in royal red. He whistled about the breakfast and hummed snatches of light song while Uri put the dogs in harness and packed up. But when all was ready, Fortune's feet itching to be off, Uri pulled an unused backlog to the fire and sat down.

La Pearle sich aufhalten mochte, das war keine bedrängende Frage mehr. In den Bachbetten und im dunkelroten Ufersand wartete das Gold, und als das Meer wieder offen war, fuhren diejenigen, deren Beutel stramm gefüllt waren, dorthin, wo die guten Dinge des Lebens lächerlich billig zu haben waren.

So half Fortune eines Abends Uri Bram, die Hunde anzuschirren und das Gepäck auf dem Schlitten zu verzurren, und dann starteten die beiden auf der Winterspur nach Süden über das Eis. Es ging aber nicht immer nach Süden; bei St. Michael bogen sie landeinwärts nach Osten ab, überschritten die Wasserscheide und erreichten bei Anvik den Yukon, hunderte von Meilen oberhalb der Mündung. Dann zogen sie nach Nordosten, vorbei an Koyokuk, Tanana und Minook, bis hinauf zur großen Biegung des Flusses bei Fort Yukon, und hatten den Polarkreis in beiden Richtungen gequert, als sie nach Süden durch die Ebene der Flats zogen. Eine anstrengende Reise war das, und Fortune hätte sich gefragt, wieso dieser Mann mit ihm zog, wenn Uri ihm nicht erzählt hätte, daß er bei Eagle ein paar Claims und Arbeiter habe. Eagle lag unmittelbar an der Grenze; wenige Meilen weiter wehte die britische Fahne über den Truppenunterkünften von Fort Cudahy. Dahinter kamen dann Dawson, der Pellyfluß, die Stromschnellen von Five Fingers und Windy Arm, der Übergang von Caribou Crossing, der Linderman-See, der Chilcoot-Paß und Dyea.

An dem Morgen, als sie Eagle passiert hatten, waren sie früh aufgestanden. Dies war ihre letzte Nacht in einem Zelt gewesen, und jeder würde nun allein weitergehen. Fortune war es leicht ums Herz. Es lag eine Verheißung von Frühling über dem Land, und die Tage begannen länger zu werden. Der Weg führte hinüber auf kanadisches Gebiet. Die Freiheit war schon fast zum Greifen, die Sonne kam wieder, und jeder Tag brachte ihn der Großen Ferne näher. Die Welt war weit, und er konnte sich seine Zukunft wieder in rosigen Farben ausmalen. Er pfiff beim Frühstück und summte Stücke aus irgendwelchen Liedchen, während Uri die Hunde anschirrte und den Schlitten packte. Doch als alles fertig war und es Fortune schon in den Füßen juckte, loszumarschieren, zog Uri einen der herumliegenden Holzkloben ans Feuer und setzte sich.

"Ever hear of the Dead Horse Trail?"

He glanced up meditatively and Fortune shook his head, inwardly chafing at the delay.

"Sometimes there are meetings under circumstances which make men remember," Uri continued, speaking in a low voice and very slowly, "and I met a man under such circumstances on the Dead Horse Trail. Freighting an outfit over the White Pass in '97 broke many a man's heart, for there was a world of reason when they gave that trail its name. The horses died like mosquitoes in the first frost, and from Skagway to Bennett they rotted in heaps.

They died at the Rocks, they were poisoned at the Summit, and they starved at the Lakes; they fell off the trail, what there was of it, or they went through it; in the river they drowned under their loads, or were smashed to pieces against the boulders; they snapped their legs in the crevices and broke their backs falling backwards with their packs; in the sloughs they sank from sight or smothered in the slime, and they were disembowelled in the bogs where the corduroy logs turned end up in the mud; men shot them, worked them to death, and when they were gone, went back to the beach and bought more. Some did not bother to shoot them, – stripping the saddles off and the shoes and leaving them where they fell. Their hearts turned to stone – those which did not break – and they became beasts, the men on Dead Horse Trail.

"It was there I met a man with the heart of a Christ and the patience. And he was honest. When he rested at midday he took the packs from the horses so that they, too, might rest. He paid $ 50 a hundred-weight for their fodder, and more. He used his own bed to blanket their backs when they rubbed raw. Other men let the saddles eat holes the size of water-buckets. Other men, when the shoes gave out, let

«Schon mal vom ‹Weg der toten Pferde› gehört?»

Er blickte nachdenklich auf, und Fortune schüttelte den Kopf; innerlich war er wütend über die Verzögerung.

«Manche Leute lernt man unter solchen Umständen kennen, daß es einen einfach nicht losläßt», fuhr Uri leise und ganz langsam sprechend fort, «und den Mann habe ich unter solchen Umständen getroffen, auf dem ‹Weg der toten Pferde›. Eine komplette Ausrüstung über den White Pass zu schaffen, damals, 1897, das hat vielen den Mut genommen, denn es hatte schon seinen Grund, warum man den Weg so getauft hatte. Die Pferde starben wie Fliegen beim ersten Frost, und zwischen Skagway und dem Bennett-See lagen sie haufenweise und verwesten. Sie starben beim Aufstieg in den Felsen, sie vergifteten sich auf der Kammhöhe, sie fielen um vor Hunger an den Seen. Entweder kippten sie aus dem Weg, wenn überhaupt einer da war, oder sie kamen durch. Im Fluß ertranken sie unter ihrer Last oder stürzten sich auf dem Geröll zu Tode. Sie brachen sich die Beine in den Felsspalten, oder beim Zurückrutschen wurde ihnen von der Last das Rückgrat eingedrückt. In den Sümpfen sackten sie einfach weg oder erstickten im Schlamm, und an den morastigen Stellen wurde ihnen der Bauch aufgerissen von den Knüppeldammhölzern, die mit ihren Enden aus dem Dreck ragten. Die Menschen schossen sie nieder, ließen sie sich zu Tode schinden, und wenn sie futsch waren, gingen sie zurück ans Ufer und kauften neue. Manche waren zu gleichgültig, sie zu erschießen, rissen ihnen nur die Sättel und die Hufeisen runter und ließen sie liegen, wo sie zusammengebrochen waren. Sie bekamen Herzen aus Stein, die Menschen, wenn sie nicht den Mut verloren, und sie wurden wie Tiere auf dem ‹Weg der toten Pferde›.

Und ausgerechnet da habe ich einen Mann getroffen, der ein Herz und eine Geduld hatte wie Christus. Und das war ganz echt. Wenn er mittags rastete, nahm er den Pferden das Gepäck ab, damit sie sich auch ausruhen konnten. Er zahlte fünfzig Dollars und mehr für den Zentner Futter. Er legte ihnen sein eigenes Bettzeug als Satteldecke über den Rücken, wenn sie wundgescheuert waren. Andere ließen zu, daß die Sättel Löcher wie Wassereimer hineinfraßen. Und andere, wenn die

them wear their hoofs down to the bleeding stumps. He spent his last dollar for horseshoe nails. I know this because we slept in the one bed and ate from the one pot, and became blood brothers where men lost their grip of things and died blaspheming God. He was never too tired to ease a strap or tighten a cinch, and often there were tears in his eyes when he looked on all that waste of misery. At a passage in the rocks, where the brutes upreared hindlegged and stretched their forelegs upward like cats to clear the wall, the way was piled with carcasses where they had toppled back. And here he stood, in the stench of hell, with a cheery word and a hand on the rump at the right time, till the string passed by. And when one bogged he blocked the trail till it was clear again ; nor did the man live who crowded him at such time.

"At the end of the trail a man who had killed fifty horses wanted to buy, but we looked at him and at our own, – mountain cayuses from eastern Oregon. Five thousand he offered, and we were broke, but we remembered the poison grass of the Summit and the passage in the Rocks, and the man who was my brother spoke no word, but divided the cayuses into two bunches, – his in the one and mine in the other, – and he looked at me and we understood each other. So he drove mine to the one side and I drove his to the other, and we took with us our rifles and shot them to the last one, while the man who had killed fifty horses cursed us till his throat cracked. But that man, with whom I welded blood-brothership on the Dead Horse Trail –"

"Why, that man was John Randolph," Fortune, sneering the while, completed the climax for him.

Uri nodded, and said, "I am glad you understand."

"I am ready," Fortune answered, the old weary bitterness strong in his face again. "Go ahead, but hurry."

Uri Bram rose to his feet.

Eisen abgingen, ließen die Pferde ihre Hufe abnutzen, bis nur noch blutige Stümpfe da waren. Er gab seinen letzten Dollar für Hufnägel aus. Ich weiß das, weil wir in einem Bett schliefen und aus einem Topf aßen und Blutsbrüder wurden, wo die meisten die Welt nicht mehr verstanden und mit einer Gotteslästerung starben. Er war nie zu müde, einen Riemen zu lockern oder einen Sattelgurt anzuziehen, und oft hatte er Tränen in den Augen, wenn er die sinnlose Schinderei sah. An einer Stelle im Fels, wo die Tiere sich aufbäumen und mit den Vorderbeinen hinaufgreifen mußten wie Katzen, um über ein Steilstück zu kommen, türmten sich tief unterm Weg die Kadaver der Pferde, wo sie zurückgefallen waren. Und da stand er mitten im höllischen Gestank, mit einem aufmunternden Wort und einem Klaps auf die Kruppe im richtigen Augenblick, bis alle durch waren. Und wenn eines im Schlamm einsank, versperrte er den Weg, bis es wieder freigekommen war, und es gab keinen Menschen, der ihn dann zu drängen gewagt hätte.

Am Ende des Weges wollte ein Mann, der fünfzig Pferde umgebracht hatte, welche kaufen, aber wir schauten erst ihn an und dann unsere Cayus-Bergindianerpferde aus dem östlichen Oregon. Fünftausend bot er, und wir waren pleite, aber wir dachten an das giftige Gras auf der Höhe und an das Steilstück zwischen den Felsen, und der Mann, der mein Bruder war, sagte kein Wort, sondern teilte die Pferde in zwei Gruppen, in seine und meine, und dann blickte er mich an, und wir verstanden uns. Er trieb meine auf die eine Seite, ich seine auf die andere, und wir nahmen unsere Gewehre und erschossen sie, allesamt, während der Mann, der fünfzig Pferde umgebracht hatte, uns verfluchte, bis ihm die Stimme wegblieb. Dieser Mann aber, mit dem ich auf dem ‹Weg der toten Pferde› Blutsbrüderschaft geschlossen hatte, das war ...»

«Na, John Randolph natürlich.» Fortune, der schon länger höhnisch gegrinst hatte, nahm ihm die Pointe weg.

Uri nickte und sagte: «Gut, daß du mich verstanden hast.»

«Ich bin bereit», erwiderte Fortune, und sein Gesicht zeigte wieder den gewohnten Ausdruck gänzlich erschöpfter Bitterkeit. «Mach schon, aber beeil dich.»

Uri Bram stand auf.

"I have had faith in God all the days of my life. I believe He loves justice. I believe He is looking down upon us now, choosing between us. I believe He waits to work His will through my own right arm. And such is my belief, that we will take equal chance and let Him speak His own judgment."

Fortune's heart leaped at the words. He did not know much concerning Uri's God, but he believed in Chance, and Chance had been coming his way ever since the night he ran down the beach and across the snow. "But there is only one gun," he objected.

"We will fire turn about," Uri replied, at the same time throwing out the cylinder of the other man's Colt and examining it.

"And the cards to decide! One hand of seven up!"

Fortune's blood was warming to the game, and he drew the deck from his pocket as Uri nodded. Surely Chance would not desert him now! He thought of the returning sun as he cut for deal, and he thrilled when he found the deal was his. He shuffled and dealt, and Uri cut him the Jack of Spades. They laid down their hands. Uri's was bare of trumps, while he held ace, deuce. The outside seemed very near to him as they stepped off the fifty paces.

"If God withholds His hand and you drop me, the dogs and outfit are yours. You'll find a bill of sale, already made out, in my pocket," Uri explained, facing the path of the bullet, straight and broad-breasted.

Fortune shook a vision of the sun shining on the ocean from his eyes and took aim. He was very careful. Twice he lowered as the spring breeze shook the pines. But the third time he dropped on one knee, gripped the revolver steadily in both hands, and fired. Uri whirled half about, threw up his arms, swayed wildly for a moment, and sank into the snow. But Fortune knew he had fired too far to one side, else the man would not have whirled.

«Ich habe Gott vertraut, mein ganzes Leben lang. Ich glaube, daß er die Gerechtigkeit liebt. Ich glaube, daß er jetzt auf uns herunterschaut und zwischen uns entscheidet. Ich glaube, er wartet darauf, daß ich seinen Willen geschehen lasse durch diesen meinen rechten Arm. Und mein Glaube ist so stark, daß wir jeder die gleiche Chance haben und Gott sein Urteil sprechen lassen werden.»

Fortunes Herz schlug höher bei diesen Worten. Er wußte nicht viel von Uris Gott, doch an die Chance glaubte er, denn das Glück war mit ihm gewesen seit jener Nacht, als er zum Ufer hinunter und über den Schnee gerannt war. «Aber wir haben nur eine Waffe», wandte er ein.

«Wir schießen nacheinander», antwortete Uri, indem er die Trommel aus dem Colt des andern ausschwenkte und prüfte.

«Und die Karten sollen entscheiden? Eine Hand Seven Up!»

Fortunes Blut wurde schon heiß bei dem Gedanken an das Spiel, und als Uri nickte, zog er die Karten aus der Tasche. Ganz bestimmt würde ihn das Glück jetzt nicht im Stich lassen! Er dachte an die Sonne, die jetzt zurückkehrte, während er abhob, um zu sehen, wer geben sollte. Er zitterte vor Freude, als er sah, daß er zu geben hatte. Er mischte und teilte aus, und Uri deckte den Pik-Buben auf. Dann legten sie die Karten offen hin. Bei Uri war kein Trumpf dabei, er dagegen hatte Trumph-As und Trumpf-Zehn. Die Große Ferne schien ihm ganz nah, als sie die fünfzig Schritte abmaßen.

«Wenn Gott seine Hand zurückhält und du mich umlegst, gehören die Hunde und die Ausrüstung dir. Du findest dann eine fertig ausgestellte Quittung in meiner Tasche», erklärte Uri, der sich aufrecht mit breiter Brust der Kugel darbot.

Fortune schüttelte das Traumbild der Sonne über dem Meer ab, das ihm vor Augen stand, und legte an. Er nahm alle Sorgfalt zusammen. Zweimal ließ er die Waffe sinken, weil der Frühlingswind die Kiefern bewegte. Doch beim drittenmal ging er auf ein Knie hinunter, faßte den Revolver ruhig mit beiden Händen und drückte ab. Uri drehte es halb herum, er warf die Hände in die Höhe, schwankte einen Augenblick haltlos und sank in den Schnee. Doch Fortune wußte, daß er zur Seite abgekommen war, sonst hätte es den Mann nicht gedreht.

When Uri, mastering the flesh and struggling to his feet, beckoned for the weapon, Fortune was minded to fire again. But he thrust the idea from him. Chance had been very good to him already, he felt, and if he tricked now he would have to pay for it afterward. No, he would play fair. Besides Uri was hard hit and could not possibly hold the heavy Colt long enough to draw a bead.

"And where is your God now?" he taunted, as he gave the wounded man the revolver.

And Uri answered: "God has not yet spoken. Prepare that He may speak."

Fortune faced him, but twisted his chest sideways in order to present less surface. Uri tottered about drunkenly, but waited, too, for the moment's calm between the catspaws. The revolver was very heavy, and he doubted, like Fortune, because of its weight. But he held it, arm extended, above his head, and then let it slowly drop forward and down. At the instant Fortune's left breast and the sight flashed into line with his eye, he pulled the trigger. Fortune did not whirl, but gay San Francisco dimmed and faded, and as the sun-bright snow turned black and blacker, he breathed his last malediction on the Chance he had misplayed.

Herman Melville: The Fiddler

So my poem is damned, and immortal fame is not for me! I am nobody forever and ever. Intolerable fate! Snatching my hat, I dashed down the criticism, and rushed out into Broadway, where enthusiastic throngs were crowding to a circus in a side-street near by, very recently started, and famous for a capital clown.

Presently my old friend Standard rather boister-

Als Uri seinen Körper wieder in die Gewalt bekam und sich mühsam aufrichtete und die Waffe forderte, war Fortune drauf und dran, noch einmal zu schießen. Doch er wies den Gedanken von sich. Das Glück hatte es schon so gut mit ihm gemeint, dachte er; und wenn er jetzt betrog, würde er später dafür bezahlen müssen. Nein, er würde sauber spielen. Außerdem war Uri stark verletzt und konnte unmöglich den schweren Colt lange genug halten, um richtig zu zielen.

«Und wo ist dein Gott jetzt?» sagt er höhnisch, indem er dem verwundeten Mann den Revolver gab.

Worauf Uri erwiderte: «Gott hat noch nicht gesprochen. Mach dich bereit, daß er spricht.»

Fortune wandte sich ihm zu, drehte aber die Brust zur Seite, um eine kleinere Fläche zu bieten. Uri torkelte wie ein Betrunkener, doch auch er wartete auf eine kleine Pause zwischen den leichten Böen. Der Revolver war sehr schwer, und wegen des Gewichtes hatte Uri seine Zweifel, wie Fortune. Aber er hielt ihn am ausgestreckten Arm über dem Kopf und ließ ihn dann langsam nach vorne heruntersinken. In dem Augenblick, da Fortunes linke Brustseite und das Korn für seine Augen aufeinanderlagen, drückte er ab. Fortune wurde nicht herumgedreht, aber das heitere San Francisco verschwamm und verblaßte, und während der sonnenhelle Schnee schwarz und schwärzer wurde, preßte er den letzten Fluch heraus – auf das Glück, das er nun doch verspielt hatte.

Herman Melville: Der Geiger

Mein Gedicht ist also verdammt worden, und mir blüht kein unsterblicher Ruhm! Ich bin ein Nichts – auf immer und ewig. Unerträgliches Geschick! Hastig ergriff ich meinen Hut, schleuderte die Kritik weg und stürzte hinaus auf den Broadway, wo sich eine begeisterte Menge zu einem Zirkus in einer nahegelegenen Seitenstraße drängte, der eben erst eröffnet und wegen eines ausgezeichneten Clowns berühmt war.

Da begrüßte mich stürmisch mein alter Freund Standard:

ously accosted me, "Well met, Helmstone, my boy! Ah! what's the matter? Haven't been committing murder? Ain't flying justice? You look wild!"

"You have seen it, then?" said I, of course referring to the criticism.

"Oh yes; I was there at the morning performance. Great clown, I assure you. But here comes Hautboy. Hautboy – Helmstone."

Without having time or inclination to resent so mortifying a mistake, I was instantly soothed as I gazed on the face of the new acquaintance so unceremoniously introduced. His person was short and full, with a juvenile, animated cast to it. His complexion rurally ruddy; his eye sincere, cheery, and gray. His hair alone betrayed that he was not an overgrown boy. From his hair I set him down as forty or more.

"Come, Standard," he gleefully cried to my friend, "are you not going to the circus? The clown is inimitable, they say. Come; Mr. Helmstone, too – come both; and circus over, we'll take a nice stew and punch at Taylor's."

The sterling content, good humor, and extraordinary ruddy, sincere expression of this most singular new acquaintance acted upon me like magic. It seemed mere loyalty to human nature to accept an invitation from so unmistakably kind and honest a heart.

During the circus performance I kept my eye more on Hautboy than on the celebrated clown. Hautboy was the sight for me. Such genuine enjoyment as his struck me to the soul with a sense of the reality of the thing called happiness. The jokes of the clown he seemed to roll under his tongue as ripe magnum bonums. Now the foot, now the hand, was employed to attest his grateful applause. At any hit more than ordinary, he turned upon Standard and me to see if his rare pleasure was shared. In a man of forty I saw

«Fein, daß ich dich treffe, Helmstone, alter Junge! Oh, was ist denn? Du hast doch keinen Mord begangen? Du fliehst doch nicht vor dem Arm der Gerechtigkeit? Du siehst ja ganz verstört aus!»

«Du hast ihn also gesehen?» sagte ich, natürlich auf den Artikel mit der Kritik anspielend.

«Aber ja! Ich war zur Vormittagsvorstellung da. Großartiger Clown, kann ich dir sagen. Aber hier kommt Hautboy. Hautboy – Helmstone.»

Ich hatte weder Zeit noch Lust, einen so kränkenden Irrtum übelzunehmen, denn ich war sofort besänftigt, als ich in das Gesicht meines neuen Bekannten blickte, der mir so ohne Förmlichkeit vorgestellt worden war. Seine Gestalt war klein und untersetzt, hatte aber etwas Jugendliches, Lebhaftes. Sein Teint war ländlich gerötet; sein Auge aufrichtig, heiter und grau. Nur sein Haar verriet, daß er kein aufgeschossener Junge war. Nach seinem Haar schätzte ich ihn auf vierzig oder mehr.

«Komm, Standard!» rief er meinem Freund fröhlich zu, «gehst du nicht in den Zirkus? Der Clown ist unnachahmlich, sagt man. Komm nur! Sie auch, Herr Helmstone – kommen Sie beide; und wenn der Zirkus aus ist, gehen wir zu Taylor, zu einem leckeren Schmorfleisch mit Punsch!»

Die ungekünstelte Zufriedenheit, die gute Laune und der außergewöhnlich frische, aufrichtige Gesichtsausdruck dieses meines höchst eigenartigen neuen Bekannten wirkten auf mich wie ein Zauber. Es erschien geradezu als eine Pflicht gegen die menschliche Natur, eine Einladung anzunehmen, die aus einem so unmißverständlich guten und ehrlichen Herzen kam.

Während der Zirkusvorstellung weilte mein Blick mehr auf Hautboy als auf dem berühmten Clown. Hautboy war für mich die Sehenswürdigkeit. Ein so echtes Vergnügen wie das seine berührte meine Seele mit einer Ahnung von der Wirklichkeit jenes Gefühls, das wir Glück nennen. Er schien die Späße des Clowns auf der Zunge zergehen zu lassen wie reife Pflaumen. Bald waren seine Füße, bald seine Hände damit beschäftigt, seinen dankbaren Beifall zu bezeigen. Bei jedem mehr als gewöhnlich treffenden Witz wandte er sich zu Standard und mir, um zu sehen, ob wir sein außerordentliches Vergnügen

a boy of twelve; and this too without the slightest abatement of my respect. Because all was so honest and natural, every expression and attitude so graceful with genuine good-nature, that the marvelous juvenility of Hautboy assumed a sort of divine and immortal air, like that of some forever youthful god of Greece.

But much as I gazed upon Hautboy, and much as I admired his air, yet that desperate mood in which I had first rushed from the house had not so entirely departed as not to molest me with momentary returns. But from these relapses I would rouse myself, and swiftly glance round the broad amphitheatre of eagerly interested and all-applauding human faces. Hark! claps, thumps, deafening huzzas; the vast assembly seemed frantic with acclamation; and what, mused I, has caused all this? Why, the clown only comically grinned with one of his extra grins.

Then I repeated in my mind that sublime passage in my poem, in which Cleothemes the Argive vindicates the justice of the war. Aye, aye, thought I to myself, did I now leap into the ring there, and repeat that identical passage, nay, enact the whole tragic poem before them, would they applaud the poet as they applaud the clown? No! They would hoot me, and call me doting or mad. Then what does this prove? Your infatuation or their insensibility? Perhaps both; but indubitably the first. But why wail? Do you seek admiration from the admirers of a buffoon? Call to mind the saying of the Athenian, who, when the people vociferously applauded in the forum, asked his friend in a whisper, what foolish thing had he said?

Again my eye swept the circus, and fell on the ruddy radiance of the countenance of Hautboy. But its clear honest cheeriness disdained my disdain. My intolerant pride was rebuked. And yet Hautboy dreamed not what magic reproof to a soul like mine

auch teilten. Ich sah hier in einem Mann von Vierzig einen Knaben von Zwölf, und auch das ohne das leiseste Nachlassen meiner Hochachtung, weil alles so ehrlich und natürlich war, jede Miene, jede Haltung so anmutig durch echte Gutmütigkeit, daß die erstaunliche Jugendlichkeit Hautboys etwas Göttliches und Unsterbliches annahm wie die eines ewig jungen griechischen Gottes.

Doch soviel ich auf Hautboy blickte, sosehr ich sein Verhalten bewunderte – die verzweifelte Stimmung, in der ich vorhin aus dem Haus gestürzt, war nicht so gänzlich geschwunden, daß sie mich nicht mit ihrer gelegentlichen Wiederkehr belästigt hätte. Ich riß mich jedoch aus diesen Rückfällen heraus und hielt schnell Umschau in dem großen Amphitheater voll eifrig teilnehmender und höchst befriedigter menschlicher Gesichter. Horch! Klatschen, Trampeln, ohrenbetäubende Hochrufe; die vielen Zuschauer schienen vor Begeisterung zu rasen; und was, überlegte ich, war der Anlaß dafür? Nun, der Clown hatte nur komisch gegrinst mit einer seiner Grimassen.

Dann wiederholte ich im Geiste die erhabene Stelle in meinem Gedicht, an der Kleothemes der Grieche den Krieg als gerecht verteidigt. Oh, oh, dachte ich bei mir, wenn ich jetzt in den Ring dort springen und eben diese Stelle wiederholen, nein, ihnen die ganze tragische Dichtung vortragen würde – ob sie dann wohl dem Dichter denselben Beifall zollen würden wie dem Clown? Nein, sie würden mich niederschreien und mich idiotisch oder irrsinnig nennen. Also – was beweist das? Deine Verblendung oder ihren Stumpfsinn? Vielleicht beides; zweifellos aber das erste. Doch warum jammern? Suchst du Bewunderung bei den Bewunderern eines Clowns? Denke an das Wort des Atheners, der, wenn das Volk ihm auf dem Markt brüllend Beifall zollte, seinen Freund flüsternd fragte, was er soeben Törichtes gesagt habe.

Wieder überflog mein Auge den Zirkus und fiel auf das frische, strahlende Gesicht von Hautboy. Aber seine deutliche und ehrliche Heiterkeit spottete meiner Verachtung; mein unduldsamer Hochmut prallte ab. Und dennoch ließ es sich Hautboy nicht einmal träumen, welch ein geheimnisvoller Vorwurf für ein Herz wie das meine auf seinem lachenden

sat on his laughing brow. At the very instant I felt the dart of the censure, his eye twinkled, his hand waved, his voice was lifted in jubilant delight at another joke of the inexhaustible clown.

Circus over, we went to Taylor's. Among crowds of others, we sat down to our stews and punches at one of the small marble tables. Hautboy sat opposite to me. Though greatly subdued from its former hilarity, his face still shone with gladness. But added to this was a quality not so prominent before: a certain serene expression of leisurely, deep good sense. Good sense and good humor in him joined hands. As the conversation proceeded between the brisk Standard and him – for I said little or nothing – I was more and more struck with the excellent judgment he evinced. In most of his remarks upon a variety of topics Hautboy seemed intuitively to hit the exact line between enthusiasm and apathy.

It was plain that while Hautboy saw the world pretty much as it was, yet he did not theoretically espouse its bright side nor its dark side. Rejecting all solutions, he but acknowledged facts. What was sad in the world he did not superfically gainsay ; what was glad in it he did not cynically slur ; and all which was to him personally enjoyable, he gratefully took to his heart. It was plain, then – so it seemed at that moment, at least – that his extraordinary cheerfulness did not arise either from deficiency of feeling or thought.

Suddenly remembering an engagement, he took up his hat, bowed pleasantly, and left us.

"Well, Helmstone," said Standard, inaudibly drumming on the slab, "what do you think of your new acquaintance ?"

The two last words tingled with a peculiar and novel significance.

"New acquaintance indeed," echoed I. "Standard, I owe you a thousand thanks for introducing me to

Gesicht geschrieben stand. Im gleichen Augenblick, da ich den Pfeil der Kritik fühlte, blitzten seine Augen, winkte seine Hand, erhob sich seine Stimme in jubelndem Entzücken über einen neuen Spaß des unerschöpflichen Clowns.

Als der Zirkus aus war, gingen wir zu Taylor. Zwischen Scharen anderer Menschen setzten wir uns zu unserem Stew und Punsch an einen der kleinen Marmortische. Hautboy saß mir gegenüber. Obwohl seine vorherige Heiterkeit sehr gemildert war, strahlte sein Gesicht noch vor Freude. Doch dazu kam jetzt eine Eigenschaft, die vorher nicht so aufgefallen war: ein gewisser heiterer Ausdruck gelassenen, gesunden Menschenverstandes. Gesunder Menschenverstand und gesunder Humor reichten sich in ihm die Hand. Als die Unterhaltung zwischen dem lebhaften Standard und ihm weiterging – denn ich sagte wenig oder gar nichts –, war ich mehr und mehr betroffen von dem ausgezeichneten Urteil, das er an den Tag legte. In den meisten seiner Bemerkungen über eine Reihe von Fragen schien Hautboy intuitiv die genaue Grenzlinie zwischen Begeisterung und Gleichgültigkeit zu treffen. Es war deutlich zu merken, daß Hautboy, während er die Welt ziemlich genauso sah wie sie war, dennoch in seinen Argumenten weder ihre helle noch ihre dunkle Seite verfocht. Indem er alle Lösungsversuche ablehnte, erkannte er nur die Tatsachen an. Was traurig war in der Welt, leugnete er nicht oberflächlich; er schmähte auch nicht zynisch das Frohe darin; und alles, was ihm persönlich erfreulich war, nahm er dankbar an sein Herz. Es war also klar erkennbar – so schien es wenigstens in jenem Augenblick –, daß seine ungewöhnliche Heiterkeit weder einem Mangel an Gefühl noch an Geist entsprang.

Plötzlich erinnerte er sich einer Verabredung, nahm seinen Hut, verbeugte sich liebenswürdig und verließ uns.

«Nun, Helmstone», sagte Standard, unhörbar auf der Marmorplatte trommelnd, «was denkst du von deiner neuen Bekanntschaft?»

In den beiden letzten Worten klang eine eigentümlich und neuartige Bedeutsamkeit.

«Eine neue Bekanntschaft ist es freilich», wiederholte ich. «Standard, ich schulde dir tausend Dank dafür, daß du mich mit

one of the most singular men I have ever seen. It needed the optical sight of such a man to believe in the possibility of his existence."

"You rather like him, then," said Standard with ironical dryness.

"I hugely love and admire him, Standard. I wish I were Hautboy."

"Ah? That's a pity, now. There's only one Hautboy in the world."

This last remark set me to pondering again, and somehow it revived my dark mood.

"His wonderful cheerfulness, I suppose," said I, sneering with spleen, "originates not less in a felicitous fortune than in a felicitous temper. His great good sense is apparent; but great good sense may exist without sublime endowments. Nay, I take it, in certain cases, that good sense is simply owing to the absence of those. Much more, cheerfulness. Unpossessed of genius, Hautboy is eternally blessed."

"Ah? You would not think him an extraordinary genius, then?"

"Genius? What! such a short, fat fellow a genius! Genius, like Cassius, is lank."

"Ah? But could you not fancy that Hautboy might formerly have had genius, but luckily getting rid of it, at last fatted up?"

"For a genius to get rid of his genius is as impossible as for a man in a galloping consumption to get rid of that."

"Ah? You speak very decidedly."

"Yes, Standard," cried I, increasing in spleen, "your cheery Hautboy, after all, is no pattern, no lesson for you and me. With average abilities, opinions clear, because circumscribed; passions docile, because they are feeble; a temper hilarious, because he was born to it – how can your Hautboy be made a reasonable example to a heady fellow like you or an ambitious dreamer like me? Nothing tempts

einem der ungewöhnlichsten Menschen bekannt gemacht hast, die ich jemals gesehen habe. Ich mußte einen solchen Mann mit Augen sehen, um zu glauben, daß es ihn gibt.»

«Du magst ihn also recht gern?» sagte Standard mit ironischer Trockenheit.

«Ich mag ihn ungemein gern, ich bewundere ihn, Standard. Ich wünschte, ich wäre Hautboy.»

«So? Nun, wie schade. Es gibt nur einen Hautboy auf der Welt.»

Diese letzte Bemerkung machte mich wieder nachdenklich, und irgendwie belebte sie meine düstere Stimmung.

«Seine wundervolle Heiterkeit entspringt vermutlich», sagte ich, vor Bosheit grinsend, «nicht weniger einem glücklichen Los als einem glücklichen Naturell. Sein klarer Verstand ist offensichtlich; aber gesunder Menschenverstand kann ohne erhabene Talente vorhanden sein. Nein, ich glaube, in gewissen Fällen ist diese Art Verstand einfach dem Fehlen solcher Talente zuzuschreiben. Und noch viel mehr die Heiterkeit. Da er nicht vom Genius besessen ist, muß man Hautboy selig preisen!»

«Ach? Du würdest ihn also nicht für ein außergewöhnliches Genie halten?»

«Genie? Wie! So ein kleiner, dicker Bursche ein Genie! Genies sind, wie Cassius, hager.»

«So? Aber kannst du dir nicht vorstellen, daß Hautboy vielleicht früher Genie gehabt hat, es jedoch glücklicherweise losgeworden ist und schließlich Speck angesetzt hat?»

«Für ein Genie ist es ebenso unmöglich, sein Genie loszuwerden, wie für einen Mann mit galoppierender Schwindsucht, sich dieser zu entledigen.»

«Wirklich? Du sprichst sehr bestimmt!»

«Ja, Standard», rief ich, immer mehr in Wut geratend, «dein vergnügter Hautboy ist schließlich kein Beispiel für dich und mich. Mit mittelmäßigen Fähigkeiten, klaren weil beschränkten Ansichten, lenkbaren weil schwachen Leidenschaften, einem heiteren Temperament, weil er damit geboren ist – wie kann dein Hautboy ein annehmbares Beispiel sein für einen ungestümen Burschen wie dich oder einen ehrgeizigen Träumer wie mich? Nichts jenseits des Üblichen führt ihn in Ver-

him beyond common limit; in himself he has nothing to restrain. By constitution he is exempted from all moral harm. Could ambition but prick him; had he but once heard applause, or endured contempt, a very different man would your Hautboy be. Acquiescent and calm from the cradle to the grave, he obviously slides through the crowd."

"Ah?"

"Why do you say *Ah* to me so strangely whenever I speak?"

"Did you ever hear of Master Betty?"

"The great English prodigy, who long ago ousted the Siddons and the Kembles from Drury Lane, and made the whole town run mad with acclamation?"

"The same," said Standard, once more inaudibly drumming on the slab.

I looked at him perplexed. He seemed to be holding the master-key of our theme in mysterious reserve; seemed to be throwing out his Master Betty, too, to puzzle me only the more.

"What under heaven can Master Betty, the great genius and prodigy, an English boy twelve years old, have to do with the poor commonplace plodder, Hautboy, an American of forty?"

"Oh, nothing in the least. I don't imagine that they ever saw each other. Besides, Master Betty must be dead and buried long ere this."

"Then why cross the ocean, and rifle the grave to drag his remains into this living discussion?"

"Absent-mindedness, I suppose. I humbly beg pardon. Proceed with your observations on Hautboy. You think he never had genius, quite too contented, and happy and fat for that – ah? You think him no pattern for men in general? affording no lesson of value to neglected merit, genius ignored, or impotent presumption rebuked? – all of which three amount to much the same thing. You admire his cheerfulness, while scorning his commonplace soul. Poor Hautboy,

suchung; nichts liegt in ihm, was er zügeln müßte. Durch seine Veranlagung bleibt er von jedem moralischen Schaden verschont. Könnte ihn der Ehrgeiz anstacheln, hätte er nur einmal einen Beifallssturm gehört oder Verachtung erdulden müssen – dann wäre dein Hautboy ein ganz anderer Mann! Geduldig und ruhig von der Wiege bis zum Grabe dagegen wird er – das ist einleuchtend – glatt durch das Gedränge kommen.»

«Meinst du?»

«Warum sagst du immer so merkwürdig ‹Ach›, wenn ich spreche?»

«Hast du jemals etwas von Master Betty gehört?»

«Von dem englischen Wunderkind, das vor langer Zeit die Siddons und Kembles vom Drury Lane außer Kurs gesetzt und die ganze Stadt verrückt gemacht hat vor Begeisterung?»

«Von eben diesem», sagte Standard, wieder unhörbar auf der Marmorplatte trommelnd.

Ich sah ihn verblüfft an. Er schien den Schlüssel zu unserm Gespräch geheimnisvoll zurückzuhalten; schien mir seinen Master Betty hinzuwerfen, um mich nur noch mehr zu verwirren.

«Was in aller Welt kann Master Betty, das große Genie und Wunderkind, ein englischer Knabe von zwölf Jahren, mit diesem armen, alltäglichen Arbeitssklaven Hautboy zu tun haben – einem Amerikaner von vierzig?»

«Oh, nicht das mindeste. Ich glaube nicht, daß sie sich jemals gesehen haben. Außerdem muß Master Betty längst tot und begraben sein.»

«Warum also den Ozean überqueren und sein Grab berauben, um seine Reste in dies heutige Gespräch zu ziehen?»

«Ich war geistesabwesend, vermutlich. Ich bitte vielmals um Entschuldigung. Fahre nur fort mit deinen Bemerkungen über Herrn Hautboy. Du meinst, er hat niemals Genie besessen und ist dafür allzu zufrieden, glücklich und beleibt? Ja? Du denkst, er ist kein Beispiel für die Allgemeinheit? Er bietet kein lehrreiches Exempel von hintangesetztem Verdienst, übersehenem Genie oder ohnmächtiger, verschmähter Vermessenheit? Diese drei Dinge laufen ja so ziemlich auf dasselbe hinaus. Du bewunderst seine Fröhlichkeit, während du seine alltägli-

how sad that your very cheerfulness should, by a by-blow, bring you despite!"

"I don't say I scorn him; you are unjust. I simply declare that he is no pattern for me."

A sudden noise at my side attracted my ear. Turning, I saw Hautboy again, who very blithely reseated himself on the chair he had left.

"I was behind time with my engagement," said Hautboy, "so I thought I would run back and rejoin you. But come, you have sat long enough here. Let us go to my rooms. It is only a five minutes' walk."

"If you will promise to fiddle for us, we will," said Standard.

Fiddle! thought I – he's a jiggumbob *fiddler*, then? No wonder genius declines to measure its pace to a fiddler's bow. My spleen was very strong on me now.

"I will gladly fiddle you your fill," replied Hautboy to Standard. "Come on."

In a few minutes we found ourselves in the fifth story of a sort of storehouse, in a lateral street to Broadway. The room was curiously furnished with all sorts of old furniture which seemed to have been obtained, piece by piece, at auctions of old-fashioned household stuff. But all was charmingly clean and cozy.

Pressed by Standard, Hautboy forthwith got out his dented old fiddle and, sitting down on a tall rickety stool, played away right merrily at "Yankee Doodle" and other off-handed, dashing and disdainfully care-free airs. But common as were the tunes, I was transfixed by something miraculously superior in the style. Sitting there on the old stool, his rusty hat sideways cocked on his head, one foot dangling adrift, he plied the bow of an enchanter. All my moody discontent, every vestige of peevishness, fled. My whole splenetic soul capitulated to the magical fiddle.

"Something of an Orpheus, ah?" said Standard, archly nudging me beneath the left rib.

che Seele verachtest. Armer Hautboy, wie traurig, daß gerade deine Heiterkeit dir als Nebenwirkung Verachtung einträgt!»

«Ich sage gar nicht, daß ich ihn verachte; du bist ungerecht. Ich erkläre ganz einfach, daß er kein Beispiel für mich ist.»

Ein plötzliches Geräusch an meiner Seite ließ mich aufhorchen. Ich wandte mich um und sah wiederum Hautboy, der sich sehr vergnügt auf den Stuhl setzte, den er verlassen hatte.

«Ich habe meine Verabredung verpaßt», sagte Hautboy, «und ich dachte, ich könnte umkehren und Sie noch treffen. Kommen Sie – Sie haben lange genug hier gesessen. Gehen wir in meine Wohnung. Nur fünf Minuten zu Fuß.»

«Wenn Sie versprechen, uns etwas auf der Geige vorzuspielen, kommen wir», sagte Standard.

Geige! dachte ich – er ist also ein Tausendkünstler auf der Geige? Kein Wunder, daß der Genius sich weigert, seinen Schritt einem Fiedelbogen anzupassen. Jetzt übermannte mich meine schlechte Laune beinahe.

«Ich will Ihnen gerne vorgeigen, so lange Sie nur wollen», erwiderte ihm Hautboy. «Kommen Sie.»

In wenigen Minuten befanden wir uns im fünften Stockwerk eines Gebäudes, das eine Art Lagerhaus zu sein schien, in einer Seitenstraße des Broadway. Der Raum war eigentümlich möbliert mit allen Arten sonderbarer Möbel, die anscheinend Stück für Stück bei Auktionen von altmodischem Hausgerät gekauft waren. Aber alles war reizend gepflegt und behaglich.

Von Standard gedrängt, holte Hautboy sogleich seine abgestoßene alte Geige, setzte sich auf einen hohen, gebrechlichen Hocker und spielte frischweg den «Yankee Doodle» und andere leichte, flotte und sorglose Weisen. Doch so anspruchslos diese Liedchen auch waren – ich war starr vor Staunen über etwas wunderbar Überlegenes in seinem Stil. Wie er dort auf dem alten Stuhl saß, den verschossenen Hut schief auf dem Kopf, einen Fuß frei herabhängend, führte er den Bogen eines Hexenmeisters. All meine übellaunige Mißstimmung, jeder Rest von Verdrießlichkeit war wie weggeblasen. Meine ganze hypochondrische Seele ergab sich dem Zauber seiner Geige.

«Erinnert an Orpheus, wie?» sagte Standard und gab mir einen scherzenden Rippenstoß.

"And I, the charmed Bruin," murmured I.

The fiddle ceased. Once more, with redoubled curiosity, I gazed upon the easy, indifferent Hautboy. But he entirely baffled inquisition.

When, leaving him, Standard and I were in the street once more, I earnestly conjured him to tell me who, in sober truth, this marvellous Hautboy was.

"Why, haven't you seen him? And didn't you yourself lay his whole anatomy open on the marble slab at Taylor's? What more can you possibly learn? Doubtless your own masterly insight has already put you in possession of all."

"You mock me, Standard. There is some mystery here. Tell me, I entreat you, who is Hautboy?"

"An extraordinary genius, Helmstone," said Standard, with sudden ardor, "who in boyhood drained the whole flagon of glory; whose going from city to city was a going from triumph to triumph. One who has been an object of wonder to the wisest, been caressed by the loveliest, received the open homage of thousands on thousands of the rabble. But to-day he walks Broadway and no man knows him. With you and me, the elbow of the hurrying clerk, and the pole of the remorseless omnibus, shove him. He who has a hundred times been crowned with laurels, now wears, as you see, a bunged beaver. Once fortune poured showers of gold into his lap, as showers of laurel leaves upon his brow. To-day from house to house he hies, teaching fiddling for a living. Crammed once with fame, he is now hilarious without it. *With* genius and *without* fame, he is happier than a king. More a prodigy now than ever."

"His true name?"

"Let me whisper it in your ear."

"What! Oh, Standard, myself, as a child, have shouted myself hoarse applauding that very name in the theatre."

"I have heard your poem was not very handsome-

«Und ich an das verzauberte Untier», murmelte ich.

Die Geige verstummte. Wieder, und mit verdoppelter Neugier, betrachtete ich den zufriedenen, gleichmütigen Hautboy. Aber alles Nachforschen prallte an ihm ab.

Als Standard und ich, nachdem wir ihn verlassen hatten, wieder auf der Straße waren, beschwor ich ihn ernstlich, mir die nüchterne Wahrheit zu sagen, wer dieser wunderbare Hautboy eigentlich sei.

«Nun, hast du ihn nicht gesehen? Und hast du ihn nicht selbst auf dem Marmortisch bei Taylor in seine Bestandteile zerlegt? Was könnte ich dir noch Neues sagen? Zweifellos hat dir doch deine meisterhafte Menschenkenntnis bereits alles verraten.»

«Du verspottest mich, Standard. Hier liegt ein Geheimnis verborgen. Sag mir, ich bitte dich, wer ist dieser Hautboy?»

«Ein außerordentliches Genie, Helmstone», sagte Standard mit plötzlicher Leidenschaft, «der als Knabe den ganzen Becher des Ruhmes geleert hat; dessen Weg von Stadt zu Stadt ein Weg von Triumph zu Triumph war. Einer, der für die Weisen ein Gegenstand des Staunens war, der von den Schönsten liebkost wurde, dem der Pöbel zu Tausenden und Tausenden huldigte. Aber heute geht er den Broadway entlang und kein Mensch kennt ihn. Der Ellbogen des eiligen Schreiberlings, die Deichsel der rücksichtslosen Pferdebahn schiebt ihn zur Seite wie dich und mich. Er, der hundertmal mit Lorbeer gekrönt wurde, trägt jetzt, wie du siehst, einen verbeulten Biberhut. Einst schüttete ihm das Glück eine Fülle von Gold in den Schoß und eine Fülle von Lorbeerblättern auf die Stirn. Heute eilt er von Haus zu Haus und gibt Geigenstunden ums liebe Brot. Einst mit Ruhm überladen, ist er heute auch ohne Ruhm fröhlich. *Mit* Genie und *ohne* Ruhm ist er glücklicher als ein König. Heute ein größeres Wunder, als er jemals gewesen ist.»

«Sein richtiger Name?»

«Ich will ihn dir ins Ohr flüstern.»

«Was! Oh, Standard, ich selbst habe mich doch schon als Kind heiser geschrien, wenn ich diesem Namen im Theater zujubelte.»

«Ich habe gehört, daß dein Gedicht keine günstige Auf-

ly received," said Standard, now suddenly shifting the subject.

"Not a word of that, for Heaven's sake!" cried I. "If Cicero, travelling in the East, found sympathetic solace for his grief in beholding the arid overthrow of a once gorgeous city, shall not my petty affair be as nothing, when I behold in Hautboy the vine and the rose climbing the shattered shafts of his tumbled temple of Fame?"

Next day I tore all my manuscripts, bought me a fiddle, and went to take regular lessons of Hautboy.

Edgar Allan Poe: The Tell-Tale Heart

True! – nervous – very, very dreadfully nervous I had been and am; but why *will* you say that I am mad? The disease has sharpened my senses – not destroyed – not dulled them. Above all was the sense of hearing acute. I heard all things in the heaven and in the earth. I heard many things in hell. How, then, am I mad? Hearken! and observe how healthily – how calmly I can tell you the whole story.

It is impossible to say how first the idea entered my brain; but once conceived, it haunted me day and night. Object there was none. Passion there was none. I loved the old man. He had never wronged me. He had never given me insult. For his gold I had no desire. I think it was his eye! yes, it was this! He had the eye of a vulture – a pale blue eye, with a film over it. Whenever it fell upon me, my blood ran cold; and so by degrees – very gradually – I made up my mind to take the life of the old man, and thus rid myself of the eye forever.

Now this is the point. You fancy me mad. Madmen

nahme fand», sagte Standard, nun plötzlich das Thema wechselnd.

«Kein Wort darüber, um Himmels willen!» rief ich. «Wenn Cicero, auf einer Reise in den Orient, angesichts der wüsten Ruinen einer vormals prächtigen Stadt heilsamen Trost für seinen Gram fand – sollen dann nicht meine kleinlichen Sorgen ein Nichts sein, wenn ich an Hautboy sehe, wie Rebe und Rose die zerfallenen Pfeiler seines eingestürzten Ruhmestempels umranken?»

Am nächsten Tag zerriß ich alle meine Manuskripte, kaufte mir eine Geige und begann, bei Hautboy regelmäßigen Unterricht zu nehmen.

Edgar Allan Poe: Das Herz, das nicht schweigen wollte

Zugegeben! Nervös, ganz entsetzlich nervös war ich und bin ich; aber warum wollen Sie behaupten, daß ich irrsinnig bin? Die Krankheit hatte meine Sinne geschärft – nicht zerstört, nicht abgestumpft. Vor allem mein Gehörsinn war sehr scharf. Ich hörte alle Dinge im Himmel und in der Erde. Ich hörte viele Dinge in der Hölle. Warum also sollte ich verrückt sein? Schenken Sie mir Gehör und beachten Sie, wie vernünftig – wie ruhig ich Ihnen die ganze Geschichte erzählen kann.

Es ist unmöglich, Ihnen zu sagen, wie mir der Gedanke zuerst in den Kopf kam; aber einmal entstanden, verfolgte er mich Tag und Nacht. Da war kein Zweck. Da war keine Leidenschaft. Ich liebte den alten Mann. Er hatte mir nie etwas zuleide getan. Er hatte mich nie beleidigt. Nach seinem Gold verlangte es mich nicht. Ich glaube, es war sein Auge! Ja, das war es! Er hatte das Auge eines Geiers – ein blaßblaues Auge mit einem trüben Schleier darüber. Wann immer es auf mich fiel, stockte mir das Blut, und so kam es, daß ich nach und nach, sehr allmählich, den Entschluß faßte, dem alten Mann das Leben zu nehmen, um mich auf immer von diesem Auge zu befreien.

Nun, worauf es ankommt ist dies: Sie halten mich für irre.

know nothing. But you should have seen *me*. You should have seen how wisely I proceeded – with what caution – with what foresight – with what dissimulation I went to work! I was never kinder to the old man than during the whole week before I killed him. And every night, about midnight, I turned the latch of his door and opened it – oh so gently! And then, when I had made an opening sufficient for my head, I put in a dark lantern, all closed, closed, so that no light shone out, and then I thrust in my head. Oh, you would have laughed to see how cunningly I thrust it in! I moved it slowly – very, very slowly, so that I might not disturb the old man's sleep. It took me an hour to place my whole head within the opening so far that I could see him as he lay upon his bed. Ha! – would a madman have been so wise at this? And then, when my head was well in the room, I undid the lantern cautiously (for the hinges creaked) – I undid it just so much that a single thin ray fell upon the vulture eye. And this I did for seven long nights – every night just at midnight – but I found the eye always closed; and so it was impossible to do the work; for it was not the old man who vexed me, but his Evil Eye. And every morning, when the day broke, I went boldly into the chamber, and spoke courageously to him, calling him by name in a hearty tone, and inquiring how he had passed the night. So you see he would have been a very profound old man, indeed, to suspect that every night, just at twelve, I looked in upon him while he slept.

Upon the eighth night I was more than usually cautious in opening the door. A watch's minute hand moves more quickly than did mine. Never before that night, had I *felt* the extent of my own powers – of my sagacity. I could scarcely contain my feelings of triumph. To think that there I was, opening the door, little by little, and he not even to dream of my secret deeds or thoughts. I fairly chuckled at the idea; and

Irre wissen nichts. Aber Sie hätten *mich* sehen sollen. Sie hätten sehen sollen, wie klug ich handelte – mit welcher Vorsicht – mit welchem Weitblick – mit welcher Verstellung ich ans Werk ging! Niemals war ich freundlicher zu dem alten Mann, als während der ganzen Woche, ehe ich ihn tötete. Und jeden Abend gegen Mitternacht drückte ich auf die Klinke seiner Tür und machte sie auf – oh, so leise! Und dann, wenn ich sie einen Spalt, breit genug für meinen Kopf, geöffnet hatte, schob ich eine abgedunkelte Laterne hinein, ganz geschlossen, geschlossen, daß kein Licht herausschien, und dann steckte ich den Kopf ins Zimmer. Oh, Sie hätten gelacht, wenn Sie gesehen hätten, wie vorsichtig ich ihn hineinsteckte! Ich bewegte ihn langsam – sehr, sehr langsam, um den Schlaf des alten Mannes nicht zu stören. Ich brauchte eine volle Stunde dazu, den ganzen Kopf so weit durch den Spalt zu schieben, daß ich ihn sehen konnte, wie er auf seinem Bett lag. Ha! Wäre wohl ein Irrer so klug gewesen? Und dann, wenn mein Kopf richtig im Zimmer war, öffnete ich die Laterne vorsichtig (denn die Scharniere knarrten) – und machte sie gerade so weit auf, daß ein einziger dünner Strahl auf das Geierauge fiel. Und dies tat ich sieben lange Nächte, jedesmal genau um Mitternacht; aber ich fand das Auge immer geschlossen, und so war es unmöglich, die Tat zu begehen; denn es war nicht der alte Mann, der mich aufbrachte, sondern sein «Böser Blick». Und jeden Morgen, wenn der Tag anbrach, ging ich dreist in sein Zimmer, sprach ohne Angst mit ihm, rief ihn mit herzlichem Ton beim Namen und fragte, wie er die Nacht verbracht habe. Sie sehen also – er hätte wirklich ein sehr scharfsinniger alter Mann sein müssen, um zu vermuten, daß ich jede Nacht genau um zwölf Uhr hereinsah und ihn betrachtete, während er schlief.

In der achten Nacht war ich beim Öffnen der Tür noch vorsichtiger als gewöhnlich. Der Minutenzeiger einer Taschenuhr bewegt sich schneller, als meine Hand es tat. Niemals vor dieser Nacht hatte ich das Ausmaß meiner eigenen Kräfte – meines Scharfsinns wirklich empfunden. Ich konnte mein Triumphgefühl kaum beherrschen. Zu denken, daß ich hier war, die Tür ganz allmählich öffnete, und er von meinen geheimen Taten oder Gedanken nicht einmal träumte! Ich

perhaps he heard me; for he moved on the bed suddenly, as if startled. Now you may think that I drew back – but no. His room was as black as pitch with the thick darkness, (for the shutters were close fastened, through fear of robbers,) and so I knew that he could not see the opening of the door, and I kept pushing it on steadily, steadily.

I had my head in, and was about to open the lantern, when my thumb slipped upon the tin fastening, and the old man sprang up in bed, crying out – "Who's there?"

I kept quite still and said nothing. For a whole hour I did not move a muscle, and in the meantime I did not hear him lie down. He was still sitting up in the bed listening; – just as I have done, night after night, hearkening to the death watches in the wall.

Presently I heard a slight groan, and I knew it was the groan of mortal terror. It was not a groan of pain or grief – oh, no! – it was the low stifled sound that arises from the bottom of the soul when over-charged with awe. I knew the sound well. Many a night, just at midnight, when all the world slept, it had welled up from my own bosom, deepening with its dreadful echo the terrors that distracted me. I say I knew it well. I knew what the old man felt, and pitied him although I chuckled at heart. I knew that he had been awake ever since the first slight noise, when he had turned in the bed. His fears had been ever since growing upon him. He had been trying to fancy them causeless, but could not. He had been saying to himself – "It is nothing but the wind in the chimney – it is only a mouse crossing the floor," or "it is merely a cricket which has made a single chirp."

Yes, he had been trying to comfort himself with these suppositions: but he had found all in vain. *All in vain;* because Death, in approaching him had stalked with his black shadow before him, and enveloped the victim. And it was the mournful influence of the

kicherte förmlich bei der Vorstellung, und vielleicht hörte er mich; denn er bewegte sich plötzlich, wie erschrocken, auf seinem Bett. Nun mögen Sie denken, daß ich mich zurückzog – aber nein. Sein Zimmer war schwarz wie Pech in der dichten Dunkelheit (denn die Läden waren fest geschlossen, aus Furcht vor Räubern); so wußte ich, daß er nicht sehen konnte, wie sich die Tür öffnete, und ich drückte sie langsam und stetig immer weiter auf. Ich hatte den Kopf schon im Zimmer und wollte gerade die Laterne öffnen, als mein Daumen auf dem Blechverschluß ausrutschte und der alte Mann im Bett hochfuhr und schrie: «Wer ist da?»

Ich blieb ganz still und sagte nichts. Eine ganze Stunde lang regte ich keinen Muskel, und ich hörte auch nichts davon, daß er sich wieder hinlegte. Er saß noch immer aufrecht im Bett und horchte – gerade so wie *ich* Nacht für Nacht dem Ticken des Totenwurms in der Wand gelauscht hatte.

Bald darauf vernahm ich ein leises Ächzen, und ich wußte, es war das Ächzen tödlicher Furcht. Es war kein Seufzer aus Schmerz oder Kummer – oh nein! – es war der leise erstickte Laut, der aus dem Grund der Seele aufsteigt, wenn sie übervoll von Entsetzen ist. Ich kannte den Laut gut. Viele Nächte, genau um Mitternacht, wenn alle Welt schlief, war er aus meiner eigenen Brust aufgestiegen, mit seinem fürchterlichen Echo die Schrecknisse vertiefend, die mich wahnsinnig machten. Ich sage, ich kannte den Laut gut. Ich wußte, was der alte Mann empfand, und bemitleidete ihn, obwohl ich im Herzen frohlockte. Ich wußte, er war die ganze Zeit wach gewesen seit dem ersten leisen Geräusch, als er sich im Bett bewegt hatte. Seine Ängste waren seitdem ständig gewachsen. Er hatte versucht, sie für grundlos zu halten, aber es war ihm nicht gelungen. Er hatte sich selbst gesagt: «Es ist nichts als der Wind im Kamin – es ist nur eine Maus, die über den Boden läuft», oder: «Es ist bloß ein Heimchen, das ein einziges Mal gezirpt hat.»

Ja, er hatte versucht, sich mit diesen Vermutungen zu trösten; doch er hatte gemerkt, daß alles vergebens war. *Alles vergebens*; weil der Tod, der sich ihm nahte, beim Heranschleichen seinen schwarzen Schatten vorausgeworfen, das Opfer eingehüllt hatte. Und die düstere Wirkung dieses ihm unsicht-

unperceived shadow that caused him to feel – although he neither saw nor heard – to *feel* the presence of my head within the room.

When I had waited a long time, very patiently, without hearing him lie down, I resolved to open a little – a very, very little crevice in the lantern. So I opened it – you cannot imagine how stealthily, stealthily – until, at length a simple dim ray, like the thread of the spider, shot from out the crevice and fell full upon the vulture eye.

It was open – wide, wide open – and I grew furious as I gazed upon it. I saw it with perfect distinctness – all a dull blue, with a hideous veil over it that chilled the very marrow in my bones ; but I could see nothing else of the old man's face or person : for I had directed the ray as if by instinct, precisely upon the damned spot.

And have I not told you that what you mistake for madness is but overacuteness of the senses ? – now, I say, there came to my ears a low, dull, quick sound, such as a watch makes when enveloped in cotton. I knew *that* sound well, too. It was the beating of the old man's heart. It increased my fury, as the beating of a drum stimulates the soldier into courage.

But even yet I refrained and kept still. I scarcely breathed. I held the lantern motionless. I tried how steadily I could maintain the ray upon the eye. Meantime the hellish tattoo of the heart increased. It grew quicker and quicker, and louder and louder every instant. The old man's terror *must* have been extreme ! It grew louder, I say, louder every moment ! – do you mark me well ? I have told you that I am nervous : so I am. And now at the dead hour of the night, amid the dreadful silence of that old house, so strange a noise as this excited me to uncontrollable terror. Yet, for some minutes longer I refrained and stood still. But the beating grew louder, louder ! I thought the heart must burst. And now a new

baren Schattens war es, die ihn fühlen ließ – obwohl er weder etwas sah noch hörte – *fühlen* ließ, daß mein Kopf bereits in seinem Zimmer war.

Als ich lange Zeit sehr geduldig gewartet hatte, ohne zu hören, daß er sich wieder niederlegte, beschloß ich, einen kleinen – einen sehr, sehr kleinen Spalt der Laterne zu öffnen. Und so öffnete ich sie – Sie können sich nicht vorstellen, *wie* verstohlen, verstohlen – bis endlich ein einziger matter Lichtstrahl wie ein Spinnenfaden aus dem Spalt schoß und voll auf das Geierauge fiel.

Es war offen – weit, weit offen – und ich wurde rasend, als ich darauf starrte. Ich sah es mit vollkommener Deutlichkeit – das Ganze ein mattes Blau mit einem schrecklichen Schleier darüber, der mir das Mark in den Knochen erstarren ließ; aber sonst konnte ich nichts vom Gesicht oder Körper des alten Mannes sehen: denn ich hatte den Strahl wie instinktiv genau auf diese verfluchte Stelle gerichtet.

Und habe ich Ihnen nicht erzählt, daß eben das, was Sie irrtümlich für Wahnsinn halten, nur eine Überschärfe der Sinne ist? Denn jetzt, sage ich Ihnen, drang ein leiser, dumpfer, rascher Laut an mein Ohr, wie von einer Uhr, die in Watte gewickelt ist. Auch *diesen* Laut kannte ich genau. Es war der Herzschlag des alten Mannes. Er steigerte meine Wut, wie der Trommelwirbel den Soldaten zur Tapferkeit anspornt.

Doch sogar jetzt beherrschte ich mich und blieb still. Ich atmete kaum. Ich hielt die Laterne regungslos. Ich versuchte, wie starr ich den Lichtstrahl weiter auf das Auge halten konnte. Inzwischen nahm der höllische Trommelwirbel des Herzens zu. Er wurde schneller und schneller, lauter und lauter, von Augenblick zu Augenblick. Das Entsetzen des alten Mannes muß übermäßig groß gewesen sein. Das Klopfen wurde lauter, jawohl, jede Sekunde lauter – verstehen Sie mich recht? Ich habe Ihnen berichtet, daß ich nervös bin: gewiß, das bin ich. Und jetzt, zu dieser toten Stunde der Nacht, mitten in dem schrecklichen Schweigen des alten Hauses, erregte mich ein seltsames Geräusch wie dieses bis zum unbezähmbaren Entsetzen. Dennoch bezwang ich mich noch einige Minuten und blieb still stehen. Das Pochen aber wurde lauter, lauter! Ich

anxiety seized me – the sound would be heard by a neighbour! The old man's hour had come! With a loud yell, I threw open the lantern and leaped into the room. He shrieked once – once only. In an instant I dragged him to the floor, and pulled the heavy bed over him. I then smiled gaily, to find the deed so far done. But, for many minutes, the heart beat on with a muffled sound. This, however, did not vex me; it would not be heard through the wall. At length it ceased. The old man was dead. I removed the bed and examined the corpse. Yes, he was stone, stone dead. I placed my hand upon the heart und held it there many minutes. There was no pulsation. He was stone dead. His eye would trouble me no more.

If still you think me mad, you will think so no longer when I describe the wise precautions I took for the concealment of the body. The night waned, and I worked hastily, but in silence. First of all I dismembered the corpse. I cut off the head and the arms and the legs.

I then took up three planks from the flooring of the chamber, and deposited all between the scantlings. I then replaced the boards so cleverly, so cunningly, that no human eye – not even *his* – could have detected anything wrong. There was nothing to wash out – no stain of any kind – no blood-spot whatever. I had been too wary for that. A tub had caught all – ha! ha!

When I had made an end of these labors, it was four o'clock – still dark as midnight. As the bell sounded the hour, there came a knocking at the street door. I went down to open it with a light heart, – for what had I *now* to fear? There entered three men, who introduced themselves, with perfect suavity, as officers of the police. A shriek had been heard by a neighbour during the night; suspicion of foul play had been aroused; information had been lodged at the

dachte, das Herz müsse zerspringen. Und jetzt packte mich eine neue Angst: ein Nachbar könnte dieses Geräusch hören! Des alten Mannes Stunde war gekommen! Mit einem gellenden Schrei riß ich die Laterne auf und stürzte ins Zimmer. Er kreischte laut – einmal nur, einmal. In einer Sekunde hatte ich ihn auf den Fußboden gezerrt und zog das schwere Deckbett über ihn. Dann lächelte ich vergnügt, weil die Tat soweit vollbracht war. Aber noch viele Minuten schlug das Herz weiter, mit einem unterdrückten, dumpfen Ton. Doch dies erregte mich nicht; durch die Wand würde es nicht zu hören sein. Endlich war es vorbei. Der alte Mann war tot. Ich entfernte das Deckbett und untersuchte den Körper. Ja, er war tot wie ein Stein; ich legte meine Hand auf sein Herz und hielt sie dort viele Minuten. Kein Pochen mehr. Er war tot wie ein Stein. Sein Auge würde mich nicht mehr quälen.

Wenn Sie mich jetzt noch für irrsinnig halten, so werden Sie das nicht mehr denken, sobald ich Ihnen die klugen Vorsichtsmaßregeln schildere, die ich ergriff, um den Körper zu verbergen. Die Nacht ging zu Ende, und ich arbeitete hastig, aber schweigend. Zuallererst zerstückelte ich die Leiche. Ich schnitt den Kopf und die Arme und Beine ab.

Dann nahm ich drei Dielen aus dem Fußboden und verwahrte alles zwischen den Balken. Dann legte ich die Dielen wieder so geschickt, so listig zurück, daß kein menschliches Auge – nicht einmal das *seine* – etwas Verdächtiges hätte entdecken können. Da gab es nichts, was wegzuwaschen gewesen wäre – keinen Fleck irgendwelcher Art – nicht den geringsten Blutspritzer. Dafür war ich zu schlau gewesen. Eine Wanne hatte alles aufgefangen – ha! ha!

Als ich diese Arbeiten beendet hatte, war es vier Uhr, noch dunkel wie um Mitternacht. Als die Glocke diese Stunde schlug, klopfte es an der Haustür. Ich ging hinunter, um sie leichten Herzens zu öffnen – denn was hatte ich *jetzt* zu fürchten? Drei Männer traten ein, die sich höchst verbindlich als Beamte der Polizei vorstellten. Ein Nachbar hatte während der Nacht einen Angstschrei gehört; man hatte Verdacht geschöpft, es könne etwas Übles vorgefallen sein; man hatte

police office, and they (the officers) had been deputed so search the premises.

I smiled, – for *what* had I to fear? I bade the gentlemen welcome. The shriek, I said, was my own in a dream. The old man, I mentioned, was absent in the country. I took my visitors all over the house. I bade them search – search *well*. I led them, at length, to *his* chamber. I showed them his treasures, secure, undisturbed. In the enthusiasm of my confidence, I brought chairs into the room, and desired them *here* to rest from their fatigues, while I myself, in the wild audacity of my perfect triumph, placed my own seat upon the very spot beneath which reposed the corpse of the victim.

The officers were satisfied. My *manner* had convinced them. I was singularly at ease. They sat, and while I answered cheerily, they chatted of familiar things. But, ere long, I felt myself getting pale and wished them gone. My head ached, and I fancied a ringing in my ears: but still they sat and still chatted. The ringing became more distinct: – it continued and became more distinct: I talked more freely to get rid of the feeling: but it continued and gained definiteness – until, at length, I found that the noise was *not* within my ears.

No doubt I now grew *very* pale; – but I talked more fluently, and with a heightened voice. Yet the sound increased – and what could I do? It was a *low, dull, quick sound – much such a sound as a watch makes when enveloped in cotton*. I gasped for breath – and yet the officers heard it not. I talked more quickly – more vehemently but the noise steadily increased. I arose and argued about trifles, in a high key and with violent gesticulations; but the noise steadily increased. Why *would* they not be gone? I paced the floor to and fro with heavy strides, as if excited to fury by the observations of the men—but the noise steadily increased. Oh God! what *could* I do? I foamed

beim Polizeirevier Anzeige erstattet, und sie (die Polizeibeamten) waren beauftragt worden, das Anwesen zu durchsuchen.

Ich lächelte – denn *was* hatte ich zu fürchten? Ich hieß die Herren willkommen. Der Angstschrei, sagte ich, sei mein eigener gewesen – in einem Traum. Der alte Mann, erwähnte ich nebenbei, sei abwesend, sei auf dem Land. Ich führte meine Besucher durch das ganze Haus. Ich bat sie, zu suchen – *gut* zu suchen. Ich führte sie endlich in *sein* Zimmer. Sicher und gelassen zeigte ich ihnen seine Schätze. Im Rausch meiner Zuversicht brachte ich Stühle ins Zimmer und bat sie, *hier* von ihrer ermüdenden Arbeit auszuruhen, während ich selbst in der wilden Kühnheit meines vollkommenen Triumphes meinen eigenen Stuhl genau auf den Platz stellte, unter dem die Leiche meines Opfers ruhte.

Die Beamten waren befriedigt. Mein *Verhalten* hatte sie überzeugt. Ich fühlte mich ungemein wohl. Sie saßen da, und während ich ihnen heiter antwortete, plauderten sie über alltägliche Dinge. Aber es dauerte nicht lange – da merkte ich, daß ich erbleichte, und ich wünschte, sie wären gegangen. Mein Kopf schmerzte mich, und ich glaubte, ein Sausen in meinen Ohren zu hören; aber immer noch saßen sie, schwatzten sie. Das Sausen wurde deutlicher – es hörte nicht auf und wurde deutlicher: Ich sprach dreister, um das Gefühl loszuwerden; aber das Geräusch ging weiter und wurde immer deutlicher – bis ich endlich entdeckte, das es *nicht in meinen Ohren* war.

Jetzt wurde ich ohne Zweifel *sehr* bleich – aber ich sprach noch geläufiger und mit erhobener Stimme. Dennoch schwoll der Ton an – und was konnte ich tun? Es war ein *leiser, dumpfer, schneller Ton, sehr ähnlich dem Geräusch, das eine in Watte gewickelte Uhr macht.* Ich rang nach Luft – und dennoch hörten die Beamten nichts. Ich sprach schneller, heftiger; aber der Lärm nahm beständig zu. Ich stand auf und behauptete mit hoher Stimme und leidenschaftlichen Gebärden nichtige Dinge; doch das Geräusch nahm ständig zu. *Warum* wollten sie nicht gehen? Ich lief mit schweren Schritten auf dem Fußboden hin und her, als hätten mich die Bemerkungen der Männer bis zur Wut gereizt – aber das Geräusch nahm ständig zu. Oh Gott – *was* konnte ich tun? Ich schäumte – ich raste – ich

– I raved – I swore! I swung the chair upon which I had been sitting, and grated it upon the boards, but the noise arose over all and continually increased. It grew louder – louder – *louder!* And still the men chatted pleasantly, and smiled. Was it possible they heard not? Almighty God! – no, no! They heard! – they suspected! – they *knew!* – they were making a mockery of my horror! – this I thought, and this I think. But anything was better than this agony! Anything was more tolerable than this derision! I could bear those hypocritical smiles no longer! I felt that I must scream or die! and now – again! – hark! louder! louder! louder! *louder!*

"Villains!" I shrieked, "dissemble no more! I admit the deed! – tear up the planks! here, here! – it is the beating of his hideous heart!"

Saki: Dusk

Norman Gortsby sat on a bench in the Park, with his back to a strip of bush-planted sward, fenced by the park railings, and the Row fronting him across a wide stretch of carriage drive. Hyde Park Corner, with its rattle and hoot of traffic, lay immediately to his right. It was some thirty minutes past six on an early March evening, and dusk had fallen heavily over the scene, dusk mitigated by some faint moonlight and many street lamps. There was a wide emptiness over road and sidewalk, and yet there were many unconsidered figures moving silently through the half-light or dotted unobtrusively on bench and chair, scarcely to be distinguished from the shadowed gloom in which they sat.

The scene pleased Gortsby and harmonized with his present mood. Dusk, to his mind, was the hour of the defeated. Men and women, who had fought and

fluchte – ich hob den Stuhl an, auf dem ich gesessen hatte, und scharrte damit auf den Dielen – aber das Geräusch erhob sich über dies alles und nahm ständig zu. Es wurde lauter – lauter – *lauter!* Und immer noch schwatzten die Männer behaglich und lächelten. War es möglich, daß sie nichts hörten? Allmächtiger Gott – nein, nein! Sie hörten es! – sie faßten Verdacht! – sie *wußten* es! – sie trieben Spott mit meinem Entsetzen! Das dachte ich damals, und das denke ich noch heute. Aber alles andere war besser als diese Seelenqual. Alles andere war leichter zu ertragen als dieser Hohn! Ich konnte ihr heuchlerisches Lächeln nicht mehr aushalten. Ich fühlte: jetzt mußte ich schreien oder sterben! Und dann – wieder – horch! lauter! lauter! *lauter!*

«Ihr Schurken!» schrie ich gellend, «verstellt euch nicht mehr! Ich gestehe die Tat – Reißt die Dielen auf! hier! hier! – Es ist das Pochen seines widerwärtigen Herzens!»

Saki: Abenddämmerung

Norman Gortsby saß auf einer Bank im Park. Hinter seinem Rücken befand sich ein schmaler Streifen von buschbepflanztem Rasen, durch die Parkgitter begrenzt, und vor ihm die Rotten Row jenseits eines breiten Stücks Fahrweg. Ganz in der Nähe lag rechts Hyde Park Corner mit dem Rasseln und Hupen des Verkehrs. Es war ungefähr halb sieben Uhr an einem frühen Märzabend, und die Dämmerung hatte sich schwer über das Bild gelegt, eine Dämmerung, die von einem blassen Mondlicht und vielen Straßenlaternen gemildert wurde. Eine unendliche Leere lag über Straße und Fußweg, und doch bewegten sich da viele nicht erkennbare Gestalten durch das Dämmerlicht oder waren unauffällig auf die Bänke und Stühle getüpfelt, kaum zu unterscheiden von dem düsteren Schatten, in dem sie saßen.

Das Bild gefiel Gortsby und entsprach seiner Stimmung. Die Dämmerung war für ihn die Stunde der Besiegten. Männer und Frauen, die gekämpft und verloren hatten, die

lost, who hid their fallen fortunes and dead hopes as far as possible from the scrutiny of the curious, came forth in this hour of gloaming, when their shabby clothes and bowed shoulders and unhappy eyes might pass unnoticed, or, at any rate, unrecognized.

A king that is conquered must see strange looks,
So bitter a thing is the heart of man.

The wanderers in the dusk did not choose to have strange looks fasten on them, therefore they came out in this bat-fashion, taking their pleasure sadly in a pleasure-ground that had emptied of its rightful occupants. Beyond the sheltering screen of bushes and palings came a realm of brilliant lights and noisy, rushing traffic. A blazing, many-tiered stretch of windows shone through the dusk and almost dispersed it, marking the haunts of those other people, who held their own in life's struggle, or at any rate had not had to admit failure.

So Gortsby's imagination pictured things as he sat on his bench in the almost deserted walk. He was in the mood to count himself among the defeated. Money troubles did not press on him; had he so wished he could have strolled into the thoroughfares of light and noise, and taken his place among the jostling ranks of those who enjoyed prosperity or struggled for it. He had failed in a more subtle ambition, and for the moment he was heart sore and disillusionized, and not disinclined to take a certain cynical pleasure in observing and labelling his fellow wanderers as they went their ways in the dark stretches between the lamp-lights.

On the bench by his side sat an elderly gentleman with a drooping air of defiance that was probably the remaining vestige of self-respect in an individual who had ceased to defy successfully anybody or anything. His clothes could scarcely be called shabby, at least they passed muster in the half-light, but one's imagination could not have pictured the wearer

ihre zerronnenen Vermögen und aufgegebenen Hoffnungen so weit wie möglich vor der Zudringlichkeit der Neugierigen verbargen, kamen zum Vorschein in dieser Dämmerstunde, zu der schäbige Kleider, gebeugte Schultern und freudlose Augen unbemerkt oder jedenfalls unerkannt bleiben konnten.

Dir gilt kein guter Blick, besiegter Fürst,
Und bitter zeigt sich dir der Menschen Herz.

Den Wanderern in der Dämmerung lag nicht daran, ungute Blicke auf sich zu ziehen, und so kamen sie hervor wie die Fledermäuse, um ihrer traurigen Lustbarkeit in einem Lustgarten nachzugehen, den seine rechtmäßigen Besitzer verlassen hatten. Auf der anderen Seite des schützenden Schirms aus Büschen und Zäunen lag das Reich der hellen Lampen und des lärmenden, eiligen Verkehrs. In vielen Reihen übereinander schien eine strahlende Flucht von Fenstern durch das Dämmerlicht und zerstreute es beinahe. Sie bezeichnete die Behausungen jener anderen Menschen, die sich im Kampf ums Dasein behaupteten oder jedenfalls ihr Versagen nicht hatten eingestehen müssen. So malte Gortsby sich die Dinge aus, während er da auf seiner Bank am fast menschenleeren Weg saß. Er war in der richtigen Stimmung, um sich zu den Besiegten zu zählen. Geldsorgen drückten ihn nicht; wenn ihm danach zumute gewesen wäre, hätte er in die Verkehrsadern voll Licht und Lärm schlendern und seinen Platz im Gedränge derer einnehmen können, die sich des Wohlstands erfreuten oder ihm nachjagten. Er hatte in einem schwierigeren Streben versagt, und nun saß er mit wundem Herzen und ohne Illusionen da und war nicht abgeneigt, ein gewisses zynisches Vergnügen darin zu finden, seine Mitwanderer zu beobachten und einzuordnen, die ihren Weg durch die dunklen Strecken zwischen den Lichtkreisen der Lampen gingen.

Neben ihm auf der Bank saß ein ältlicher Herr mit einer etwas matt herausfordernden Miene, die wahrscheinlich die letzte Spur der Selbstachtung war bei einem Menschen, dem es nicht mehr gelang, irgend jemand oder irgend etwas mit Erfolg herauszufordern. Seine Kleider waren nicht eigentlich schäbig zu nennen, jedenfalls konnte man sie im Zwielicht durchgehen lassen, aber keine Phantasie hätte sich auszumalen vermocht,

embarking on the purchase of a half-crown box of chocolates or laying out ninepence on a carnation buttonhole. He belonged unmistakably to that forlorn orchestra to whose piping no one dances; he was one of the world's lamenters who induces no responsive weeping. As he rose to go Gortsby imagined him returning to a home circle where he was snubbed and of no account, or to some bleak lodging where his ability to pay a weekly bill was the beginning and end of the interest he inspired. His retreating figure vanished slowly into the shadows, and his place on the bench was taken almost immediately by a young man, fairly well dressed but scarcely more cheerful of mien than his predecessor. As if to emphasize the fact that the world went badly with him the new-comer unburdened himself of an angry and very audible expletive as he flung himself into the seat.

"You don't seem in a very good temper," said Gortsby, judging that he was expected to take due notice of the demonstration.

The young man turned to him with a look of disarming frankness which put him instantly on his guard.

"You wouldn't be in a good temper if you were in the fix I'm in," he said; "I've done the silliest thing I've ever done in my life."

"Yes?" said Gortsby dispassionately.

"Came up this afternoon, meaning to stay at the Patagonian Hotel in Berkshire Square," continued the young man; "when I got there I found it had been pulled down some weeks ago and a cinema theatre run up on the site. The taxi driver recommended me to another hotel some way off and I went there. I just sent a letter to my people, giving them the address, and then I went out to buy some soap – I'd forgotten to pack any and I hate using hotel soap. Then I strolled about a bit, had a drink at a bar and looked at the

wie der Träger dieser Kleidung sich zum Kauf einer Pralinen-
schachtel für zweieinhalb Schilling verstieg oder neun Pence
auf eine Nelke fürs Knopfloch verschwendete. Er gehörte
unverkennbar zu jenem verlorenen Orchester, nach dessen
Pfeifen niemand tanzt; er war einer von den Klagenden dieser
Welt, der keine Träne des Mitleids mehr hervorruft. Als er
aufstand um wegzugehen, stellte sich Gortsby vor, wie er in
einen häuslichen Kreis zurückkehrte, wo er umhergestoßen
und nicht für voll genommen wurde, oder in ein ödes
Mietszimmer, wo seine Zahlungsfähigkeit hinsichtlich der
wöchentlichen Rechnung Anfang und Ende der Anteilnahme
darstellte, die er hervorrief. Seine entschwindende Gestalt
verlor sich in den Schatten, und sein Platz auf der Bank wurde
fast augenblicklich von einem jungen Mann eingenommen, der
leidlich gut gekleidet war, aber kaum fröhlicher dreinsah als
sein Vorgänger. Als wollte er mit Nachdruck die Tatsache
betonen, daß die Welt es schlecht mit ihm meinte, erleichterte
sich der Ankömmling durch einen wütenden und sehr
vernehmlichen Fluch, als er sich auf seinen Platz fallen ließ.

«Sie scheinen nicht gut aufgelegt zu sein», sagte Gortsby,
weil er annahm, er sei verpflichtet, von dieser Aufführung
gebührend Notiz zu nehmen.

Der junge Mann wandte sich ihm mit einem Blick voll ent-
waffnendem Freimut zu, der ihn sofort auf der Hut sein ließ.

«Sie wären auch nicht gut aufgelegt, wenn Sie so in der
Klemme wären wie ich», sagte er. «Ich habe die größte
Dummheit meines Lebens gemacht.»

«Ja?» sagte Gortsby ruhig.

«Ich bin heute nachmittag angekommen und wollte im
Hotel Patagonia am Berkshire-Platz absteigen», fuhr der junge
Mann fort. «Als ich da ankam, sah ich, daß es vor ein paar
Wochen abgerissen worden ist und jetzt ein Kino an der Stelle
gebaut wird. Der Taxichauffeur empfahl mir ein anderes Hotel,
ein ganzes Stück weit weg, da bin ich hingegangen. Ich schrieb
nur schnell einen Brief nach Hause mit meiner Anschrift und
ging dann weg, um Seife zu kaufen: ich hatte vergessen,
welche einzupacken, und hasse es, die Hotelseife zu benutzen.
Dann bin ich noch ein bißchen weiter gebummelt, hab in einer

shops, and when I came to turn my steps back to the hotel I suddenly realized that I didn't remember its name or even what street it was in. There's nice predicament for a fellow who hasn't any friends or connections in London! Of course I can wire to my people for the address, but they won't have got my letter till to-morrow; meantime I'm without any money, came out with about a shilling on me, which went in buying the soap and getting the drink, and here I am, wandering about with twopence in my pocket and nowhere to go for the night."

There was an eloquent pause after the story had been told. "I suppose you think I've spun you rather an impossible yarn," said the young man presently, with a suggestion of resentment in his voice.

"Not at all impossible," said Gortsby judicially; "I remember doing exactly the same thing once in a foreign capital, and on that occasion there were two of us, which made it more remarkable. Luckily we remembered that the hotel was on a sort of canal, and when we struck the canal we were able to find our way back to the hotel."

The youth brightened at the reminiscence. "In a foreign city I wouldn't mind so much," he said; "one could go to one's Consul and get the requisite help from him. Here in one's own land one is far more derelict if one gets into a fix.

Unless I can find some decent chap to swallow my story and lend me some money I seem likely to spend the night on the Embankment. I'm glad, anyhow, that you don't think the story outrageously improbable."

He threw a good deal of warmth into the last remark, as though perhaps to indicate his hope that Gortsby did not fall far short of the requisite decency.

"Of course," said Gortsby slowly, "the weak point of your story is that you can't produce the soap."

The young man sat forward hurriedly, felt rapidly

234
235

Bar etwas getrunken und mir die Läden angeguckt, und als ich ins Hotel zurückwollte, stellte ich plötzlich fest, daß ich seinen Namen nicht mehr im Kopf hatte, ja nicht einmal die Straße, in der es lag. Schöne Bescherung für jemanden, der keine Freunde oder Bekannte in London hat. Natürlich kann ich wegen der Adresse nach Hause telegraphieren, aber vor morgen früh haben sie meinen Brief nicht, und so lange stehe ich ohne Geld da. Ich bin mit etwa einem Schilling weggegangen, der für den Kauf der Seife und für das Getränk draufgegangen ist. Nun laufe ich herum mit zwei Pence in der Tasche und ohne zu wissen, wohin ich über Nacht soll.»

Es folgte eine vielsagende Pause, nachdem die Geschichte erzählt war. «Sie glauben wahrscheinlich, ich habe Ihnen da ein unmögliches Garn vorgesponnen», sagte der junge Mann gleich darauf mit einem Anflug von Empfindlichkeit in der Stimme.

«Gar nicht unmöglich», sagte Gortsby sachlich. «Ich erinnere mich, daß mir dasselbe einmal in einer ausländischen Hauptstadt passiert ist, und damals waren wir zu zweit, was die Sache noch bemerkenswerter macht. Zum Glück fiel uns ein, daß das Hotel an einer Art Kanal lag, und als wir auf den Kanal stießen, konnten wir unseren Weg zurück ins Hotel finden.»

Das Gesicht des jungen Mannes hellte sich auf, als er von diesen Erinnerungen hörte. «In einer ausländischen Stadt würde mich das nicht stören», sagte er, «da kann man zu seinem Konsul gehen und die nötige Hilfe von dem bekommen. Hier im eigenen Land ist man noch viel mehr aufgeschmissen, wenn man in die Klemme gerät. Wenn ich nicht einen anständigen Kerl finde, der meine Geschichte schluckt und mir etwas Geld leiht, werde ich wohl die Nacht am Themseufer zubringen müssen. Immerhin bin ich froh, daß Sie die Geschichte nicht übertrieben unwahrscheinlich finden.»

Er legte ziemlich viel Wärme in die letzte Bemerkung. Vielleicht wollte er damit seine Hoffnung andeuten, daß Gortsby nicht verfehlen würde, den gehörigen Anstand aufzubringen.

«Natürlich», sagte Gortsby bedächtig, «ist es der schwache Punkt Ihrer Geschichte, daß Sie die Seife nicht zeigen können.»

Der junge Mann richtete sich hastig auf, suchte rasch in

in the pockets of his overcoat, and then jumped to his feet.

"I must have lost it," he muttered angrily.

"To lose an hotel and a cake of soap on one afternoon suggests wilful carelessness," said Gortsby, but the young man scarcely waited to hear the end of the remark. He flitted away down the path, his head held high, with an air of somewhat jaded jauntiness.

"It was a pity," mused Gortsby; "the going out to get one's own soap was the one convincing touch in the whole story, and yet it was just that little detail that brought him to grief. If he had had the brilliant forethought to provide himself with a cake of soap, wrapped and sealed with all the solicitude of the chemist's counter, he would have been a genius in his particular line. In his particular line genius certainly consists of an infinite capacity for taking precautions."

With that reflection Gortsby rose to go; as he did so an exclamation of concern escaped him. Lying on the ground by the side of the bench was a small oval packet, wrapped and sealed with the solicitude of a chemist's counter. It could be nothing else but a cake of soap, and it had evidently fallen out of the youth's overcoat pocket when he flung himself down on the seat. In another moment Gortsby was scudding along the dusk-shrouded path in anxious quest for a youthful figure in a light overcoat. He had nearly given up the search when he caught sight of the object of his pursuit standing irresolutely on the border of the carriage drive, evidently uncertain whether to strike across the Park or make for the bustling pavements of Knightsbridge. He turned round sharply with an air of defensive hostility when he found Gortsby hailing him.

"The important witness to the genuineness of your story has turned up," said Gortsby, holding out the cake of soap; "it must have slid out of your overcoat

den Taschen seines Mantels und erhob sich dann mit einem Sprung.

«Ich muß sie verloren haben», murmelte er ärgerlich.

«Ein Hotel und ein Stück Seife an einem Nachmittag zu verlieren läßt auf vorsätzliche Sorglosigkeit schließen», sagte Gortsby, aber der junge Mann wartete das Ende dieser Bemerkung kaum ab. Er machte sich hocherhobenen Hauptes und mit dem Ausdruck leicht gedämpfter Keckheit auf dem Weg davon.

«Schade», überlegte Gortsby. «Noch einmal weggehen, um eigene Seife zu kaufen, das war der einzige überzeugende Zug in der ganzen Geschichte, und doch ist er gerade über diese kleine Einzelheit gestolpert. Hätte er die großartige Umsicht aufgebracht, ein mit der ganzen Sorgfalt des Drogisten eingewickeltes und zugeklebtes Stück Seife einzustecken, wäre er ein Genie auf seinem Gebiet gewesen. Auf seinem Gebiet besteht Genie zweifellos aus einer grenzenlosen Begabung für Vorsichtsmaßnahmen.»

Mit dieser Überlegung stand Gortsby auf, um zu gehen. Aber dabei entfuhr ihm ein Ausruf der Bestürzung. Neben der Bank lag auf dem Boden ein ovales, mit der ganzen Sorgfalt des Drogisten eingewickeltes und zugeklebtes Päckchen. Es konnte nur ein Stück Seife sein, und es war offensichtlich dem jungen Mann aus der Manteltasche gefallen, als er sich schwungvoll auf seinen Platz gesetzt hatte. Im nächsten Augenblick eilte Gortsby den in Dämmerung gehüllten Weg entlang und hielt ängstlich Ausschau nach einer jugendlichen Gestalt in leichtem Mantel. Er hatte die Suche schon fast aufgegeben, als er den Gegenstand seiner Verfolgung entdeckte, der unentschlossen am Rand der Fahrbahn stand und sich offenbar nicht entscheiden konnte, ob er durch den Park gehen oder die Richtung auf das geschäftige Pflaster von Knightsbridge einschlagen sollte. Er drehte sich ruckartig mit verteidigungsbereiter Feindseligkeit um, als er merkte, daß Gortsby nach ihm rief.

«Der entscheidende Zeuge für die Wahrheit Ihrer Geschichte ist aufgetaucht», sagte Gortsby und hielt das Stück Seife hin. «Es muß Ihnen aus der Manteltasche gerutscht sein, als Sie sich

pocket when you sat down on the seat. I saw it on the ground after you left. You must excuse my disbelief, but appearances were really rather against you, and now, as I appealed to the testimony of the soap I think I ought to abide by its verdict. If the loan of a sovereign is any good to you –"

The young man hastily removed all doubt on the subject by pocketing the coin.

"Here is my card with my address," continued Gortsby; "any day this week will do for returning the money, and here is the soap – don't lose it again; it's been a good friend to you."

"Lucky thing your finding it," said the youth and then, with a catch in his voice, he blurted out a word or two of thanks and fled headlong in the direction of Knightsbridge.

"Poor boy, he as nearly as possible broke down," said Gortsby to himself. "I don't wonder either; the relief from his quandary must have been acute. It's a lesson to me not to be too clever in judging by circumstances."

As Gortsby retraced his steps past the seat where the little drama had taken place he saw an elderly gentleman poking and peering beneath it and on all sides of it, and recognized his earlier fellow occupant.

"Have you lost anything, sir?" he asked.

"Yes, sir, a cake of soap."

Robert Louis Stevenson: The Body-Snatcher

Every night in the year, four of us sat in the small parlour of the George at Debenham – the undertaker, and the landlord, and Fettes, and myself. Sometimes there would be more; but blow high, blow low, come rain or snow or frost, we four would be each planted in his own particular arm-chair. Fettes was an old

auf Ihren Platz setzten. Ich sah es auf dem Boden, nachdem Sie weggegangen waren. Sie müssen meine Ungläubigkeit entschuldigen, aber der Anschein sprach ja wirklich eher gegen Sie. Nun, da ich die Seife zum Zeugnis angerufen hatte, muß ich mich wohl an ihren Wahrspruch halten. Wenn Ihnen mit einem Zwanzig-Schilling-Stück als Darlehen gedient ist...»

Der junge Mann zerstreute hastig alle Zweifel in dieser Hinsicht, indem er die Münze einsteckte.

«Hier ist meine Karte mit meiner Anschrift», fuhr Gortsby fort. «Es genügt, wenn Sie mir irgendwann in dieser Woche das Geld zurückgeben. Und hier ist die Seife – verlieren Sie sie nicht noch einmal, sie hat sich als guter Freund erwiesen.»

«Fein, daß Sie sie gefunden haben», sagte der junge Mann. Dann stieß er mit einem Kratzen in der Stimme ein oder zwei Worte des Dankes aus und floh Hals über Kopf in Richtung Knightsbridge.

«Armer Junge, er war wirklich knapp am Zusammenbrechen», sagte sich Gortsby. «Das wundert mich auch nicht weiter; die Befreiung aus seiner mißlichen Lage wird ihn hart mitgenommen haben. Für mich ist es eine Lehre, nicht zu spitzfindig nach den Umständen zu urteilen.»

Als Gortsby seine Schritte zurücklenkte, an der Bank vorbei, wo das kleine Drama stattgefunden hatte, sah er einen älteren Herrn darunter und rings umher stochern und herumsuchen. Er erkannte den Mann, der vorher mit ihm dort gesessen hatte.

«Haben Sie etwas verloren?»fragte er.

«Ja, ein Stück Seife.»

Robert Louis Stevenson: Der Leichenräuber

Jeden Abend, den das Jahr werden ließ, verbrachten wir in der kleinen Gaststube des «George» in Debenham – der Leichenbestatter, der Wirt, Fettes und ich. Manchmal waren es auch mehr. Doch bei jedem Wetter, es mochte stürmen, regnen, schneien oder frieren, saß jeder von uns tief vergraben in seinem ganz bestimmten eigenen Sessel. Fettes war ein alter

drunken Scotchman, a man of education obviously, and a man of some property, since he lived in idleness. He had come to Debenham years ago, while still young and by a mere continuance of living had grown to be an adopted townsman. His blue camlet cloak was a local antiquity, like the church-spire. His place in the parlour at the George, his absence from church, his old crapulous, disreputable vices were all things of course in Debenham. He had some vague Radical opinions and some fleeting infidelities, which he would now and again set forth and emphasise with cottering slaps upon the table. He drank rum – five glasses regularly every evening; and for the greater portion of his nightly visit to the George sat, with his glass in his right hand, in a state of melancholy alcoholic saturation. We called him the Doctor, for he was supposed to have some special knowledge of medicine, and had been known, upon a pinch, to set a fracture or reduce a dislocation; but beyond these slight particulars, we had no knowledge of his character and antecedents.

One dark winter night – it had struck nine some time before the landlord joined us – there was a sick man in the George, a great neighbouring proprietor suddenly struck down with apoplexy on his way to Parliament; and the great man's still greater London doctor had been telegraphed to his bedside. It was the first time that such a thing had happened in Debenham, for the railway was but newly open, and we were all proportionately moved by the occurrence.

"He's come," said the landlord, after he had filled and lighted his pipe.

"He?" said I. "Who? – not the doctor?"

"Himself," replied our host.

"What is his name?"

"Doctor Macfarlane," said the landlord.

Fettes was far through his third tumbler, stupidly fuddled, now nodding over, now staring mazily

schottischer Trunkenbold, offensichtlich ein Mann von Bildung und von einigem Vermögen, denn er verbrachte sein Leben im Müßiggang. Er war vor Jahren, als er noch jung war, nach Debenham gekommen und hatte das Bürgerrecht erworben, einfach dadurch, daß er lang hier lebte. Sein blauer Kamelottmantel war, wie der Kirchturm, eine antike Sehenswürdigkeit der Gegend. Sein Platz in der Halle des «George», seine Abwesenheit beim Gottesdienst, seine alte, verrufene Liebe zum Alkohol, das alles gehörte in Debenham dazu. Er hatte einige unklare radikale Ansichten und einige Anflüge von Unglauben, die er dann und wann darlegte und mit zittrigen Schlägen auf den Tisch unterstrich. Er trank Rum, regelmäßig fünf Glas jeden Abend. So saß er den größten Teil seiner nächtlichen Besuche im «George», das Glas in der rechten Hand, in einem Zustand melancholischer Volltrunkenheit. Wir nannten ihn den Doktor, denn man schrieb ihm besondere medizinische Kenntnisse zu und wußte, daß er mit einem kurzen Druck einen Bruch einrichten und Glieder einrenken konnte. Aber außer diesen kleinen Besonderheiten wußten wir nichts über sein Wesen und sein Vorleben.

Es war in einer dunklen Winternacht; vor einer Weile hatte es neun geschlagen, und der Wirt setzte sich zu uns. Damals wohnte ein kranker Mann im «George», ein reicher Grundbesitzer aus der Nachbarschaft, der auf dem Weg ins Parlament mit einem Schlaganfall zusammengebrochen war. Der bedeutende Mann hatte einen noch bedeutenderen Londoner Arzt, und dieser war telegraphisch an sein Bett gerufen worden. Es war das erste Mal, daß so etwas in Debenham geschah, denn die Eisenbahnverbindung war erst vor kurzem eröffnet worden, und das Ereignis bewegte uns alle dementsprechend.

«Er ist da», sagte der Wirt, nachdem er sich die Pfeife gestopft und angezündet hatte.

«Er?» fragte ich. «Wer? Doch nicht der Arzt?»

«Eben dieser», antwortete unser Gastgeber.

«Wie heißt er?»

«Doktor Macfarlane», sagte der Wirt.

Fettes hatte schon sein drittes Glas fast leer und war ziemlich angesäuselt, wobei er entweder nach vorne überkippte oder

around him; but at the last word he seemed to awaken, and repeated the name "Macfarlane" twice, quietly enough the first time, but with sudden emotion at the second.

"Yes," said the landlord, "that's his name, Doctor Wolfe Macfarlane."

Fettes became instantly sober; his eyes awoke, his voice became clear, loud, and steady, his language forcible and earnest. We were all startled by the transformation, as if a man had risen from the dead.

"I beg your pardon," he said, "I am afraid I have not been paying much attention to your talk. Who is this Wolfe Macfarlane?" And then, when he had heard the landlord out, "It cannot be, it cannot be," he added; "and yet I would like well to see him face to face."

"Do you know him, Doctor?" asked the undertaker, with a gasp.

"God forbid!" was the reply. "And yet the name is a strange one; it were too much to fancy two. Tell me, landlord, is he old?"

"Well," said the host, "he's not a young man, to be sure, and his hair is white; but he looks younger than you."

"He is older, though; years older. But," with a slap upon the table, "it's the rum you see in my face – rum and sin. This man, perhaps, may have an easy conscience and a good digestion. Conscience! Hear me speak. You would think I was some good, old, decent Christian, would you not? But no, not I; I never canted. Voltaire might have canted if he'd stood in my shoes; but the brains" – with a rattling fillip on his bald head – "the brains were clear and active, and I saw and made no deductions."

"If you know this doctor," I ventured to remark, after a somewhat awful pause, "I should gather that you do not share the landlord's good opinion."

Fettes paid no regard to me.

wirr um sich starrte. Doch bei dem letzten Wort schien er zu erwachen, und er wiederholte zweimal den Namen «Macfarlane», erst leise, doch dann mit plötzlicher Bewegung.

«Ja», sagte der Wirt, «das ist sein Name, Doktor Wolfe Macfarlane.»

Fettes wurde augenblicklich nüchtern, seine Augen erwachten, die Stimme wurde laut und klar und seine Sprache kraftvoll und ernst. Wir waren alle durch diese Verwandlung so bestürzt, als sei ein Toter auferstanden.

«Ich bitte um Verzeihung», begann er. «Ich fürchte, ich habe Ihrem Gespräch nicht viel Aufmerksamkeit geschenkt. Wer ist dieser Wolfe Macfarlane?» Und dann, nachdem er dem Wirt zugehört hatte, fügte er hinzu: «Das kann nicht sein, das kann nicht sein. Und doch, ich möchte ihn von Angesicht zu Angesicht sehen.»

«Kennen Sie ihn, Doktor?» fragte der Leichenbestatter mit einem Keuchen.

«Gott bewahre!» war die Antwort. «Und doch, es ist ein ungewöhnlicher Name; man kann sich wirklich nicht vorstellen, daß es ihn zweimal gibt. Sagen Sie mir, Herr Wirt, ist er alt?»

«Nun, er ist mit Sicherheit kein junger Mann mehr, und er hat weißes Haar; aber er sieht jünger aus als Sie.»

«Und doch ist er älter, Jahre älter. Aber», er schlug auf den Tisch, «es ist der Rum, den ihr in meinem Gesicht seht. Der Rum und die Sünde. Dieser Mann hat vielleicht ein ruhiges Gewissen und eine gute Verdauung. Gewissen! Hört mich an. Ihr glaubt, ich sei ein guter, alter, ordentlicher Christ, nicht wahr? Aber nein, das bin ich nicht. Ich habe nie scheinheilige Reden geführt. Voltaire hätte das getan, hätte er in meinen Schuhen gesteckt. Aber das Hirn» – dabei schlug er sich heftig an den kahlen Kopf – «das Hirn war klar und hat gearbeitet, und ich habe die Augen aufgemacht – nur keine Folgerungen gezogen.»

«Wenn Sie den Doktor kennen», wagte ich zu bemerken, «so muß ich annehmen, daß Sie die gute Meinung des Wirts nicht teilen.»

Fettes beachtete mich nicht.

"Yes," he said, with sudden decision, "I must see him face to face."

There was another pause, and then a door was closed rather sharply on the first floor, and a step was heard upon the stair.

"That's the doctor," cried the landlord. "Look sharp, and you can catch him."

It was but two steps from the small parlour to the door of the old George Inn; the wide oak staircase landed almost in the street; there was room for a Turkey rug and nothing more between the threshold and the last round of the descent; but this little space was every evening brilliantly lit up, not only by the light upon the stair and the great signal lamp below the sign, but by the warm radiance of the bar-room window. The George thus brightly advertised itself to passers-by in the cold street. Fettes walked steadily to the spot, and we, who were hanging behind, beheld the two men meet, as one of them had phrased it, face to face. Dr. Macfarlane was alert and vigorous. His white hair set off his pale and placid, although energetic, countenance. He was richly dressed in the finest of broadcloth and the whitest of linen, with a great gold watch-chain, and studs and spectacles of the same precious material. He wore a broad-folded tie, white and speckled with lilac, and he carried on his arm a comfortable driving-coat of fur. There was no doubt but he became his years, breathing, as he did, of wealth and consideration; and it was a surprising contrast to see our parlour sot – bald, dirty, pimpled, and robed in his old camlet cloak – confront him at the bottom of the stairs.

"Macfarlane!" he said somewhat loudly, more like a herald than a friend.

The great doctor pulled up short on the fourth step, as though the familiarity of the address surprised and somewhat shocked his dignity.

"Toddy Macfarlane!" repeated Fettes.

«Ja», sagte er mit plötzlicher Entschiedenheit, «ich muß ihn von Angesicht zu Angesicht sehen.»

Wieder entstand eine Pause, und dann wurde im ersten Stock eine Tür ziemlich heftig geschlossen, und auf der Treppe waren Schritte zu hören.

«Das ist der Doktor», rief der Wirt. «Schauen Sie genau hin, dann können Sie ihn erkennen.»

Nur zwei Schritte trennten den kleinen Raum von der Eingangstür des alten «George Inn». Das weite eichene Treppenhaus führte fast bis auf die Straße. Zwischen die Schwelle und die letzte Biegung der Treppe paßte gerade noch ein türkischer Teppich. Doch dieser kleine Platz war jeden Abend nicht nur durch das Treppenlicht und die große Laterne unter dem Wirtshausschild, sondern auch von dem warmen Schein, der durch das Fenster der Schankstube drang, hell erleuchtet. So empfahl sich der «George» in lichtem Glanze den Passanten, die auf der kalten Straße vorübereilten. Fettes ging zielstrebig auf den Platz zu, und wir, die wir etwas hinter ihm blieben, sahen, wie die zwei Männer sich begegneten, von Angesicht zu Angesicht, wie der eine von ihnen es ausgedrückt hatte. Doktor Macfarlane war aufmerksam und lebhaft. Das weiße Haar hob sich ab von einer bleichen und ruhigen, dabei kraftvollen Miene. Er war vornehm gekleidet in feinstes Tuch und weißestes Leinen und trug eine große goldene Uhrenkette sowie Manschettenknöpfe und eine Brille aus demselben edlen Material. Sein Halstuch, weiß mit violetten Tupfen, war in breite Falten gelegt. Über dem Arm trug er einen feinen Reisemantel aus Pelz. Zweifellos benahm er sich passend für sein Alter, indem er, oh ja, Wohlstand und Liebenswürdigkeit ausstrahlte. Es war ein Anblick erstaunlicher Gegensätze, wie unser alter Trunkenbold – kahlköpfig, schmutzig, pickelig und mit seinem alten Kamelottumhang bekleidet – ihm am Fuße der Treppe gegenübertrat.

«Macfarlane!» sagte er ziemlich laut, eher wie ein Bote als wie ein Freund.

Der bedeutende Arzt hielt auf der vierten Stufe inne, als ob die Vertraulichkeit der Anrede seine Würde überraschte oder gar verletzte.

«Toddy Macfarlane!» wiederholte Fettes.

The London man almost staggered. He stared for the swiftest of seconds at the man before him, glanced behind him with a sort of scare, and then in a startled whisper, "Fettes!" he said, "you!"

"Ay," said the other, "me! Did you think I was dead too? We are not so easy shut of our acquaintance."

"Hush, hush!" exclaimed the doctor. "Hush, hush! this meeting is so unexpected – I can see you are unmanned. I hardly knew you, I confess, at first; but I am overjoyed – overjoyed to have this opportunity. For the present it must be how-d'ye-do and good-bye in one, for my fly is waiting, and I must not fail the train; but you shall – let me see – yes – you shall give me your address, and you can count on early news of me. We must do something for you, Fettes. I fear you are out at elbows; but we must see to that for auld lang syne, as once we sang at suppers."

"Money!" cried Fettes; "money from you! The money that I had from you is lying where I cast it in the rain."

Dr. Macfarlane had talked himself into some measure of superiority and confidence, but the uncommon energy of this refusal cast him back into his first confusion.

A horrible, ugly look came and went across his almost venerable contenance. "My dear fellow," he said, "be it as you please; my last thought is to offend you. I would intrude on none. I will leave you my address, however –"

"I do not wish it – I do not wish to know the roof that shelters you," interrupted the other. "I heard your name; I feared it might be you; I wished to know if, after all, there were a God; I know now that there is none. Begone!"

He still stood in the middle of the rug, between the stair and doorway; and the great London physician, in order to escape, would be forced to step to one side. It was plain that he hesitated before the thought of

Der Mann aus London taumelte fast. Er starrte den Mann, der vor ihm stand, einen Augenblick lang an, warf in plötzlichem Erschrecken einen Blick hinter sich und flüsterte dann erregt: «Fettes, du?»

«Ja», sagte der andere, «ich bin es! Dachtest du, ich sei auch tot? Unsere Bekanntschaft ist nicht so leicht zu beenden.»

«Still, still!» rief der Arzt. «Still, still! Diese Begegnung kommt so unerwartet. Ich sehe, du bist allein. Ich gestehe, zuerst hätte ich dich fast nicht erkannt. Aber ich bin überglücklich – überglücklich, daß sich diese Gelegenheit ergeben hat. Zwar muß es im Augenblick bei ‹Guten Tag und zugleich auf Wiedersehen› bleiben, denn meine Droschke wartet, und ich darf den Zug nicht versäumen. Aber gib mir – laß mich sehen – ja – gib mir deine Adresse, und du kannst bald mit einer Nachricht von mir rechnen. Wir müssen etwas für dich tun, Fettes. Mir scheint, es geht dir schlecht. Wir müssen uns wieder an die guten alten Zeiten erinnern, da wir beim Abendessen miteinander gesungen haben.»

«Geld!» rief Fettes. «Geld von dir! Das Geld, das ich von dir bekam, liegt noch dort, wohin ich es im Regen geworfen habe.»

Doktor Macfarlane hatte sich bis zu einen gewissen Grade in Überlegenheit und Selbstvertrauen hineingeredet, doch die ungewöhnliche Kraft dieser Zurückweisung stieß ihn in seine anfängliche Verwirrung zurück.

Ein furchtbarer, böser Ausdruck breitete sich auf seiner fast ehrwürdigen Miene aus. «Mein lieber Freund», sagte er, «es sei, wie du willst. Dich beleidigen ist das letzte, was ich möchte. Ich dränge mich niemandem auf. Auf alle Fälle hinterlasse ich dir meine Adresse.»

«Ich will sie nicht haben – ich will das Dach, unter dem du wohnst, nicht kennen», unterbrach ihn der andere, «ich habe deinen Namen gehört, habe gefürchtet, du könntest es sein. Immer wollte ich wissen, ob es trotz allem einen Gott gibt. Jetzt weiß ich: es gibt keinen. Fort mit dir!»

Er stand noch immer mitten auf dem Teppich zwischen der Treppe und dem Ausgang. Der große Londoner Arzt mußte, um hinauszugehen, auf die Seite treten. Es war offensichtlich, daß er bei dem Gedanken an diese Demütigung zögerte. Bleich

this humiliation. White as he was, there was a dangerous glitter in his spectacles; but while he still paused uncertain, he became aware that the driver of his fly was peering in from the street at this unusual scene and caught a glimpse at the same time of our little body from the parlour, huddled by the corner of the bar. The presence of so many witnesses decided him at once to flee. He crouched together, brushing on the wainscot, and made a dart like a serpent, striking for the door. But his tribulation was not entirely at an end, for even as he was passing Fettes clutched him by the arm and these words came in a whisper, and yet painfully distinct, "Have you seen it again?"

The great rich London doctor cried out aloud with a sharp, throttling cry; he dashed his questioner across the open space, and, with his hands over his head, fled out of the door like a detected thief. Before it had occurred to one of us to make a movement the fly was already rattling toward the station. The scene was over like a dream, but the dream had left proofs and traces of its passage. Next day the servant found the fine gold spectacles broken on the threshold, and that very night we were all standing breathless by the bar-room window, and Fettes at our side, sober, pale, and resolute in look.

"God protect us, Mr. Fettes!" said the landlord, coming first into possession of his customary senses. "What in the universe is all this? These are strange things you have been saying."

Fettes turned toward us; he looked us each in succession in the face. "See if you can hold your tongues," said he. "That man Macfarlane is not safe to cross; those that have done so already have repented it too late."

And then, without so much as finishing his third glass, far less waiting for the other two, he bade uns good-bye and went forth, under the lamp of the hotel, into the black night.

wie er war, erschien ein gefährliches Glitzern in seiner Brille. Doch während er noch innehielt, bemerkte er, daß der Droschkenkutscher diese ungewöhnliche Szene beobachtete, und gleichzeitig bemerkte er unsere kleine Gaststuben-Gesellschaft, die hinter einer Ecke der Bar hockte.

Die Gegenwart so vieler Zeugen veranlaßte ihn, sich sofort zur Flucht zu entschließen. Er duckte sich, drückte sich an der Holztäfelung vorbei und schnellte vor wie eine Schlange, um die Tür zu erreichen. Aber seine Bedrängnis war noch nicht vorüber, denn als er an Fettes vorbei wollte, faßte dieser ihn am Arm, und flüsternd, doch mit schmerzender Deutlichkeit, stieß er die Worte hervor: «Hast du es wiedergesehen?»

Der große, bedeutende Londoner Arzt gab einen spitzen, erstickten Schrei von sich. Er rempelte den Fragenden aus dem Fluchtweg, und mit den Händen über dem Kopf floh er aus der Tür wie ein entlarvter Dieb. Bevor es einem von uns in den Sinn kam, sich zu rühren, ratterte die Kutsche schon in Richtung Bahnhof. Die Szene war vorüber wie ein Traum, doch der Traum hatte Beweise und Spuren der Wirklichkeit hinterlassen: Am nächsten Tag fand der Diener die goldene Brille zerbrochen auf der Schwelle. Noch in derselben Nacht aber standen wir alle atemlos am Fenster des Schankraums, und Fettes, der nüchtern, blaß und entschlossen aussah, war unter uns.

«Gott beschütze uns, Mr. Fettes!» sagte der Wirt, der als erster wieder in den Besitz seiner normalen Sinne kam. «Was im Himmel bedeutet das alles? Es ist sonderbares Zeug, was Sie da sagen.»

Fettes wandte sich zu uns um und sah jedem von uns der Reihe nach ins Gesicht. «Hoffentlich könnt ihr darüber schweigen», sagte er. «Es ist gefährlich, diesem Menschen namens Macfarlane in die Quere zu kommen. Wer es getan hat, hat es bereut – und da war es zu spät.»

Und dann, ohne auch nur sein drittes Glas auszutrinken, und erst recht, ohne auf die beiden anderen zu warten, verabschiedete er sich von uns, trat unter die Laterne vor der Gastwirtschaft und ging in die schwarze Nacht davon.

We three turned to our places in the parlour, with the big red fire and four clear candles ; and as we recapitulated what had passed, the first chill of our surprise soon changed into a glow of curiosity. We sat late ; it was the latest session I have known in the old George. Each man, before we parted, had his theory that he was bound to prove ; and none of us had any nearer business in this world than to track out the past of our condemned companion, and surprise the secret that he shared with the great London doctor. It is no great boast, but I believe I was a better hand at worming out a story than either of my fellows at the George ; and perhaps there is now no other man alive who could narrate to you the following foul and unnatural events.

In his young days Fettes studied medicine in the schools of Edinburgh. He had talent of a kind, the talent that picks up swiftly what it hears and readily retails it for its own. He worked little at home ; but he was civil, attentive, and intelligent in the presence of his masters. They soon picked him out as a lad who listened closely and remembered well ; nay, strange as it seemed to me when I first heard it, he was in those days well favoured, and pleased by his exterior. There was, at that period, a certain extramural teacher of anatomy, whom I shall here designate by the letter K. His name was subsequently too well known. The man who bore it skulked through the streets of Edinburgh in disguise, while the mob that applauded at the execution of Burke called loudly for the blood of his employer. But Mr. K—— was then at the top of his vogue ; he enjoyed a popularity due partly to his own talent and address, partly to the incapacity of his rival, the university professor. The students, at least, swore by his name, and Fettes believed himself, and was believed by others, to have laid the foundations of success when he acquired the

Wir drei begaben uns wieder auf unsere Plätze in der Gaststube, in der das große rote Feuer und vier helle Kerzen brannten. Und als wir wiederholten, was geschehen war, verwandelte sich der erste Kälteschauer der Überraschung bald in brennende Neugier. Wir blieben bis tief in die Nacht. Es war die längste Sitzung, die ich im alten «George» erlebt habe. Bevor wir uns trennten, hatte jeder von uns seine eigene Theorie, die er beweisen wollte. Und keiner von uns hatte auf der Welt etwas Wichtigeres zu tun, als der Vergangenheit unseres unglücklichen Gefährten nachzuspüren und das Geheimnis, das er mit dem großen Londoner Arzt teilte, aufzudecken. Ich möchte nicht prahlen, aber ich glaube, daß ich besser als irgendeiner meiner Gefährten im «George» eine Geschichte entwickeln konnte, und vielleicht ist nun niemand mehr am Leben, der euch die folgenden ruchlosen und unnatürlichen Geschehnisse berichten könnte.

Fettes hatte in seiner Jugend an der Universität von Edinburgh studiert. Er besaß die besondere Art Begabung, alles Gehörte schnell aufzufassen und alsbald für sich nutzbar zu machen. Zuhause arbeitete er wenig, aber in Gegenwart seiner Lehrer war er höflich, aufmerksam und klug. Sie erkannten ihn bald als einen Jungen, der genau zuhörte und ein gutes Gedächtnis hatte. Nein, wie habe ich gestaunt, als ich zum ersten Mal hörte, daß er damals allgemein bevorzugt und wegen seines Äußeren geschätzt wurde. Zu dieser Zeit gab es einen externen Lehrer der Anatomie, den ich K. nennen möchte. Sein Name wurde später nur allzu bekannt. Der Mann, der ihn trug, schlich verkleidet durch die Straßen von Edinburgh, während der Pöbel, der bei der Hinrichtung des Mörders Burke jubelte, laut das Blut seines Auftraggebers forderte. Aber damals war K. auf dem Höhepunkt seiner Beliebtheit. Er genoß ein Ansehen, das teils auf seiner eigenen Tüchtigkeit und Geschicklichkeit, teils auf der Unfähigkeit seines Rivalen, des Ordentlichen Professors, beruhte. Zumindest die Studenten schworen auf ihn, und Fettes selbst glaubte, wie andere auch, den Grundstein zum Erfolg gelegt zu haben, als er die Gunst dieses weithin berühmten Mannes gewonnen

favour of this meteorically famous man. Mr. K—— was a *bon vivant* as well as an accomplished teacher; he liked a sly illusion no less than a careful preparation. In both capacities Fettes enjoyed and deserved his notice, and by the second year of his attendance he held the half-regular position of second demonstrator, or sub-assistant in his class.

In this capacity the charge of the theatre and lecture-room devolved in particular upon his shoulders. He had to answer for the cleanliness of the premises and the conduct of the other students, and it was a part of his duty to supply, receive, and divide the various subjects. It was with a view to this last – at that time very delicate – affair that he was lodged by Mr. K—— in the same wynd, and at last in the same building, with the dissecting-rooms. Here, after a night of turbulent pleasures, his hand still tottering, his sight still misty and confused, he would be called out of bed in the black hours before the winter dawn by the unclean and desperate interlopers who supplied the table. He would open the door to these men, since infamous throughout the land. He would help them with their tragic burden, pay them their sordid price, and remain alone, when they were gone, with the unfriendly relics of humanity. From such a scene he would return to snatch another hour or two of slumber, to repair the abuses of the night, and refresh himself for the labours of the day.

Few lads could have been more insensible to the impressions of a life thus passed among the ensigns of mortality. His mind was closed against all general considerations. He was incapable of interest in the fate and fortunes of another, the slave of his own desires and low ambitions. Cold, light, and selfish in the last resort, he had that modicum of prudence, miscalled morality, which keeps a man from inconvenient drunkenness or punishable theft. He coveted, besides, a measure of consideration from his masters

hatte. Mr. K. war sowohl ein Bonvivant als auch ein vortrefflicher Lehrer. Er schätzte ein geistreiches Feuerwerk nicht weniger als eine gründliche Vorbereitung. Für beide Fähigkeiten genoß und verdiente Fettes seine Aufmerksamkeit, und im zweiten Studienjahr bekleidete er in seinem Kurs die halboffizielle Stelle eines zweiten Prosektors oder Unterassistenten.

In dieser Stellung trug er die Verantwortung für die Pflege des Seziersaals und des Unterrichtsraumes. Er mußte für die Sauberkeit des Gebäudes und für das Betragen der Studenten einstehen, und es gehörte zu seinen Aufgaben, die verschiedenen Studienobjekte zu besorgen, in Empfang zu nehmen und zu verteilen. Mit Rücksicht auf diese letzte – damals sehr heikle – Angelegenheit wurde er von Mr. K. zunächst in derselben Gasse und später in demselben Gebäude untergebracht, in dem sich auch die Sezierräume befanden. Hier wurde er, wenn er eine Nacht mit wilden Vergnügungen zugebracht hatte, seine Hände noch zitterten und sein Blick umnebelt und verwirrt war, in den dunklen Stunden vor der winterlichen Morgendämmerung aus dem Bett geholt – von den schmutzigen, unseligen illegalen Händlern, die den Seziertisch versorgten. Er öffnete diesen Männern, die überall im Lande verrufen waren, die Tür. Er half ihnen bei ihrer traurigen Last, bezahlte ihnen den schäbigen Preis, und nachdem sie gegangen waren, blieb er allein mit den unschönen Resten des Menschseins zurück. Aus diesem Geschehen ging er wieder zu Bett, um noch ein oder zwei Stunden Schlaf zu bekommen und so den Mißbrauch der Nacht wiedergutzumachen.

Nur wenige junge Leute hätten gegen die Eindrücke eines Lebens, das sich dermaßen zwischen den Merkmalen der Sterblichkeit abspielte, weniger empfindlich sein können als er. Sein Gemüt war allen grundsätzlichen Erwägungen gegenüber verschlossen. Er war unfähig, sich für das Geschick und das Glück anderer Menschen zu interessieren, er war nur der Sklave seines eigenen Verlangens und niedrigen Ehrgeizes. Kalt, leichtsinnig und selbstsüchtig bis zum Äußersten besaß er das Quentchen Klugheit, fälschlich Moral genannt, das einen Mann von unmäßigem Trinken und strafbarem Diebstahl

and his fellow-pupils, and he had no desire to fail conspicuously in the external parts of life. Thus he made it his pleasure to gain some distinction in his studies, and day after day rendered unimpeachable eye-service to his employer, Mr. K——. For his day of work he indemnified himself by nights of roaring, blackguardly enjoyment; and when that balance had been struck, the organ that he called his conscience declared itself content.

The supply of subjects was a continual trouble to him as well as to his master. In that large and busy class, the raw material of the anatomist kept perpetually running out; and the business thus rendered necessary was not only unpleasant in itself, but threatened dangerous consequences to all who were concerned. It was the policy of Mr. K—— to ask no questions in his dealings with the trade. "They bring the body, and we pay the price," he used to say, dwelling on the alliteration –" *quid pro quo.*" And, again, and somewhat profanely, "Ask no questions," he would tell his assistants, "for conscience' sake." There was no understanding that the subjects were provided by the crime of murder. Had that idea been broached to him in words, he would have recoiled in horror; but the lightness of his speech upon so grave a matter was, in itself, an offence against good manners, and a temptation to the men with whom he dealt. Fettes, for instance, had often remarked to himself upon the singular freshness of the bodies. He had been struck again and again by the hangdog, abominable looks of the ruffians who came to him before the dawn; and putting things together clearly in his private thoughts, he perhaps attributed a meaning too immoral and too categorical to the unguarded counsels of his master. He understood his duty, in short, to have three branches: to take what was brought, to pay the price, and to avert the eye from any evidence of crime.

abhält. Außerdem war er versessen auf die Achtung seiner Lehrer und Mitschüler, und in den äußeren Umständen des Lebens wollte er sich nicht offenkundig falsch verhalten. So machte er sich eine Freude daraus, für seine Studien Auszeichnungen zu erhalten, und Tag für Tag las er seinem Vorgesetzten, Mr. K., jeden Wunsch von den Augen ab. Für jeden arbeitsreichen Tag entschädigte er sich durch rauschende und niederträchtige nächtliche Gelage. War dieses Gleichgewicht gewahrt, so erklärte sich das Organ, das er sein Gewissen nannte, für befriedigt.

Die Besorgung von Studienobjekten bereitete ihm und seinem Lehrer andauernde Schwierigkeiten. Das Rohmaterial des Anatomen war in den großen, fleißigen Kursen ständig knapp. Die Geschäfte, die dadurch notwendig wurden, waren nicht nur an sich unangenehm, sondern durch sie drohten auch allen Beteiligten gefährliche Konsequenzen. Es war der Grundsatz des Mr. K., bei diesem Handel keine Fragen zu stellen. «Sie liefern die Leiche, wir zahlen den Zaster», pflegte er zu sagen, indem er kurz auf dem Stabreim verweilte; «quid pro quo.» Und dann sagte er ziemlich lästerlich zu seinen Assistenten: «Stellt keine Fragen, eurem Gewissen zuliebe.» Das war nicht so zu verstehen, daß die Studienobjekte durch Mord beschafft wurden. Hätte jemand einen solchen Gedanken ihm gegenüber ausgesprochen, so wäre er voller Entsetzen zurückgewichen. Aber die Leichtfertigkeit, mit der er über ein so ernstes Thema sprach, war an sich schon ein Verstoß gegen die guten Sitten und eine Versuchung für diejenigen, mit denen er zu tun hatte. Fettes zum Beispiel hatte sich oft über die ungewöhnliche Frische der Körper gewundert. Immer wieder berührte ihn das verbrecherische und abscheuliche Aussehen der Grobiane unangenehm, die vor der Morgendämmerung zu ihm kamen. Wenn er diese Dinge in seinen geheimen Gedanken klar zusammenfügte, so mochte er den unvorsichtigen Ratschlägen seines Lehrers vielleicht eine zu unmoralische und zu grundsätzliche Bedeutung zuschreiben. Er begriff seine Aufgabe, kurz gesagt, als dreiteilig: Er hatte das, was gebracht wurde, in Empfang zu nehmen, den Preis zu zahlen und den Blick von jedem Hinweis auf ein Verbrechen abzuwenden.

One November morning this policy of silence was put sharply to the test. He had been awake all night with a racking toothache – pacing his room like a caged beast or throwing himself in fury on his bed – and had fallen at last into that profound, uneasy slumber that so often follows on a night of pain, when he was awakened by the third or forth angry repetition of the concerted signal. There was a thin, bright moonshine; it was bitter cold, windy, and frosty; the town had not yet awakened, but an indefinable stir already preluded the noise and business of the day. The ghouls had come later than usual, and they seemed more than usually eager to be gone. Fettes, sick with sleep, lighted them upstairs. He heard their grumbling Irish voices through a dream; and as they stripped the sack from their sad merchandise he leaned dozing, with his shoulder propped against the wall; he had to shake himself to find the men their money. As he did so his eyes lighted on the dead face. He started; he took two steps nearer, with the candle raised.

"God Almighty!" he cried. "That is Jane Galbraith!"

The men answered nothing, but they shuffled nearer the door.

"I know her, I tell you," he continued. "She was alive and hearty yesterday. It's impossible she can be dead; it's impossible you should have got this body fairly."

"Sure, sir, you're mistaken entirely," said one of the men.

But the other looked Fettes darkly in the eyes, and demanded the money on the spot.

It was impossible to misconceive the threat or to exaggerate the danger. The lad's heart failed him. He stammered some excuses, counted out the sum, and saw his hateful visitors depart. No sooner were they gone than he hastened to confirm his doubts. By

An einem Morgen im November wurde dieser Grundsatz des Schweigens hart auf die Probe gestellt. Fettes hatte die ganze Nacht mit quälenden Zahnschmerzen wachgelegen und war wie ein gefangenes Tier in seinem Zimmer hin- und hergerannt oder hatte sich in Raserei auf sein Bett geworfen. Schließlich war er in den tiefen, unangenehmen Schlaf gefallen, der so oft einer in Schmerzen verbrachten Nacht folgt, als er durch die dritte oder vierte ärgerliche Wiederholung des vereinbarten Zeichens geweckt wurde. Spitz und hell schien der Mond. Es war bitterkalt und windig, es fror. Die Stadt war noch nicht erwacht, aber eine unbestimmbare Unruhe ging bereits dem Lärm und der Geschäftigkeit des Tages voraus. Die Unholde waren später als gewöhnlich gekommen, und sie hatten es offenbar eiliger als sonst, wieder zu verschwinden. Fettes, der sehr verschlafen war, leuchtete ihnen die Treppe hinauf. Er nahm ihre brummenden irischen Stimmen wie im Traum wahr. Als sie ihre traurige Ware aus dem Sack zogen, lehnte er sich dösend mit der Schulter gegen die Wand. Er mußte sich einen Ruck geben, um das Geld für die Männer herauszusuchen. Dabei fiel sein Blick auf das Gesicht der Toten. Er fuhr auf, trat zwei Schritte näher und hob die Kerze empor.

«Allmächtiger Gott!» rief er. «Das ist Jane Galbraith!»

Die Männer antworteten nicht, sondern schlurften näher auf die Tür zu.

«Ich kenne sie, sage ich euch», fuhr er fort, «gestern war sie noch lebendig und gesund. Sie kann unmöglich tot sein. Diese Leiche könnt ihr nicht auf ehrliche Weise bekommen haben.»

«Aber bitte, Sir, da irren Sie sich ganz gewaltig», sagte einer der Männer.

Der andere aber sah Fettes finster in die Augen und verlangte auf der Stelle das Geld.

Die Drohung konnte nicht mißverstanden, die Gefahr durfte nicht vergrößert werden. Das Herz des jungen Mannes stockte. Er stammelte einige Entschuldigungen, zählte die Summe ab und sah zu, wie die widerlichen Besucher verschwanden. Kaum waren sie fort, beeilte er sich, seine Vermutungen zu bestätigen. An einem Dutzend untrüglicher Kennzeichen stellte er

a dozen unquestionable marks he identified the girl he had jested with the day before. He saw, with horror, marks upon her body that might well betoken violence. A panic seized him, and he took refuge in his room. There he reflected at length over the discovery that he had made; considered soberly the bearing of Mr. K——'s instructions and the danger to himself of interference in so serious a business, and at last, in sore perplexity, determined to wait for the advice of his immediate superior, the class assistant.

This was a young doctor, Wolfe Macfarlane, a high favourite among all the reckless students, clever, dissipated, and unscrupulous to the last degree. He had travelled and studied abroad. His manners were agreeable and a little forward. He was an authority on the stage, skilful on the ice or the links with skate or golf-club; he dressed with nice audacity, and, to put the finishing touch upon his glory, he kept a gig and a strong trotting-horse. With Fettes he was on terms of intimacy; indeed, their relative positions called for some community of life; and when subjects were scarce the pair would drive far into the country in Macfarlane's gig, visit and desecrate some lonely graveyard, and return before dawn with their booty to the door of the dissecting-room.

On that particular morning Macfarlane arrived somewhat earlier than his wont. Fettes heard him, and met him on the stairs, told him his story, and showed him the cause of his alarm. Macfarlane examined the marks on her body.

"Yes," he said, with a nod, "it looks fishy."

"Well, what should I do?" asked Fettes.

"Do?" repeated the other. "Do you want to do anything? Least said soonest mended, I should say."

"Some one else might recognise her," objected Fettes. "She was as well known as the Castle Rock."

"We'll hope not," said Macfarlane, "and if any-body does – well, you didn't, don't you see, and there's

fest, daß es das Mädchen war, mit dem er sich am Tag zuvor vergnügt hatte. Mit Schrecken entdeckte er an ihrem Körper Male, die auf Gewaltanwendung hindeuten konnten. Panik ergriff ihn, und er flüchtete auf sein Zimmer. Dort dachte er lange über die Entdeckung nach, die er gemacht hatte, und erwog nüchtern die Bedeutung der Anordnungen des Mr. K. und die Gefahr, die eine Einmischung in eine so ernste Angelegenheit für ihn selbst bedeutete; schließlich beschloß er in schmerzlicher Verwirrung, den Ratschlag seines unmittelbaren Vorgesetzten, des Kursassistenten, abzuwarten.

Das war ein junger Arzt, Wolfe Macfarlane, allseits beliebt unter den leichtsinnigen Studenten, geschickt, ausschweifend und völlig bedenkenlos. Er war im Ausland gewesen und hatte dort studiert. Sein Betragen war angenehm und ziemlich modern. Er konnte wunderbar Theater spielen und war geschickt auf dem Eis, auf der Rollschuh-Bahn, auf dem Golfplatz. Er kleidete sich gewagt, aber geschmackvoll, und um seine Eleganz vollends zu krönen, hielt er sich einen Einspänner und einen kräftigen Traber. Mit Fettes hatte er vertrauten Umgang, und wirklich: ihre berufliche Verbindung legte einige Gemeinschaft in ihrem Leben nahe. Wenn die Studienobjekte knapp wurden, fuhren sie beide in Macfarlanes Einspänner aufs Land, suchten einen einsamen Friedhof auf und entweihten ihn – und kamen vor der Morgendämmerung mit ihrer Beute an die Tür zum Seziersaal.

An diesem Morgen nun erschien Macfarlane etwas früher als gewöhnlich. Fettes hörte ihn und empfing ihn auf der Treppe, erzählte ihm die Geschichte und zeigte ihm den Grund für seine Unruhe. Macfarlane untersuchte die Male an der Leiche.

«Ja», sagte er mit einem Nicken, «das sieht faul aus.»

«Und was soll ich tun?» fragte Fettes.

«Tun?» wiederholte der andere. «Du willst etwas tun? Je weniger beredet, desto schneller erledigt, scheint mir.»

«Jemand könnte sie wiedererkennen», wandte Fettes ein. «Sie war genauso bekannt wie der Schloßberg.»

«Das wollen wir nicht hoffen», sagte Macfarlane. «Und sollte jemand sie kennen – nun, dann kanntest du sie nicht,

an end. The fact is, this has been going on too long. Stir up the mud, and you'll get K—— into the most unholy trouble ; you'll be in a shocking box yourself. So will I, if you come to that. I should like to know how any one of us would look, or what the devil we should have to say for ourselves, in any Christian witness-box. For me, you know there's one thing certain – that, practically speaking, all our subjects have been murdered.''

''Macfarlane !'' cried Fettes.

''Come now !'' sneered the other. ''As if you hadn't suspected it yourself !''

''Suspecting is one thing ——''

''And proof another. Yes, I know ; and I'm as sorry as you are this should have come here,'' tapping the body with his cane. ''The next best thing for me is not to recognise it ; and,'' he added coolly, ''I don't. You may, if you please. I don't dictate, but I think a man of the world would do as I do ; and I may add, I fancy that is what K—— would look for at our hands. The question is, Why did he choose us two for his assistants ? And I answer, Because he didn't want old wives.''

This was the tone of all others to affect the mind of a lad like Fettes. He agreed to imitate Macfarlane. The body of the unfortunate girl was duly dissected, and no one remarked or appeared to recognise her.

One afternoon, when his day's work was over, Fettes dropped into a popular tavern and found Macfarlane sitting with a stranger. This was a small man, very pale and dark, with coal-black eyes. The cut of his features gave a promise of intellect and refinement which was but feebly realised in his manners, for he proved, upon a nearer acquaintance, coarse, vulgar, and stupid. He exercised, however, a very remarkable control over Macfarlane ; issued orders like the Great Bashaw ; became inflamed at the least discussion or delay, and commented rudely on

oder? Das ist alles. Tatsächlich geht dies alles schon zu lange so.
Rührst du den Schlamm auf, bringst du K. in scheußliche
Schwierigkeiten; und du selber sitzt in einer abscheulichen
Falle. Und ich komme auch hinein, wenn du drinnen bist. Ich
möchte wissen, was jeder von uns beiden für ein Gesicht
machen – oder was zum Teufel wir in einem christlichen
Zeugenstand über uns sagen würden. Für mich, weißt du, ist
das eine sicher: daß, rundheraus gesagt, alle unsere Objekte
ermordet worden sind.»

«Macfarlane!» rief Fettes.

«Komm schon!» spottete der andere. «Als ob du das nicht
selbst geahnt hättest.»

«Ahnen heißt aber nicht . . .»

«Heißt nicht beweisen. Ja, ich weiß. Und mir tut es genauso
leid wie dir, daß sie hier gelandet ist.» Er tippte die Leiche mit
einem Stock an. «Für mich ist das erste Gebot, sie nicht
wiederzuerkennen; und», so fügte er kühl hinzu, «das tue ich
auch nicht. Du kannst es tun, wenn du willst. Ich mache dir
keine Vorschriften, aber ich glaube, ein Mann von Welt würde
so handeln wie ich. Und noch etwas möchte ich sagen: Ich
vermute, daß es das ist, was K. von uns erwartet. Die Frage ist:
Warum hat er gerade uns beide zu Assistenten gemacht?
Die Antwort ist: Weil er keine alten Weiber haben wollte.»

Dies war der richtige Ton, um einen jungen Mann wie Fettes
zu beeinflussen. Er war bereit, es Macfarlane gleichzutun. Der
Körper des unglücklichen Mädchens wurde ordnungsgemäß
seziert; keiner sagte oder ließ merken, daß er sie erkannte.

Eines Nachmittags, als die Arbeit des Tages vorüber war,
besuchte Fettes eine bekannte Schenke und fand dort Macfarlane, der mit einem fremden Mann zusammensaß. Es war ein
kleiner Mensch, bleich, dunkelhaarig und mit pechschwarzen
Augen. Sein Gesichtsschnitt verhieß Verstand und Bildung,
aber die zeigten sich in seinen Manieren nur schwach, denn bei
näherer Bekanntschaft erwies er sich als grob, gemein und
dumm. Er übte jedoch einen bemerkenswerten Einfluß auf
Macfarlane aus und kommandierte ihn herum wie ein Pascha.
Er geriet über die geringste Meinungsverschiedenheit, über das
geringste Zögern in Zorn und mokierte sich dann lauthals über

the servility with which he was obeyed. This most offensive person took a fancy to Fettes on the spot, plied him with drinks, and honoured him with unusual confidences on his past career.

If a tenth part of what he confessed were true, he was a very loathsome rogue; and the lad's vanity was tickled by the attention of so experienced a man.

"I'm a pretty bad fellow myself," the stranger remarked, "but Macfarlane is the boy – Toddy Macfarlane I call him. Toddy, order your friend another glass." Or it might be, "Toddy, you jump up and shut the door." "Toddy hates me," he said again. "Oh, yes, Toddy, you do!"

"Don't you call me that confounded name," growled Macfarlane.

"Hear him! Did you ever see the lads play knife? He would like to do that all over my body," remarked the stranger.

"We medicals have a better way than that," said Fettes. "When we dislike a dead friend of ours, we dissect him."

Macfarlane looked up sharply, as though this jest were scarcely to his mind.

The afternoon passed. Gray, for that was the stranger's name, invited Fettes to join them at dinner, ordered a feast so sumptuous that the tavern was thrown into commotion, and when all was done commanded Macfarlane to settle the bill. It was late before they separated; the man Gray was incapably drunk. Macfarlane, sobered by his fury, chewed the cud of the money he had been forced to squander and the slights he had been obliged to swallow. Fettes, with various liquors singing in his head, returned home with devious footsteps and a mind entirely in abeyance. Next day Macfarlane was absent from the class, and Fettes smiled to himself as he imagined him still squiring the intolerable Gray from tavern to

die Unterwürfigkeit, mit der man ihm gehorchte. Dieser äußerst unangenehme Mensch fand sofort an Fettes Gefallen, spendierte ihm Getränke und beehrte ihn mit ungewöhnlich vertraulichen Mitteilungen über sein Vorleben. Hätte auch nur ein Zehntel dessen, was er da beichtete, der Wahrheit entsprochen, wäre er schon ein widerwärtiger Schurke gewesen. Für die Eitelkeit des jungen Fettes war es ein Kitzel, daß ein so erfahrener Mann ihm Aufmerksamkeit schenkte.

«Ich bin selber ein ziemlich übler Kerl», sagte der Fremde, «aber Macfarlane, das ist erst einer – Toddy Macfarlane, wie ich ihn nenne. Toddy, bestell deinem Freund noch ein Glas»! Oder er sagte etwa: «Toddy, steh doch eben auf, und mach die Tür zu!» «Toddy haßt mich», sagte er dann. «Oh ja, Toddy, das tust du!»

«Nenn mich nicht mit diesem verdammten Namen», knurrte Macfarlane.

«Hören Sie nur! Haben Sie jemals Kerle mit dem Messer hantieren sehen? Er würde das gerne überall an meinem Körper tun», bemerkte der Fremde.

«Wir Mediziner haben eine bessere Methode als diese», sagte Fettes. «Wenn wir einen toten Freund nicht mögen, dann sezieren wir ihn.»

Macfarlane schaute unwillig auf, als sei der Scherz nichts für sein Gemüt.

Der Nachmittag ging vorüber. Gray, so hieß der Fremde, lud Fettes ein, ihnen beim Abendessen Gesellschaft zu leisten. Er bestellte ein Essen, das so aufwendig war, daß die Schenke in Aufregung versetzt wurde. Als alles gegessen war, befahl er Macfarlane, die Rechnung zu bezahlen. Es war sehr spät, als sie sich trennten. Gray war rettungslos betrunken. Macfarlane, aus Wut nüchtern geworden, dachte an das Geld, das er gezwungenermaßen verschwendet hatte, und an die Geringschätzung, die er hatte schlucken müssen. Fettes, dem die verschiedenen Schnäpse im Kopf umgingen, kehrte mit unsicheren Schritten und in einem geistigen Schwebezustand nach Hause zurück. Am nächsten Tag fehlte Macfarlane im Unterricht, und Fettes lächelte vor sich hin, als er sich vorstellte, wie dieser den unerträglichen Gray noch immer von

tavern. As soon as the hour of liberty had struck he posted from place to place in quest of his last night's companions. He could find them, however, nowhere; so returned early to his rooms, went early to bed, and slept the sleep of the just.

At four in the morning he was awakened by the well-known signal. Descending to the door, he was filled with astonishment to find Macfarlane with his gig, and in the gig one of those long and ghastly packages with which he was so well acquainted.

"What?" he cried. "Have you been out alone? How did you manage?"

But Macfarlane silenced him roughly, bidding him turn to business. When they had got the body upstairs and laid it on the table, Macfarlane made at first as if he were going away. Then he paused and seemed to hesitate; and then, "You had better look at the face," said he, in tones of some constraint. "You had better," he repeated, as Fettes only stared at him in wonder.

"But where, and how, and when did you come by it?" cried the other.

"Look at the face," was the only answer.

Fettes was staggered; strange doubts assailed him. He looked from the young doctor to the body, and then back again. At last, with a start, he did as he was bidden. He had almost expected the sight that met his eyes, and yet the shock was cruel. To see, fixed in the rigidity of death and naked on that coarse layer of sackcloth, the man whom he had left well clad and full of meat and sin upon the threshold of a tavern, awoke, even in the thoughtless Fettes, some of the terrors of the conscience. It was a *cras tibi* which re-echoed in his soul, that two whom he had known should have come to lie upon these icy tables. Yet these were only secondary thoughts. His first concern regarded Wolfe. Unprepared for a challenge so momentous, he knew not how to look his comrade in the face. He

Schenke zu Schenke begleitete. Sobald die Stunde der Freiheit geschlagen hatte, lief er von Lokal zu Lokal, um die Genossen der vorigen Nacht zu suchen. Er konnte sie aber nirgends finden. So kehrte er bald in seine Wohnung zurück, ging früh schlafen und schlief den Schlaf der Gerechten.

Um vier Uhr morgens wurde er von dem bekannten Zeichen geweckt. Als er zur Tür hinuntergestiegen war, war er überrascht, Macfarlane in seinem Einspänner dort zu finden, und in dem Einspänner eines dieser langen scheußlichen Pakete, die ihm so wohl bekannt waren.

«Was?» rief er. «Du warst alleine aus? Wie hast du das geschafft?»

Aber Macfarlane brachte ihn schroff zum Schweigen und ersuchte ihn, sich der Arbeit zuzuwenden. Als sie die Leiche nach oben getragen und auf den Tisch gelegt hatten, tat Macfarlane zunächst so, als wolle er gehen.

Dann hielt er inne und schien zu zögern. «Du solltest dir das Gesicht ansehen», sagte er in gezwungenem Ton. «Du solltest es tun», wiederholte er, als Fettes ihn nur verwundert anstarrte.

«Aber wo und wie und wann bist du dazu gekommen?» rief der andere.

«Sieh dir das Gesicht an», war die einzige Antwort.

Fettes stutzte. Seltsame Zweifel stiegen in ihm hoch. Er blickte von dem jungen Arzt auf den Leichnam und dann wieder zurück. Schließlich, mit einem Ruck, tat er, wie er geheißen worden war. Fast hatte er den Anblick erwartet, der sich seinem Blicke bot, und doch war es ein furchtbarer Schock. Als er den Mann in Todesstarre und nackt auf der groben Plane aus Sackleinen liegen sah, den er wohlbekleidet, voll Saft und Kraft an der Schwelle der Schenke verlassen hatte, erwachten selbst in dem gedankenlosen Fettes schreckliche Gewissensbisse. «Morgen trifft es dich» – so widerhallte es in seiner Seele, nachdem nun zwei Menschen, die er gekannt hatte, auf diese eisigen Tische geraten waren. Doch dies waren nur zweitrangige Gedanken. Seine erste Sorge galt Wolfe. Er war auf so eine Herausforderung nicht vorbereitet und wußte nicht, wie er dem Freund ins Gesicht schauen sollte. Er wagte nicht, seinem

durst not meet his eye, and he had neither words nor voice at his command.

It was Macfarlane himself who made the first advance. He came up quietly behind and laid his hand gently but firmly on the other's shoulder.

"Richardson," said he, "may have the head."

Now Richardson was a student who had long been anxious for that portion of the human subject to dissect. There was no answer, and the murderer resumed: "Talking of business, you must pay me; your accounts, you see, must tally."

Fettes found a voice, the ghost of his own: "Pay you!" he cried. "Pay you for that?"

"Why, yes, of course you must. By all means and on every possible account, you must," returned the other. "I dare not give it for nothing, you dare not take it for nothing; it would compromise us both. This is another case like Jane Galbraith's. The more things are wrong the more we must act as if all were right. Where does old K—— keep his money?"

"There," answered Fettes hoarsely, pointing to a cupboard in the corner.

"Give me the key, then," said the other calmly, holding out his hand.

There was an instant's hesitation, and the die was cast. Macfarlane could not suppress a nervous twitch, the infinitesimal mark of an immense relief, as he felt the key between his fingers. He opened the cupboard, brought out pen and ink and a paper-book that stood in one compartment, and separated from the funds in a drawer a sum suitable to the occasion.

"Now, look here," he said, "there is the payment made – first proof of your good faith: first step to your security. You have now to clinch it by a second. Enter the payment in your book, and then you for your part may defy the devil."

The next few seconds were for Fettes an agony of thought; but in balancing his terrors it was the most

Blick zu begegnen, und weder ein Wort noch ein Ton stand ihm zu Gebote.

Es war Macfarlane, der den ersten Vorstoß machte. Er kam still von hinten heran und legte seine Hand sanft aber fest auf die Schulter des anderen.

«Richardson», sagte er, «kann den Kopf haben.»

Richardson war ein Student, der sich lange darum bemüht hatte, diesen Teil des menschlichen Körpers zu sezieren. Es kam keine Antwort, und der Mörder fuhr fort: «Da wir gerade vom Geschäft sprechen – du mußt noch bezahlen. Deine Abrechnungen, nicht wahr, müssen stimmen.»

Fettes fand seine Stimme wieder, sie war nur ein Hauch ihrer selbst. «Bezahlen!» rief er. «Dafür auch noch bezahlen?»

«Wieso, ja natürlich mußt du das. In jedem Fall und unter allen Umständen mußt du das», entgegnete der andere. «Ich wage nicht, es dir unentgeltlich zu liefern, und du wagst nicht, es unentgeltlich anzunehmen. Es würde uns beide bloßstellen. Es ist der gleiche Fall wie bei Jane Galbraith. Je verkehrter etwas ist, desto mehr müssen wir so tun, als sei es in Ordnung. Wo bewahrt der alte K. sein Geld auf?»

«Dort», antwortete Fettes heiser und deutete auf den Schrank in der Ecke.

«Dann gib mir den Schlüssel», sagte der andere leise und streckte seine Hand aus.

Fettes zögerte einen Augenblick, doch dann waren die Würfel gefallen. Macfarlane konnte ein nervöses Zucken nicht unterdrücken, das winzige Zeichen einer ungeheueren Erleichterung, als er den Schlüssel zwischen seinen Fingern fühlte. Er öffnete den Schrank, nahm Feder, Tinte und ein Heft aus einem der Fächer und zählte von dem Geld in der Schublade eine für diesen Fall angemessene Summe ab.

«Jetzt sieh her», sagte er. «Dies hier ist die Bezahlung, der erste Beweis deines guten Glaubens, der erste Schritt zu deiner Sicherheit. Nun mußt du ihn durch einen zweiten festigen: Trage die Bezahlung in dein Heft ein, und dann kannst du es für deinen Teil mit dem Teufel aufnehmen.»

Während der nächsten Sekunden kämpften in Fettes die Gedanken miteinander, doch als er seine Ängste gegeneinander

immediate that triumphed. Any future difficulty seemed almost welcome if he could avoid a present quarrel with Macfarlane. He set down the candle which he had been carrying all this time, and with a steady hand entered the date, the nature, and the amount of the transaction.

"And now," said Macfarlane, "it's only fair that you should pocket the lucre. I've had my share already. By-the-bye, when a man of the world falls into a bit of luck, has a few shillings extra in his pocket – I'm ashamed to speak of it, but there's a rule of conduct in the case. No treating, no purchase of expensive class-books, no squaring of old debts; borrow, don't lend."

"Macfarlane," began Fettes, still somewhat hoarsely, "I have put my neck in a halter to oblige you."

"To oblige me?" cried Wolfe. "Oh, come! You did, as near as I can see the matter, what you downright had to do in self-defence. Suppose I got into trouble, where would you be? This second little matter flows clearly from the first. Mr. Gray is the continuation of Miss Galbraith. You can't begin and then stop. If you begin, you must keep on beginning; that's the truth. No rest for the wicked."

A horrible sense of blackness and the treachery of fate seized hold upon the soul of the unhappy student.

"My God!" he cried, "but what have I done? and when did I begin? To be made a class assistant – in the name of reason, where's the harm in that? Service wanted the position; Service might have got it. Would *he* have been where *I* am now!"

"My dear fellow," said Macfarlane, "what a boy you are! What harm *has* come to you? What harm *can* come to you if you hold your tongue? Why, man, do you know what this life is? There are two squads of us – the lions and the lambs. If you're a lamb, you'll come to lie upon these tables like Gray or Jane Galbraith; if you're a lion, you'll live and drive

abwog, siegte das Nächstliegende. Alle späteren Schwierigkeiten schienen ihm geradezu willkommen, wenn er nur jetzt eine Auseinandersetzung mit Macfarlane vermeiden konnte. Er stellte die Kerze hin, die er die ganze Zeit gehalten hatte, und trug mit sicherer Hand das Datum, die Art und den Betrag des Geschäftes ein.

«Und nun», sagte Macfarlane, «ist es nur gerecht, wenn du den Gewinn bekommst. Ich habe meinen Anteil bereits erhalten. Nebenbei, wenn ein Mann von Welt mal ein bißchen Glück und ein paar Schillinge mehr in der Tasche hat – es ist mir peinlich, davon zu sprechen, aber es gibt eine Regel, wie man sich dann verhält: Keine Einladungen, kein Kauf teurer Lehrbücher, kein Bezahlen alter Schulden; Schulden machen statt etwas verleihen.»

«Macfarlane», begann Fettes immer noch heiser. «Ich habe dir zu Gefallen meinen Hals in die Schlinge gesteckt.»

«Mir zu Gefallen?» rief Wolfe. «Ach, komm! Soweit ich sehen kann, hast du genau das getan, was du zu deinem Selbstschutz tun mußtest. Stell dir vor, ich gerate in Schwierigkeiten. Was würde dann aus dir? Die zweite kleine Sache hängt direkt von der ersten ab. Mr. Gray ist die Fortsetzung von Miss Galbraith. Man kann nicht anfangen und dann aufhören. Wenn man anfängt, muß man immer wieder anfangen. Das ist die Wahrheit. Für einen Bösewicht gibt es keine Ruhe.»

Ein schreckliches Gefühl von Düsternis und Tücke des Schicksals ergriff die Seele des unglücklichen Studenten.

«Mein Gott!» rief er, «was habe ich nur getan? Und wann habe ich damit begonnen? Assistent zu werden – im Namen der Vernunft: was ist daran ungut? Service wollte den Posten; Service hätte ihn bekommen können. Stünde er dann dort, wo ich jetzt stehe?»

«Mein lieber Freund», sagte Macfarlane. «Was bist du für ein Kind. Was ist dir denn Ungutes widerfahren? Was kann dir denn Ungutes widerfahren, wenn du den Mund hältst? Es gibt zwei Arten von Menschen: Löwen und Lämmer. Bist du ein Lamm, so wirst du eines Tages auf einem dieser Tische liegen wie Gray oder wie Jane Galbraith. Bist du aber ein Löwe, so wirst du leben und mit einem Pferd fahren wie ich oder wie K.

a horse like me, like K——, like all the world with any wit or courage. You're staggered at the first. But look at K——! My dear fellow, you're clever, you have pluck. I like you, and K—— likes you. You were born to lead the hunt ; and I tell you, on my honour and my experience of life, three days from now you'll laugh at all these scarecrows like a High School boy at a farce."

And with that Macfarlane took his departure and drove off up the wynd in his gig to get under cover before daylight. Fettes was thus left alone with his regrets. He saw the miserable peril in which he stood involved. He saw, with inexpressible dismay, that there was no limit to his weakness, and that, from concession to concession, he had fallen from the arbiter of Macfarlane's destiny to his paid and helpless accomplice. He would have given the world to have been a little braver at the time, but it did not occur to him that he might still be brave. The secret of Jane Galbraith and the cursed entry in the daybook closed his mouth.

Hours passed ; the class began to arrive ; the members of the unhappy Gray were dealt out to one and to another, and received without remark. Richardson was made happy with the head ; and before the hour of freedom rang Fettes trembled with exultation to perceive how far they had already gone toward safety.

For two days he continued to watch, with increasing joy, the dreadful process of disguise.

On the third day Macfarlane made his appearance. He had been ill, he said ; but he made up for lost time by the energy with which he directed the students. To Richardson in particular he extended the most valuable assistance and advice, and that student, encouraged by the praise of the demonstrator, burned high with ambitious hopes, and saw the medal already in his grasp.

Before the week was out Macfarlane's prophecy had been fulfilled. Fettes had outlived his terrors and

oder wie alle Welt mit etwas Geist und Mut. Anfangs hast du Bedenken. Aber schau dir K. an! Mein lieber Freund, du bist gescheit, du hast Mut. Ich mag dich, und K. mag dich auch. Du bist zum Anführer geboren. Ich sage dir, bei meiner Ehre und bei meiner Lebenserfahrung, in drei Tagen wirst du über alle diese Schrecklichkeiten lachen wie ein Gymnasiast über einen Streich.»

Damit verließ ihn Macfarlane und fuhr in seinem Einspänner die Gasse hinauf, um bis zum Tagesanbruch zu Hause zu sein. So blieb Fettes mit seinen bohrenden Empfindungen allein. Er sah die furchtbaren Gefahren, in die er verstrickt war. Er erkannte mit unsäglicher Angst seine grenzenlose Schwäche, und daß er von Zugeständnis zu Zugeständnis vom Richter über Macfarlanes Schicksal zu seinem bezahlten und hilflosen Mittäter herabgesunken war. Er hätte alles darum gegeben, wäre er zuvor etwas tapferer gewesen, aber es kam ihm nicht in den Sinn, daß er noch tapfer sein könnte. Das Geheimnis der Jane Gilbraith und die vermaledeite Eintragung in das Heft verschlossen ihm den Mund.

Stunden vergingen, und allmählich trafen die Kursteilnehmer ein. Die Gliedmaßen des unglücklichen Gray wurden unter den Studenten verteilt und kommentarlos entgegengenommen. Richardson wurde mit dem Kopf erfreut, und noch bevor die Stunde der Freiheit läutete, zitterte Fettes vor Frohlocken, als er sah, wie weit sie inzwischen schon in Sicherheit gekommen waren.

Zwei Tage lang beobachtete er mit zunehmender Freude den furchtbaren Fortgang der Entstellung.

Am dritten Tag erschien Macfarlane. Er sagte, er sei krank gewesen. Doch durch den Eifer, mit dem er die Studenten unterwies, holte er die verlorene Zeit wieder auf. Besonders an Richardson wandte er äußerst wertvolle Hilfe und guten Rat, und dieser Student, angespornt durch das Lob des Lehrers, brannte von ehrgeizigen Hoffnungen und sah schon eine Auszeichnung in Reichweite.

Bevor die Woche vorüber war, hatte sich Macfarlanes Vorhersage bereits erfüllt. Fettes hatte seine Qualen überwun-

had forgotten his baseness. He began to plume himself upon his courage, and had so arranged the story in his mind that he could look back on these events with an unhealthy pride. Of his accomplice he saw but little. They met, of course, in the business of the class; they received their orders together from Mr. K——. At times they had a word or two in private, and Macfarlane was from first to last particularly kind and jovial. But it was plain that he avoided any reference to their common secret; and even when Fettes whispered to him that he had cast in his lot with the lions and forsworn the lambs, he only signed to him smilingly to hold his peace.

At length an occasion arose which threw the pair once more into a closer union. Mr. K—— was again short of subjects; pupils were eager, and it was a part of this teacher's pretensions to be always well supplied. At the same time there came the news of a burial in the rustic graveyard of Glencorse. Time has little changed the place in question. It stood then, as now, upon a cross road, out of call of human habitations, and buried fathom deep in the foliage of six cedar trees. The cries of the sheep upon the neighbouring hills, the streamlets upon either hand, one loudly singing among pebbles, the other dripping furtively from pond to pond, the stir of the wind in mountainous old flowering chestnuts, and once in seven days the voice of the bell and the old tunes of the precentor, were the only sounds that disturbed the silence around the rural church.

The Resurrection Man – to use a byname of the period – was not to be deterred by any of the sanctities of customary piety. It was part of his trade to despise and desecrate the scrolls and trumpets of old tombs, the paths worn by the feet of worshippers and mourners, and the offerings and the inscriptions of bereaved affection. To rustic neighbourhoods, where love is more than commonly tenacious, and where

den und seine Erniedrigung vergessen. Er begann, sich auf seinen Mut etwas zugute zu halten, und hatte sich die Geschichte in seinem Geiste so zurechtgelegt, daß er auf das, was sich ereignet hatte, mit ungesundem Stolz zurückblicken konnte. Von seinem Komplizen sah er nur wenig. Sie trafen sich natürlich im Unterricht und nahmen ihre Anweisungen gemeinsam von Mr. K. entgegen. Ab und zu wechselten sie auch ein privates Wort, und Macfarlane war durchwegs besonders freundlich und heiter. Aber es war offenbar, daß er jede Anspielung auf ihr gemeinsames Geheimnis vermied. Selbst als Fettes ihm zuflüsterte, daß er sich auf die Seite der Löwen geschlagen und den Lämmern abgeschworen habe, gab er ihm nur lächelnd zu verstehen, daß er schweigen solle.

Nach einiger Zeit ereignete sich etwas, das sie noch fester miteinander verband. Mr. K. war wieder einmal knapp an Studienobjekten. Die Schüler waren fleißig, und es gehörte zum Ehrgeiz dieses Lehrers, immer gut ausgestattet zu sein. Gerade zu dieser Zeit kam die Nachricht von einer Beerdigung auf dem ländlichen Friedhof von Glencorse. Die Zeit hat den betreffenden Ort fast unverändert gelassen. Er lag damals wie heute an einer kleinen Kreuzung, weit entfernt von menschlichen Siedlungen und tief unter den Zweigen von sechs Zedern verborgen. Das Blöken der Schafe auf den benachbarten Hügeln, die Bächlein auf beiden Seiten, von denen eins geräuschvoll über Kieselsteine plätscherte, das andere sich leise von Teich zu Teich ergoß, der Wind, der sich in den riesigen, alten blühenden Kastanienbäumen regte, und einmal in der Woche das Läuten der Kirchenglocken und die alten Gesänge des Meßdieners: dies waren die einzigen Laute, die die Stille rings um die ländliche Kirche unterbrachen.

Ein «Auferstehungsmann» – um die Bezeichnung jener Zeit zu gebrauchen – durfte sich nicht vom heiligen Ernst der überlieferten Frömmigkeit abschrecken lassen. Es gehörte zu seinem Gewerbe, die Schnörkel und Trompeten auf den alten Gräbern, die von den Füßen der Betenden und Trauernden ausgetretenen Pfade, die Opfergaben und Inschriften beraubter Liebe zu verachten und zu entweihen. Ländliche Siedlungen, in denen die Liebe anhänglicher ist als sonst üblich und wo die

some bonds of blood or fellowship unite the entire society of a parish, the body-snatcher, far from being repelled by natural respect, was attracted by the ease and safety of the task. To bodies that had been laid in earth, in joyful expectation of a far different awakening, there came that hasty, lamp-lit, terror-haunted resurrection of the spade and mattock. The coffin was forced, the cerements torn, and the melancholy relics, clad in sackcloth, after being rattled for hours on moonless byways, were at length exposed to uttermost indignities before a class of gaping boys.

Somewhat as two vultures may swoop upon a dying lamb, Fettes and Macfarlane were to be let loose upon a grave in that green and quiet resting-place. The wife of a farmer, a woman who had lived for sixty years, and been known for nothing but good butter and a godly conversation, was to be rooted from her grave at midnight and carried, dead and naked, to that far-away city that she had always honoured with her Sunday's best; the place beside her family was to be empty till the crack of doom; her innocent and almost venerable members to be exposed to that last curiosity of the anatomist.

Late one afternoon the pair set forth, well wrapped in cloaks and furnished with a formidable bottle. It rained without remission – a cold, dense, lashing rain. Now and again there blew a puff of wind, but these sheets of falling water kept it down. Bottle and all, it was a sad and silent drive as far as Penicuik, where they were to spend the evening. They stopped once, to hide their implements in a thick bush not far from the churchyard, and once again at the Fisher's Tryst, to have a toast before the kitchen fire and vary their nips of whisky with a glass of ale. When they reached their journey's end the gig was housed, the horse was fed and comforted, and the two young doctors in a private room sat down to the best dinner and the best wine the house afforded. The lights, the fire, the

Bande des Blutes oder der Freundschaft die ganze Gemeinde verbinden, lockten den Leichenräuber, den keinerlei natürliche Ehrfurcht zurückhielt, durch die Leichtigkeit und Ungefährlichkeit für sein Geschäft. Den Toten, die in der frohen Hoffnung auf ein völlig anderes Erwachen in die Erde gelegt worden waren, wurde nun die hastige, mit einer Laterne spärlich beleuchtete und von Angst getriebene Auferstehung zuteil, die sich mit Spaten und Hacke vollzog. Der Sarg wurde aufgebrochen, das Leichenhemd zerrissen, die traurigen sterblichen Überreste in Sackleinen gepackt, stundenlang über mondlose Nebenstraßen gefahren und endlich vor einer Klasse gaffender Knaben den äußersten Demütigungen ausgesetzt.

Wie zwei Geier, die sich auf ein sterbendes Lamm stürzen, wollten sich Fettes und Macfarlane auf einem Grab in dieser grünen, stillen Ruhestätte niederlassen. Eine Bäuerin, die sechzig Jahre alt geworden war und für nichts als gute Butter und fromme Reden bekannt gewesen war, sollte um Mitternacht aus ihrem Grab gehoben und tot und nackt in die ferne Stadt gebracht werden, die sie sonst nur in Sonntagskleidern beehrt hatte. Der Platz zu seiten ihrer Familie sollte bis zum Donnerschlag des Jüngsten Gerichtes leer bleiben. Und diese unschuldigen, fast verehrungswürdigen Glieder sollten der letzten Neugier des Anatomen zur Schau gestellt werden!

Am späten Nachmittag brachen die beiden auf, warm in ihre Umhänge verpackt und mit einer gewaltigen Flasche ausgerüstet. Ohne Unterlaß fiel ein kalter, dichter, peitschender Regen. Hin und wieder erhob sich ein Windstoß, der von den Vorhängen fallenden Wassers gedämpft wurde. Trotz der Flasche war es eine traurige und stille Fahrt bis Penicuik, wo sie den Abend verbringen wollten. Sie hielten erst an, um ihre Werkzeuge unter einem dichten Gebüsch in der Nähe des Friedhofs zu verstecken, und dann erst wieder bei «Fischers Einkehr», um am Feuer geröstetes Brot zu essen und ihren Whisky mit einem Glas Bier abzuwechseln. Als sie das Ziel ihrer Reise erreicht hatten, wurde der Einspänner untergestellt und das Pferd gefüttert und versorgt. Die beiden jungen Ärzte setzten sich in ein separates Zimmer, zu den besten Speisen und edelsten Weinen, die das Haus zu bieten hatte. Die Kerzen,

beating rain upon the window, the cold, incongruous work that lay before them, added zest to their enjoyment of the meal. With every glass their cordiality increased. Soon Macfarlane handed a little pile of gold to his companion.

"A compliment," he said. "Between friends these little d——d accommodations ought to fly like pipe-lights."

Fettes pocketed the money, and applauded the sentiment to the echo. "You are a philosopher," he cried. "I was an ass till I knew you. You and K—— between you, by the Lord Harry! but you'll make a man of me."

"Of course we shall," applauded Macfarlane. "A man? I tell you, it required a man to back me up the other morning. There are some big, brawling, forty-year-old cowards who would have turned sick at the look of the d——d thing; but not you – you kept your head. I watched you."

"Well, and why not?" Fettes thus vaunted himself. "It was no affair of mine. There was nothing to gain on the one side but disturbance, and on the other I could count on your gratitude, don't you see?" And he slapped his pocket till the gold pieces rang.

Macfarlane somehow felt a certain touch of alarm at these unpleasant words. He may have regretted that he had taught his young companion so success-fully, but he had no time to interfere, for the other noisily continued in this boastful strain: –

"The great thing is not to be afraid. Now, between you and me, I don't want to hang – that's practical; but for all cant, Macfarlane, I was born with a contempt. Hell, God, Devil, right, wrong, sin, crime, and all the old gallery of curiosities – they may frighten boys, but men of the world, like you and me, despise them. Here's to the memory of Gray!"

It was by this time growing somewhat late. The gig, according to order, was brought round to the door

das Feuer, der Regen, der an das Fenster schlug, und die kalte und widersinnige Arbeit, die vor ihnen lag, würzten ihre Freude an der Mahlzeit. Mit jedem Glas wuchs ihr herzliches Einvernehmen. Schließlich übergab Macfarlane seinem Gefährten einen kleinen Haufen Goldstücke.

«Eine kleine Aufmerksamkeit», sagte er. «Unter Freunden sollten diese verdammten netten Sachen von einem zum anderen gehen wie Fidibusse.»

Fettes steckte das Geld in die Tasche und spendete diesem Zuspruch seinen Beifall. «Du bist ein Philosoph», sagte er. «Ich war ein Esel, bevor ich dich kannte. Du und K. – zwischen euch beiden, bei Lord Harry! Ihr werdet einen Mann aus mir machen.»

«Natürlich machen wir das», stimmte Macfarlane zu. «Ich sage dir, es war schon ein Mann nötig, um mich an jenem Morgen zu unterstützen. Es gibt kräftige, lärmende vierzigjährige Feiglinge, die der Anblick dieses verdammten Dingsda krank gemacht hätte. Aber dich nicht – du hast den Kopf oben behalten. Ich habe dich beobachtet.»

«Nun, warum auch nicht?» prahlte Fettes. «Es war nicht meine Sache. Einerseits konnte es nichts als Ärger bringen, und andererseits konnte ich auf deine Dankbarkeit zählen – oder etwa nicht?» Und er klopfte auf seine Hosentasche, daß die Goldstücke klingelten.

Macfarlane spürte einen Anflug von Furcht, als er diese unerfreulichen Worte hörte. Er mochte bedauern, daß er seinen jungen Kameraden so erfolgreich angelernt hatte, aber er hatte keine Zeit, ihm Einhalt zu gebieten, denn der andere fuhr lautstark fort zu prahlen:

«Das Wichtigste ist, daß man keine Angst hat. Nun, unter uns gesagt: hängen möchte ich nicht, das ist klar. Aber, Macfarlane, ich bin mit Verachtung für Heuchelei geboren. Hölle, Gott, Teufel, Recht, Unrecht, Sünde und Verbrechen, dieses ganze Museum altmodischer Seltsamkeiten – sie mögen kleine Jungen ängstigen, aber Männer von Welt, wie du und ich, verachten sie. Ein Prost auf das Andenken von Gray!»

Es wurde langsam spät. Der Einspänner wurde wie gewünscht mit beiden Lampen hell erleuchtet vor die Tür

with both lamps brightly shining, and the young men had to pay their bill and take the road. They announced that they were bound for Peebles, and drove in that direction till they were clear of the last houses of the town; then, extinguishing the lamps, returned upon their course, and followed a by-road toward Glencorse. There was no sound but that of their own passage, and the incessant, strident pouring of the rain. It was pitch dark; here and there a white gate or a white stone in the wall guided them for a short space across the night; but for the most part it was at a foot pace, and almost groping, that they picked their way through that resonant blackness to their solemn and isolated destination. In the sunken woods that traverse the neighbourhood of the bury-ing-ground the last glimmer failed them, and it be-came necessary to kindle a match and re-illumine one of the lanterns of the gig. Thus, under the dripping trees, and environed by huge and moving shadows, they reached the scene of their unhallowed labours.

They were both experienced in such affairs, and powerful with the spade; and they had scarce been twenty minutes at their task before they were rewarded by a dull rattle on the coffin lid. At the same moment, Macfarlane, having hurt his hand upon a stone, flung it carelessly above his head. The grave, in which they now stood almost to the shoulders, was close to the edge of the plateau of the graveyard; and the gig lamp had been propped, the better to illuminate their labours, against a tree, and on the immediate verge of the steep bank descending to the stream. Chance had taken a sure aim with the stone. Then came a clang of broken glass; night fell upon them; sounds alternately dull and ringing announced the bounding of the lantern down the bank, and its occasional collision with the trees. A stone or two, which it had dislodged in its descent, rattled behind it into the profundities of the glen; and then silence,

gefahren, und die jungen Männer zahlten die Rechnung und machten sich auf den Weg. Sie gaben an, nach Peebles unterwegs zu sein, und fuhren in diese Richtung, bis sie die letzten Häuser des Ortes hinter sich gelassen hatten. Dann kehrten sie, nachdem sie die Lampen gelöscht hatten, in die eigentliche Richtung zurück und folgten einer Nebenstraße nach Glencorse.

Kein Laut war zu hören außer dem Fahrgeräusch und dem unaufhörlichen, lauten Niederprasseln des Regens. Es war stockfinster. Hier und da leitete sie ein weißes Tor oder ein heller Stein in einer Mauer ein kurzes Stück weit durch die Nacht. Doch größtenteils bewegten sie sich im Schrittempo vorwärts, und fast tastend suchten sie in der hohl klingenden Finsternis den Weg zu ihrem ernsten und einsamen Ziel. In den dunklen Gehölzen um den Friedhof herum verschwand auch der letzte Lichtschimmer, und sie mußten ein Streichholz anreißen und eine der Wagenlampen anzünden. So erreichten sie unter triefenden Bäumen und riesigen schwankenden Schatten den Ort ihrer unheiligen Arbeit.

Sie waren beide in solchen Dingen erfahren und konnten den Spaten kraftvoll handhaben. Kaum zwanzig Minuten hatten sie gearbeitet, als sie durch einen dumpfen Aufschlag auf den Sargdeckel belohnt wurden. Im selben Moment verletzte sich Macfarlane die Hand an einem Stein und warf diesen unbedacht über seinen Kopf. Das Grab, in dem sie bis fast zu den Schultern standen, lag nahe am Rand der Friedhofsterrasse; die Wagenlampe war zur besseren Beleuchtung der Arbeit an einem Baum gelehnt, unmittelbar neben der steil zum Bach abfallenden Böschung. Der Zufall hatte den Stein auf ein sicheres Ziel gelenkt. Da gab es ein Klirren von zerbrochenem Glas, und die Nacht brach über sie herein. Geräusche, bald dumpf, bald klingend, verrieten, daß die Laterne die Böschung hinunterpurzelte und dabei ab und zu an einen Baum stieß. Ein oder zwei Steine, die sie gelöst hatte, als sie von ihrem Platz abgekippt war, rasselten hinter ihr in die tiefe Schlucht hinab. Dann übten wieder das Schweigen und die Dunkelheit ihre Herrschaft aus. Die beiden mochten

like night, resumed its sway; and they might bend their hearing to its utmost pitch, but naught was to be heard except the rain, now marching to the wind, now steadily falling over miles of open country.

They were so nearly at an end of their abhorred task that they judged it wisest to complete it in the dark. The coffin was exhumed and broken open; the body inserted in the dripping sack and carried between them to the gig; one mounted to keep it in its place, and the other, taking the horse by the mouth, groped along by wall and bush until they reached the wider road by the Fisher's Tryst. Here was a faint, diffused radiancy, which they hailed like daylight; by that they pushed the horse to a good pace and began to rattle along merrily in the direction of the town.

They had both been wetted to the skin during their operations, and now, as the gig jumped among the deep ruts, the thing that stood propped between them fell now upon one and now upon the other. At every repetition of the horrid contact each instinctively repelled it with the greater haste; and the process, natural although it was, began to tell upon the nerves of the companions. Macfarlane made some ill-favoured jest about the farmer's wife, but it came hollowly from his lips, and was allowed to drop in silence. Still their unnatural burden bumped from side to side; and now the head would be laid, as if in confidence, upon their shoulders, and now the drenching sackcloth would flap icily about their faces. A creeping chill began to possess the soul of Fettes. He peered at the bundle, and it seemed somehow larger than at first. All over the country-side, and from every degree of distance, the farm dogs accompanied their passage with tragic ululations; and it grew and grew upon his mind that some unnatural miracle had been accomplished, that some nameless change had befallen the dead body, and that it was in fear of their unholy burden that the dogs were howling.

ihr Gehör aufs Äußerste anstrengen, aber es war nichts zu vernehmen als der Regen, der bald im Gleichschritt mit dem Wind prasselte, bald wieder gleichmäßig über Meilen offenen Landes herabfiel.

Da sie ihre abscheuliche Unternehmung fast beendet hatten, hielten sie es für das Klügste, sie nun im Dunkeln zu Ende zu führen. Der Sarg wurde aus dem Grab gehoben und aufgebrochen, der Leichnam in den triefenden Sack gelegt und zwischen ihnen zum Wagen getragen. Einer stieg hinauf, um die Leiche festzuhalten, der andere nahm das Pferd an der Trense und tastete sich an der Mauer und den Büschen entlang, bis sie bei «Fischers Einkehr» die breite Straße erreicht hatten. Hier war ein matter, undeutlicher Lichtschimmer, den sie wie Tageslicht begrüßten. Mit seiner Hilfe brachten sie das Pferd auf ein gutes Tempo und ratterten fröhlich auf die Stadt zu.

Sie waren beide während ihrer Tätigkeit bis auf die Haut naß geworden. Als der Einspänner zwischen den tiefen Fahrspuren hin und her sprang, fiel das Ding, das zwischen ihnen eingeklemmt war, bald auf den einen, bald auf den anderen. Jedesmal, wenn sich die grausige Berührung wiederholte, wehrte jeder der beiden sie mit noch größerer Hast ab. Dieser Vorgang, so natürlich er war, ging den Gefährten allmählich auf die Nerven. Macfarlane machte einen unpassenden Scherz über die Bauersfrau, aber er kam ausdruckslos von seinen Lippen, und der andere ließ ihn im Schweigen versacken. Immerzu fiel ihre unnatürliche Last von einer Seite auf die andere.

Bald legte sich der Kopf wie im Vertrauen auf ihre Schultern, bald strich der nasse Sack eisig über ihre Gesichter. Eine kriechende Kälte ergriff langsam von Fettes Seele Besitz. Er beäugte das Bündel, und es schien ihm irgendwie größer zu sein als am Anfang. Durch die ganze Gegend, aus den verschiedensten Entfernungen begleiteten Hofhunde mit wehklagendem Geheul ihre Fahrt. Immer mehr nahm bei ihm der Gedanke überhand, daß irgendein unnatürliches Wunder geschehen war, daß irgendeine unerklärliche Veränderung den toten Körper befallen hatte und daß es die Furcht vor ihrer unheiligen Last war, weshalb die Hunde heulten.

"For God's sake," said he, making a great effort to arrive at speech, "for God's sake, let's have a light!"

Seemingly Macfarlane was affected in the same direction; for, though he made no reply, he stopped the horse, passed the reins to his companion, got down, and proceeded to kindle the remaining lamp. They had by that time got no farther than the cross-road down to Auchenclinny. The rain still poured as though the deluge were returning, and it was no easy matter to make a light in such a world of wet and darkness. When at last the flickering blue flame had been transferred to the wick and began to expand and clarify, and shed a wide circle of misty brightness round the gig, it became possible for the two young men to see each other and the thing they had along with them. The rain had moulded the rough sacking to the outlines of the body underneath; the head was distinct from the trunk, the shoulders plainly modelled; something at once spectral and human riveted their eyes upon the ghastly comrade of their drive.

For some time Macfarlane stood motionless, holding up the lamp. A nameless dread was swathed, like a wet sheet, about the body, and tightened the white skin upon the face of Fettes; a fear that was meaningless, a horror of what could not be, kept mounting to his brain. Another beat of the watch, and he had spoken. But his comrade forestalled him.

"That is not a woman," said Macfarlane, in a hushed voice.

"It was a woman when we put her in," whispered Fettes.

"Hold that lamp," said the other. "I must see her face."

And as Fettes took the lamp his companion untied the fastenings of the sack and drew down the cover from the head. The light fell very clear upon the dark, well-moulded features and smooth-shaven cheeks of

«Um Gottes Willen», sagte er. Er mußte sich sehr anstrengen, um zu sprechen. «Um Gottes Willen, laß uns Licht machen.»

Macfarlane war offensichtlich auf dieselbe Weise berührt, denn er hielt ohne zu antworten das Pferd an, übergab die Zügel dem Gefährten, stieg vom Wagen und machte sich daran, die verbliebene Lampe anzuzünden. Zu dieser Zeit waren sie erst bei der Kreuzung angelangt, von der aus es nach Auchenclinny hinunter geht. Es regnete noch, als wiederholte sich die Sintflut, und es war schwierig, in dieser nassen und dunklen Umgebung ein Licht anzuzünden.

Als schließlich die flackernde blaue Flamme dem Docht übergeben war, sich ausbreitete, klar wurde und einen großen Kreis trüber Helligkeit rings um den Wagen verbreitete, konnten die beiden jungen Männer den Gegenstand, den sie mit sich führten, erkennen. Der Regen hatte den groben Sack nach den Konturen des Körpers darunter geformt. Der Kopf war vom Hals abgesetzt, die Schultern klar umrissen. Etwas Gespenstisches und zugleich Menschliches zwang ihren Blick auf den grausigen Mitfahrer.

Macfarlane stand eine kleine Weile bewegungslos da und hielt die Lampe. Eine namenlose Furcht hüllte sich wie ein nasses Tuch um Fettes Körper und spannte die weiße Haut auf seinem Gesicht. Eine sinnlose Furcht, ein Schauder vor etwas, das nicht sein konnte, stieg unaufhaltsam in ihm hoch. Beim nächsten Ticken seiner Uhr hätte er gesprochen. Aber sein Freund kam ihm zuvor.

«Das ist keine Frau», sagte Macfarlane mit gedämpfter Stimme.

«Aber es war eine Frau, als wir sie hineinlegten», flüsterte Fettes.

«Halte die Lampe», sagte der andere. «Ich muß ihr Gesicht sehen.»

Als Fettes die Lampe ergriffen hatte, löste sein Gefährte die Verknotung des Sackes und zog die Hülle vom Kopf herunter. Das Licht leuchtete hell auf das dunkle, wohlgeformte Antlitz und die glattrasierten Wangen eines nur allzu bekannten

a too familiar countenance, often beheld in dreams of both of these young men. A wild yell rang up into the night; each leaped from his own side into the roadway: the lamp fell, broke, and was extinguished; and the horse, terrified by this unusual commotion, bounded and went off toward Edinburgh at a gallop, bearing along with it, sole occupant of the gig, the body of the dead and long-dissected Gray.

Mark Twain: The Joke that Made Ed's Fortune

A few years before the outbreak of the Civil War it began to appear that Memphis, Tennessee, was going to be a great tobacco *entrepôt* – the wise could see the signs of it. At that time Memphis had a wharfboat, of course. There was a paved sloping wharf, for the accommodation of freight, but the steamers landed on the outside of the wharfboat, and all loading and unloading was done across it, between steamer and shore. A number of wharfboat clerks were needed, and part of the time, every day, they were very busy, and part of the time tediously idle. They were boiling over with youth and spirits, and they had to make the intervals of idleness endurable in some way; and as a rule, they did it by contriving practical jokes and playing them upon each other.

The favorite butt for the jokes was Ed Jackson, because he played none himself, and was easy game for other people's – for he always believed whatever was told him.

One day he told the others his scheme for his holiday. He was not going fishing or hunting this time – no, he had thought out a better plan. Out of his forty dollars a month he had saved enough for his purpose, in an economical way, and he was going to have a look at New York.

Gesichtes, das oft in den Träumen der beiden jungen Männer erschienen war. Ein wilder Schrei gellte durch die Nacht. Jeder sprang von seiner Seite auf die Straße: Die Lampe fiel zu Boden, zerbrach und erlosch. Und das Pferd, das durch diesen ungewöhnlichen Aufruhr in Panik versetzt wurde, scheute und galoppierte in Richtung Edinburgh davon, in seinem Wagen als einzigen Fahrgast den Leichnam des toten und lange schon zerstückelten Gray.

Mark Twain: Der Streich, der Ed Glück brachte

Einige Jahre vor Ausbruch des Bürgerkrieges begann es sich herauszustellen, daß Memphis im Staate Tennessee dabei war, ein großer Tabakumschlagplatz zu werden; wer einsichtig war, konnte die Anzeichen dafür bemerken. Selbstverständlich besaß Memphis zu dieser Zeit noch ein Verladeschiff. Es gab zwar einen steilabfallenden gepflasterten Kai für die Unterbringung der Fracht, aber die Dampfer legten an der Außenseite des Verladeschiffes an, und der gesamte Verkehr – Laden und Löschen – zwischen Dampfer und Ufer ging darüber hinweg. Für das Verladeschiff brauchte man einige Arbeiter; während des Tages mußten sie zeitweise sehr hart arbeiten, dann wieder faulenzten sie. Sie sprühten vor Jugend und Unternehmungsgeist und mußten sich die Augenblicke der Untätigkeit irgendwie erträglich machen; meist taten sie es, indem sie sich Streiche ausdachten und diese dann einander spielten.

Die beliebteste Zielscheibe für ihre Späße war Ed Jackson, weil er selber niemals Streiche machte. Zugleich war er ein dankbares Opfer für die der übrigen – denn er glaubte stets alles, was man ihm erzählte.

Eines Tages eröffnete er den anderen seine Absichten für die Ferien. Er wollte sie diesmal nicht mit Fischen oder Jagen verbringen, oh nein, er hatte sich einen besseren Plan ausgedacht. Von seinen vierzig Dollar im Monat hatte er sich genug beiseite gelegt für seinen Zweck, sparsam wie er war, und nun wollte er sich mal New York ansehen.

It was a great and surprising idea. It meant travel – immense travel – in those days it meant seeing the world; it was the equivalent of a voyage around it in ours. At first the other youths thought his mind was affected, but when they found that he was in earnest, the next thing to be thought of was, what sort of opportunity this venture might afford for a practical joke.

The young men studied over the matter, then held a secret consultation and made a plan. The idea was, that one of the conspirators should offer Ed a letter of introduction to Commodore Vanderbilt, and trick him into delivering it. It would be easy to do this. But what would Ed do when he got back to Memphis? That was a serious matter. He was good-hearted, and had always taken the jokes patiently; but they had been jokes which did not humiliate him, did not bring him to shame; whereas, this would be a cruel one in that way, and to play it was to meddle with fire; for what all his good nature, Ed was a Southerner – and the English of that was, that when he came back he would kill as many of the conspirators as he could before falling himself. However, the chances must be taken – it wouldn't do to waste such a joke as that.

So the letter was prepared with great care and elaboration. It was signed Alfred Fairchild, and was written in an easy and friendly spirit. It stated that the bearer was the bosom friend of the writer's son, and was of good parts and sterling character, and it begged the Commodore to be kind to the young stranger for the writer's sake. It went on to say, "You may have forgotten me, in this long stretch of time, but you will easily call me back out of your boyhood memories when I remind you of how we robbed old Stevenson's orchard that night; and how, while he was chasing down the road after us, we cut across the field and doubled back and sold his own apples to his own cook for a hatful of doughnuts; and the time that we –"

Das war eine großartige und überraschende Idee. Das hieß, eine Reise machen, eine unermeßliche Reise – in jenen Tagen hieß es: die Welt sehen; es war dasselbe, was für uns heutzutage eine Weltreise ist. Zunächst glaubten die übrigen Burschen, er sei nicht ganz bei Verstand, aber als sie merkten, daß es ihm ernst damit war, dachten sie als erstes darüber nach, welche Möglichkeiten für einen Streich dieses Abenteuer bieten mochte.

Die jungen Männer gingen die Frage durch, hielten dann eine geheime Beratung ab und machten folgenden Plan: Einer der Verschwörer sollte Ed ein Empfehlungsschreiben für Kommodore Vanderbilt anbieten und ihn überreden, es abzugeben. Das würde ein leichtes sein. Aber was würde Ed tun, wenn er nach Memphis zurückkäme? Das war ein ernster Punkt. Er war gutmütig und hatte stets geduldig ihre Späße hingenommen, aber es waren Späße gewesen, die ihn nicht demütigten oder beschämten; dieser dagegen war in mancher Hinsicht grausam. Ed diesen Streich spielen hieß mit dem Feuer spielen; denn bei all seiner Gutherzigkeit war Ed doch ein Südstaatler, und das hieß auf gut Englisch, daß er bei seiner Rückkehr möglichst viele der Verschwörer umbringen würde, bevor er selbst fiel. Aber dieses Risiko mußten sie eben auf sich nehmen. Einen solchen Spaß durfte man sich nicht entgehen lassen.

So wurde der Brief mit großer Umsicht und Sorgfalt abgefaßt. Er war in heiterem, feundlichem Ton gehalten und mit Alfred Fairchild unterzeichnet. Es stand darin, der Überbringer sei eng befreundet mit dem Sohn des Schreibers, er besitze gute geistige Fähigkeiten und habe einen gediegenen Charakter, und der Kommodore möge dem Schreiber zuliebe den jungen Fremdling freundlich aufnehmen. Weiter hieß es: «Sie mögen mich während dieser langen Zeitspanne vergessen haben, aber ich werde Ihnen gleich wieder einfallen, wenn Sie sich an Ihre Kindheit erinnern und daran denken, wie wir in jener Nacht im Garten des alten Stevenson Obst klauten und, während er auf der Straße hinter uns herjagte, querfeldein liefen und zurückschlichen und seine eigenen Äpfel für eine Mütze voll Krapfen an seinen Koch verkauften; und wie wir

and so forth and so on, bringing in names of imaginary comrades, and detailing all sorts of wild and absurd and, of course, wholly imaginary schoolboy pranks and adventures, but putting them into lively and telling shape.

With all gravity Ed was asked if he would like to have a letter to Commodore Vanderbilt, the great millionaire. It was expected that the question would astonish Ed, and it did.

"What? Do *you* know that extraordinary man?"

"No; but my father does. They were schoolboys together. And if you like, I'll write and ask father. I know he'll be glad to give it to you for my sake."

Ed could not find words capable of expressing his gratitude and delight. The three days passed, and the letter was put into his hands. He started on his trip, still pouring out his thanks while he shook good-by all around. And when he was out of sight his comrades let fly their laughter in a storm of happy satisfaction – and then quieted down, and were less happy, less satisfied. For the old doubts as to the wisdom of this deception began to intrude again.

Arrived in New York, Ed found his way to Commodore Vanderbilt's business quarters, and was ushered into a large anteroom, where a score of people were patiently awaiting their turn for a two-minute interview with the millionaire in his private office. A servant asked for Ed's card, and got the letter instead. Ed was sent for a moment later, and found Mr. Vanderbilt alone, with the letter – open – in his hand.

"Pray sit down, Mr.-er-"

"Jackson."

"Ah – sit down, Mr. Jackson. By the opening sentences it seems to be a letter from an old friend. Allow me – I will run my eye through it. He says – he says – why, who *is* it?" He turned the sheet and found the signature. "Alfred Fairchild – h'm – Fairchild

das andere Mal . . .» Und so weiter, und so fort. Namen von erfundenen Kameraden wurden genannt und alle möglichen ausgelassenen und verrückten, dabei natürlich völlig erfundenen Schuljungenstreiche und Abenteuer bis ins einzelne geschildert und zugleich lebendig und anschaulich erzählt.

Mit aller Feierlichkeit wurde Ed gefragt, ob er gerne einen Brief für Kommodore Vanderbilt, den großen Millionär, haben wollte. Man erwartete, daß ihn die Frage überraschen würde, und so war es auch.

«Was? *Du* kennst diesen außergewöhnlichen Mann?»

«Nein, aber mein Vater. Sie waren Schulkameraden. Und wenn du willst, werde ich meinem Vater schreiben und ihn bitten. Ich weiß, mir zuliebe wird er dir gerne einen mitgeben.»

Ed fand keine Worte, seine Dankbarkeit und Freude auszudrücken. Nach Ablauf der drei Tage wurde ihm der Brief übergeben. Er trat seine Reise an, und als er allen zum Lebewohl die Hand schüttelte, strömte er noch immer über vor Dankbarkeit. Als er ihren Blicken entschwunden war, machten seine Kameraden ihrer glücklichen Zufriedenheit in einem dröhnenden Gelächter Luft – doch dann beruhigten sie sich und waren nicht mehr so glücklich und zufrieden. Denn der alte Zweifel, ob sie mit diesem Betrug weise gehandelt hatten, meldete sich wieder.

Als Ed in New York angelangt war, suchte und fand er die Geschäftsräume von Kommodore Vanderbilt. Er wurde in ein großes Vorzimmer geführt, wo eine Anzahl Leute geduldig warteten, bis sie an die Reihe kommen würden, um zwei Minuten mit dem Millionär in seinem Privatbüro zu sprechen. Ein Diener bat Ed um seine Karte und erhielt statt dessen den Brief. Kurz darauf wurde Ed hereingerufen. Herr Vanderbilt war allein und hielt den – geöffneten – Brief in der Hand.

«Bitte, nehmen Sie Platz, Herr . . »

«Jackson.»

«Ja, nehmen Sie Platz, Herr Jackson. Nach den ersten Sätzen scheint es sich um den Brief eines alten Freundes zu handeln. Gestatten Sie, daß ich ihn schnell überfliege. Er schreibt, er schreibt . . . aber, wer ist es denn eigentlich?» Er drehte das Blatt um und las die Unterschrift. «Alfred Fairchild, hm . . .

– I don't recall the name. But that is nothing – a thousand names have gone from me. He says – he says – h'm – h'm – oh, dear, but it's good! Oh, it's rare! I don't *quite* remember it, but I *seem* to – it 'll all come back to me presently. He says – he says – h'm – h'm – oh, but that was a game! Oh, spl-endid! How it carries me back! It's all dim, of course – it's a long time ago – and the names – *some* of the names are wavery and indistinct – but sho', I know it happened – I can *feel* it! and lord, how it warms my heart, and brings back my lost youth! Well, well, well, I've got to come back into this workaday world now – business presses and people are waiting – I'll keep the rest for bed to-night, and live my youth over again. And you'll thank Fairchild for me when you see him – I used to call him Alf, I think – and you'll give him my gratitude for what this letter has done for the tired spirit of a hard-worked man, and tell him there isn't anything that I can do for him or any friend of his that I won't do. And as for you, my lad, you are my guest; you can't stop at any hotel in New York. Sit where you are a little while, till I get through with these people, then we'll go home. I'll take care of *you*, my boy – make yourself easy as to that."

Ed stayed a week, and had an immense time – and never suspected that the Commodore's shrewd eyes were on him, and that he was daily being weighed and measured and analyzed and tried and tested.

Yes, he had an immense time; and never wrote home, but saved it all up to tell when he should get back. Twice, with proper modesty and decency, he proposed to end his visit, but the Commodore said, "No – wait; leave it to me; I'll tell you when to go."

In those days the Commodore was making some of those vast combinations of his – consolidations of warring odds and ends of railroads into harmonious systems, and concentrations of floating and rudderless commerce in effective centers – and among other

Fairchild . . . Ich kann mich nicht an den Namen erinnern. Aber das hat nichts zu sagen – mir sind tausend Namen entfallen. Er schreibt, er schreibt . . . Hm . . . Hm . . . Ach du meine Güte, das ist prächtig! Oh, köstlich! Ich kann mich zwar nicht *ganz* erinnern, daber ich *glaube*, es wird mir gleich wieder einfallen. Er schreibt, er schreibt . . . Hm . . . Hm. Oh ja, das war ein Spaß! Oh, grrroßartig! Wie fühle ich mich zurückversetzt! Es ist zwar alles wie im Nebel, natürlich, es ist ja lange her, und die Namen – *einige* Namen sind verschwommen und unklar, aber ich weiß, es war so – ich *fühle* es! Mein Gott, wie mir dabei warm ums Herz wird, und wie mir das meine verlorene Jugend zurückbringt! Aber leider, leider, jetzt muß ich zurück in diese alltägliche Welt – die Geschäfte drängen, und die Leute warten. Den Rest will ich für heute abend im Bett aufheben und dabei noch einmal meine Jugend durchleben. Und sagen Sie Fairchild, wenn Sie ihn treffen (ich nannte ihn wohl Alf), meinen Dank für seinen Brief, der dem ermüdeten Geist eines vielbeschäftigten Mannes so wohl getan hat, und sagen Sie ihm, es gibt nichts, was ich nicht für ihn oder einen seiner Freunde tun würde, wenn es in meiner Macht steht. Und Sie, junger Freund, sind mein Gast; Sie dürfen in New York nicht im Hotel wohnen. Bleiben Sie einen Moment dort sitzen, bis ich die Leute abgefertigt habe, dann gehen wir heim. Für *Sie* werde ich sorgen, mein Junge – darüber machen Sie sich keine Gedanken.»

Ed blieb eine Woche und verlebte eine großartige Zeit, und er merkte nicht, wie das scharfe Auge des Kommodore auf ihm ruhte, und wie er täglich gewogen, gemessen, analysiert, erprobt und geprüft wurde.

Ja, er verlebte eine herrliche Zeit; er schrieb nie nach Hause, sondern sparte sich das Erzählen auf, bis er zurückkäme. Zweimal meinte er hübsch bescheiden und schicklich, daß er nun gehen müsse, aber der Kommodore sagte: «Nein, warten Sie; überlassen Sie das mir; ich sage Ihnen, wann Sie gehen können.»

Zu jener Zeit war der Kommodore mit einem seiner gewaltigen Projekte beschäftigt: Er wollte die verstreuten, nur streckenweise vorhandenen und konkurrierenden Eisenbahnen in zusammenhängende Netze bringen und den ungesteuert treibenden Handelsverkehr auf leistungsfähige Umschlag-

things his far-seeing eye had detected the conver-
gence of that huge tobacco-commerce, already
spoken of, toward Memphis, and he had resolved to
set his grasp upon it and make it his own.

The week came to an end. Then the Commodore
said:

"Now you can start home. But first we will have
some more talk about that tobacco matter. I know you
now. I know your abilities as well as you know them
yourself – perhaps better. You understand that tobacco matter; you understand that I am going to take
possession of it, and you also understand the plans
which I have matured for doing it. What I want is a
man who knows my mind, and is qualified to represent
me in Memphis, and be in supreme command of
that important business – and I appoint you."

"Me!"

"Yes. Your salary will be high – of course – for you
are representing *me*. Later you will earn increases of
it, and will get them. You will need a small army of
assistants; choose them yourself – and carefully. Take
no man for friendship's sake; but, all things being
equal, take the man you know, take your friend, in
preference to the stranger."

After some further talk under this head, the
Commodore said: "Good-by, my boy, and thank Alf
for me, for sending you to me."

When Ed reached Memphis he rushed down to the
wharf in a fever to tell his great news and thank the
boys over and over again for thinking to give him the
letter to Mr. Vanderbilt. It happened to be one of
those idle times. Blazing hot noonday, and no sign of
life on the wharf. But as Ed threaded his way among
the freight-piles, he saw a white linen figure stretched
in slumber upon a pile of grain-sacks under an
awning, and said to himself, "That's one of them,"
and hastened his step; next, he said, "It's Charley
– it's Fairchild – good"; and the next moment laid an

plätze konzentrieren. Unter anderem hatte sein vorausschauender Blick bemerkt, daß sich der riesige Tabakhandel, von dem wir schon gesprochen haben, auf Memphis einzuspielen begann, und er war entschlossen, ihn in seine Hand zu bekommen und sich anzueignen.

Die Woche ging zu Ende. Da sagte der Kommodore:

«Jetzt können Sie heimfahren. Aber zunächst wollen wir uns etwas näher über den Tabakhandel unterhalten. Ich kenne Sie jetzt. Ich kenne Ihre Fähigkeiten so gut wie Sie selber – vielleicht sogar noch besser. Sie verstehen etwas vom Tabakhandel; Sie verstehen, daß ich ihn in die Hand bekommen will, und Sie verstehen auch die Pläne, die ich dazu entwickelt habe. Ich brauche einen Mann, der meine Absichten kennt und der fähig ist, mich in Memphis zu vertreten und die oberste Leitung dieses bedeutenden Geschäfts zu übernehmen – und dazu bestimme ich Sie.»

«Mich?»

«Ja. Ihr Gehalt wird hoch sein, selbstverständlich, da Sie ja mich vertreten. Später werden Sie noch mehr beanspruchen können und erhalten. Sie werden einen kleinen Mitarbeiterstab benötigen; wählen Sie ihn selber – aber seien Sie vorsichtig. Nehmen Sie niemanden aus Freundschaft; aber bei gleichen Voraussetzungen nehmen Sie lieber jemanden, den Sie kennen, ziehen Sie Ihren Freund einem Fremden vor.»

Nach einigen weiteren Gesprächen über dieses Thema sagte der Kommodore: «Auf Wiedersehen, mein Junge, und sagen Sie Alf meinen Dank dafür, daß er Sie mir geschickt hat.»

Als Ed in Memphis anlangte, rannte er wie besessen zum Kai hinunter, um seine große Neuigkeit zu berichten und den Jungen vielmals dafür zu danken, daß sie daran gedacht hatten, ihm den Brief für Herrn Vanderbilt mitzugeben. Es war zufällig gerade eine Periode des Faulenzens. In der glühend heißen Mittagszeit lag der Kai ohne ein Lebenszeichen. Doch als Ed sich seinen Weg zwischen den Frachtstapeln hindurch bahnte, gewahrte er auf einem Stoß Getreidesäcke eine Gestalt in weißem Leinenhemd, die unter einer Plane ausgestreckt schlief. Er sagte sich: «Das ist einer von ihnen» und beschleunigte seinen Schritt. Dann sagte er: «Es ist Charley, es

affectionate hand on the sleeper's shoulder. The eyes opened lazily, took one glance, the face blanched, the form whirled itself from the sack-pile, and in an instant Ed was alone and Fairchild was flying for the wharfboat like the wind!

Ed was dazed, stupefied. Was Fairchild crazy? What could be the meaning of this? He started slow and dreamily down toward the wharfboat; turned the corner of a freight-pile and came suddenly upon two of the boys. They were lightly laughing over some pleasant matter; they heard his step, and glanced up just as he discovered them; the laugh died abruptly; and before Ed could speak they were off, and sailing over barrels and bales like hunted deer. Again Ed was paralyzed. Had the boys all gone mad? What *could* be the explanation of this extraordinary conduct? And so, dreaming along, he reached the wharfboat, and stepped aboard – nothing but silence there, and vacancy. He crossed the deck, turned the corner to go down the outer guard, heard a fervent "O Lord!" and saw a white linen form plunge overboard.

The youth came up coughing and strangling, and cried out:

"Go 'way from here! You let me alone. *I* didn't do it, I swear I didn't!"

"Didn't do *what*?"

"Give you the –"

"Never mind what you didn't do – come out of that! What makes you all act so? What have *I* done?"

"You? Why, *you* haven't done anything. But –"

"Well, then, what have you got against me? What do you all treat me so for?"

"I – er – but haven't you got anything against *us*?"

"Of course not. What put such a thing into your head?"

"Honor bright – you haven't?"

"Honor bright."

"Swear it!"

ist Fairchild – fein»; und im nächsten Augenblick legte er dem Schläfer freundlich die Hand auf die Schulter. Der öffnete träge die Augen, blickte auf, erbleichte und wälzte sich rasch von den Säcken herab, und gleich darauf war Ed allein, während Fairchild wie der Wind auf das Verladeschiff zurannte!

Ed stand benommen, verblüfft da. War Fairchild durchgedreht? Was konnte das bedeuten? Langsam und nachdenklich ging er auf das Verladeschiff zu. Als er um die Ecke eines Frachtstapels bog, stand er plötzlich vor zwei von den Jungen. Die lachten unbekümmert über etwas Lustiges; sie hörten seine Schritte und blickten gerade auf, als er sie entdeckte; jäh brach ihr Lachen ab, und ehe Ed etwas sagen konnte, rannten sie los und turnten über Fäßer und Ballen wie gehetztes Wild. Wiederum war Ed wie vor den Kopf geschlagen. Waren die Jungen alle verrückt geworden? Was konnte nur der Grund für dieses ungewöhnliche Verhalten sein? Und während er so vor sich hin sann, erreichte er das Verladeschiff und ging an Bord – nichts als Stille und Leere. Er überquerte das Deck, bog um die Ecke, um die äußere Laufplanke entlangzugehen, hörte ein flehentliches «O Gott!» und sah, wie eine Gestalt in weißem Leinenhemd über Bord sprang.

Der Bursche tauchte keuchend und würgend wieder auf und schrie:

«Geh weg! Laß mich in Ruhe. *Ich* hab's nicht getan, ich schwöre dir, ich nicht!»

«Nicht getan? *Was* denn?»

«Ihn dir mitgegeben, den...»

«Egal, was du nicht getan hast – komm herauf! Weshalb benehmt ihr euch alle so? Was habe *ich* denn getan?»

«Du? Wieso, *du* hast nichts getan. Aber...»

«Na also, was habt ihr gegen mich? Weshalb behandelt ihr mich alle so?»

«Ich... Äh... hast *du* denn nichts gegen uns?»

«Natürlich nicht. Was hat euch überhaupt auf die Idee gebracht?»

«Ehrenwort, du hast nichts gegen uns?»

«Ehrenwort.»

«Schwöre es!»

"I don't know what in the *world* you mean, but I swear it, anyway."

"And you'll shake hands with me?"

"Goodness knows I'll be *glad* to! Why, I'm just starving to shake hands with *somebody*!"

The swimmer muttered, "Hang him, he smelt a rat and never delivered the letter! – but it's all right, I'm not going to fetch up the subject." And he crawled out and came dripping and draining to shake hands. First one hand then another of the conspirators showed up cautiously – armed to the teeth – took in the amicable situation, then ventured warily forward and joined the love-feast.

And to Ed's eager inquiry as to what made them act as they had been acting, they answered evasively and pretended that they had put it up as a joke, to see what he would do. It was the best explanation they could invent at such short notice. And each said to himself, "He never delivered that letter, and the joke is on *us*, if he only knew it or we were dull enough to come out and tell."

Then, of course, they wanted to know all about the trip; and he said:

"Come right up on the boiler deck and order the drinks – it's my treat. I'm going to tell you all about it. And to-night it's my treat again – and we'll have oysters and a time!"

When the drinks were brought and cigars lighted, Ed said:

"Well, when I delivered the letter to Mr. Vanderbilt –"

"Great Scott!"

"Gracious, how you scared me. What's the matter?"

"Oh – er – nothing. Nothing – it was a tack in the chair-seat," said one.

"But you *all* said it. However, no matter. When
I delivered the letter –"

"*Did* you deliver it?" And they looked at each

«Ich weiß nicht, was um alles in der Welt du meinst, aber ich schwöre trotzdem.»

«Und du wirst mir die Hand geben?»

«Aber ja, mit *Freuden!* Ich lechze doch geradezu danach, jemandem die Hand zu drücken!»

Der Schwimmer murmelte: «Hol ihn der Teufel, er hat Lunte gerochen und den Brief gar nicht abgegeben! Aber schon gut, ich werde das Thema nicht anschneiden.» Und er kam tropfend und triefend aus dem Wasser und schüttelte ihm die Hand. Vorsichtig tauchten die übrigen Verschwörer einer nach dem anderen auf, bis an die Zähne bewaffnet, erfaßten die freundschaftliche Situation, wagten sich dann behutsam weiter vor und beteiligten sich an der Begrüßungsfeier.

Auf Eds ungeduldige Fragen, weshalb sie sich so verhalten hätten, antworteten sie ausweichend und gaben vor, das hätten sie sich als Spaß ausgedacht, um zu sehen, was er machen würde. Es war die beste Erklärung, die sie sich so schnell ausdenken konnten. Und jeder sagte sich: «Er hat den Brief gar nicht abgegeben, und wir hätten *uns* den Streich gespielt, wenn er ihn kennte oder wir dumm genug wären, etwas davon auszuplaudern.»

Darauf wollten sie natürlich alles über die Reise wissen, und er sagte:

«Kommt gleich mit aufs Kesseldeck und bestellt was zu trinken – auf meine Rechnung. Ich werde euch dann alles erzählen. Und heute abend seid ihr wieder meine Gäste – wir werden Austern essen und uns amüsieren!»

Als die Getränke gebracht und Zigarren angezündet waren, begann Ed:

«Also hört zu! Als ich Herrn Vanderbilt den Brief übergeben hatte...»

«Großer Gott!»

«Himmel, habt ihr mich erschreckt. Was ist los?»

«Och-ch, nichts. Nichts – es war ein Nagel in meinem Stuhlsitz», sagte einer.

«Aber ihr habt es doch *alle* gesagt. Na, ist egal. Als ich den Brief abgegeben hatte...»

«Hast du ihn wirklich abgegeben?» Und sie sahen einander

other as people might who thought that maybe they were dreaming.

Then they settled to listening; and as the story deepened and its marvels grew, the amazement of it made them dumb, and the interest of it took their breath. They hardly uttered a whisper during two hours, but sat like petrifactions and drank in the immortal romance. At last the tale was ended, and Ed said:

"And it's all owing to *you*, boys, and you'll never find *me* ungrateful – bless your hearts, the best friends a fellow ever had! You'll all have places; I want every one of you. I *know* you – I know you 'by the *back*', as the gamblers say. You're jokers, and all that, but you're *sterling*, with the hallmark *on*. And Charley Fairchild, you shall be my first assistant and right hand, because of your first-class ability, and because you got me the letter, and for your father's sake who wrote it for me, and to please Mr. Vanderbilt, who *said* it would! And here's to that great man – drink hearty!"

Yes, when the Moment comes, the Man appears – even if he is a thousand miles away, and has to be discovered by a practical joke.

Oscar Wilde: The Model Millionaire

Unless one is wealthy there is no use in being a charming fellow. Romance is the privilege of the rich, not the profession of the unemployed. The poor should be practical and prosaic. It is better to have a permanent income than to be fascinating. These are the great truths of modern life which Hughie Erskine never realised. Poor Hughie! Intellectually, we must admit, he was not of much importance. He never said a brilliant or even an ill-natured thing in his life. But

an wie Leute, die überlegen, ob sie nicht vielleicht doch träumen.

Dann waren sie bereit zu hören, und als die Geschichte fortschritt und die Wunder immer größer wurden, waren sie benommen vor Staunen, und die Spannung verschlug ihnen den Atem. Zwei Stunden lang gaben sie keinen Laut von sich, sondern saßen wie versteinert da und schlürften diese unsterbliche Ballade. Dann war die Geschichte zu Ende, und Ed sagte:

«Und alles ist euer Verdienst, Jungs, und ihr sollt mich niemals undankbar sehen – du meine Güte, die besten Freunde, die je ein Mann gehabt hat! Ihr werdet alle einen Posten bekommen; ich brauche jeden von euch. Ich *kenne* euch – ich kenne euch von der Rückseite, wie der Spieler sagt. Ihr seid Spaßvögel und was weiß ich noch, aber ihr seid echt, goldecht mit Gütestempel. Und du, Charley Fairchild, wirst mein erster Mitarbeiter, meine rechte Hand sein, wegen deiner erstklassigen Fähigkeiten, weil du mir den Brief besorgt hast, und zu Ehren deines Vaters, der ihn für mich geschrieben hat, und weil ich so in Herrn Vanderbilts Sinne handle! Und jetzt trinkt kräftig auf das Wohl dieses großen Mannes!»

Ja, wenn der Augenblick gekommen ist, taucht der richtige Mann auf – selbst wenn er tausend Meilen weit weg ist und erst durch einen Streich entdeckt werden muß.

Oscar Wilde: Der Modell-Millionär

Wenn man nicht wohlhabend ist, hat es keinen Sinn, ein charmanter Bursche zu sein. Romantik ist das Vorrecht der Reichen, nicht Sache der Arbeitslosen. Die Armen sollten praktisch und prosaisch sein. Es ist besser, ein ständiges Einkommen zu haben, als anziehend zu sein. Dies sind die großen Wahrheiten des modernen Lebens, die Hughie Erskine sich nicht klarmachte. Armer Hughie! In geistiger Hinsicht, das müssen wir zugeben, war er nicht sehr bedeutend. In seinem ganzen Leben tat er weder eine brillante noch auch nur

then he was wonderfully good-looking, with his crisp, brown hair, his clear-cut profile, and his grey eyes. He was as popular with men as he was with women, and he had every accomplishment except that of making money. His father had bequeathed him his cavalry sword and a *History of the Peninsular War* in fifteen volumes. Hughie hung the first over his looking-glass, put the second on a shelf between *Ruff's Guide* and *Bailey's Magazine*, and lived on two hundred a year that an old aunt allowed him. He had tried everything. He had gone on the Stock Exchange for six months; but what was a butterfly to do among bulls and bears? He had been a tea-merchant for a little longer, but had soon tired of pekoe and souchong. Then he had tried selling dry sherry. That did not answer; the sherry was a little too dry. Ultimately he became nothing, a delightful, ineffectual young man with a perfect profile and no profession.

To make matters worse he was in love. The girl he loved was Laura Merton, the daughter of a retired Colonel who had lost his temper and his digestion in India, and had never found either of them again. Laura adored him, and he was ready to kiss her shoe-strings. They were the handsomest couple in London, and had not a penny-piece between them. The Colonel was very fond of Hughie, but would not hear of any engagement.

"Come to me, my boy, when you have got ten thousand pounds of your own, and we will see about it," he used to say; and Hughie looked very glum in those days, and had to go to Laura for consolation.

One morning, as he was on his way to Holland Park, where the Mertons lived, he dropped in to see a great friend of his, Alan Trevor. Trevor was a painter. Indeed, few people escape that nowadays. But he was also an artist, and artists are rather rare. Personally he was a strange rough fellow, with a freckled face and a red, ragged beard. However, when

eine bösartige Äußerung. Aber andererseits sah er unwahrscheinlich gut aus, mit seinem welligen braunen Haar, seinem klar geschnittenen Profil und seinen grauen Augen. Er war bei Männern ebenso beliebt wie bei Frauen, und er besaß jede Gabe außer der, Geld zu verdienen. Sein Vater hatte ihm seinen Kavallerie-Säbel und eine Geschichte des Iberischen Krieges in fünfzehn Bänden hinterlassen. Hughie hängte ersteren über seinen Spiegel, stellte letztere auf ein Bücherbord zwischen Ruffs Führer und Baileys Magazin und lebte von zweihundert Pfund im Jahr, die ihm eine alte Tante bewilligte. Er hatte alles versucht. Sechs Monate lang war er Mitglied der Londoner Börse gewesen, aber was sollte ein Schmetterling zwischen Bullen und Bären? Etwas länger war er Teekaufmann gewesen, war jedoch bald des Pekoe und Souchong überdrüssig geworden. Dann hatte er versucht, trockenen Sherry zu verkaufen. Damit hatte er keinen Erfolg; der Sherry war etwas zu trocken. Am Ende wurde er nichts als ein reizender, erfolgloser junger Mann mit einem ideal geschnittenen Gesicht und ohne Beruf.

Um alles noch schlimmer zu machen, hatte er sich verliebt. Das Mädchen, das er liebte, war Laura Merton, die Tochter eines im Ruhestand lebenden Obersten, dem Laune und Verdauung in Indien abhanden gekommen waren und der keine von beiden wiedergefunden hatte. Laura betete ihn an, und er war bereit, ihre Schnürsenkel zu küssen. Sie waren das schönste Paar von London und besaßen zusammen nicht einen Penny. Der Oberst mochte Hughie sehr, wollte aber von einer Verlobung nichts wissen.

«Komm zu mir, mein Junge, wenn du zehntausend Pfund dein eigen nennst, und wir werden weitersehen», pflegte er zu sagen; und Hughie sah sehr niedergeschlagen aus in jenen Tagen und mußte zu Laura gehen, um sich trösten zu lassen.

Eines Morgens, als er unterwegs war zum Holland Park, wo die Mertons wohnten, schaute er bei einem sehr guten Freund herein, bei Alan Trevor. Trevor war Maler. Dem entgehen zwar heutzutage nur wenige Leute. Aber dieser war außerdem ein Künstler, und Künstler sind ziemlich selten. Was seine Person betraf, so war er ein seltsamer, rauher Brusche mit einem sommersprossigen Gesicht und einem roten struppigen Bart.

he took up the brush he was a real master, and his pictures were eagerly sought after. He had been very much attracted by Hughie at first, it must be acknowledged, entirely on account of his personal charm. "The only people a painter should know," he used to say, "are people who are *bête* and beautiful, people who are an artistic pleasure to look at and an intellectual repose to talk to. Men who are dandies and women who are darlings rule the world, at least they should do so." However, after he got to know Hughie better, he liked him quite as much for his bright, buoyant spirits and his generous, reckless nature, and had given him the permanent *entrée* to his studio.

When Hughie came in he found Trevor putting the finishing touches to a wonderful life-size picture of a beggar-man. The beggar himself was standing on a raised platform in a corner of the studio. He was a wizened old man, with a face like wrinkled parchment, and a most piteous expression. Over his shoulder was flung a coarse brown cloak, all tears and tatters ; his thick boots were patched and cobbled, and with one hand he leant on a rough stick, while with the other he held out his battered hat for alms.

"What an amazing model !" whispered Hughie, as he shook hands with his friend.

"An amazing model ?" shouted Trevor at the top of his voice ; "I should think so ! Such beggars as he are not to be met with every day. A *trouvaille, mon cher* ; a living Velasquez ! My stars ! what an etching Rembrandt would have made of him !"

"Poor old chap !" said Hughie, "how miserable he looks ! But I suppose, to you painters, his face is his fortune ?"

"Certainly," replied Trevor, "you don't want a beggar to look happy, do you ?"

"How much does a model get for sitting ?" asked Hughie, as he found himself a comfortable seat on a divan.

Wenn er jedoch den Pinsel in die Hand nahm, war er ein wirklicher Meister, und seine Bilder waren überaus gefragt. Es muß zugegeben werden, daß ihn zu Anfang allein Hughies persönlicher Charme stark angezogen hatte. «Die einzigen Leute, die ein Maler kennen sollte», pflegte er zu sagen, «sind Leute, die *bête* und schön sind, Leute, die anzuschauen ein künstlerisches Vergnügen ist und mit denen zu reden geistige Erholung bedeutet. Männer, die Dandys sind, und Frauen, die wie Engel aussehen, beherrschen die Welt, oder sollten es zumindest tun.» Nachdem er jedoch Hughie genauer kennengelernt hatte, schätzte er ihn ebenso wegen seiner heiteren, lebensfrohen Gemütsart und seiner großzügigen, sorglosen Natur und hatte ihm erlaubt, jederzeit sein Atelier zu betreten.

Als Hughie hereinkam, sah er Trevor die letzten Pinselstriche an das wunderbare, lebensgroße Bildnis eines Bettlers setzen. Der Bettler selbst stand auf einem Podest in einer Ecke des Ateliers. Es war ein runzeliger alter Mann, mit einem Gesicht wie zerknittertes Pergament und einem mitleiderregenden Ausdruck. Über seine Schulter war ein derber brauner Mantel geworfen, völlig zerrissen und zerlumpt; seine groben Schuhe waren geflickt und genäht, und mit der einen Hand stützte er sich auf einen Knotenstock, während er mit der anderen seinen schäbigen Hut für die Almosen ausstreckte.

«Was für ein erstaunliches Modell!» flüsterte Hughie, als er seinem Freund die Hand schüttelte.

«Ein erstaunliches Modell?» rief Trevor mit lauter Stimme. «Das will ich meinen! Solche Bettler wie ihn trifft man nicht jeden Tag. Eine *trouvaille, mon cher;* ein lebender Velasquez! Du lieber Himmel, was für eine Radierung Rembrandt von ihm gemacht hätte!»

«Armer, alter Kerl!» sagte Hughie. «Wie elend er aussieht! Aber ich nehme an, für euch Maler ist sein Gesicht sein Reichtum?»

«Sicher», erwiderte Trevor, «ein Bettler soll ja nicht glücklich aussehen, nicht wahr?»

«Wieviel bekommt ein Modell fürs Sitzen?» fragte Hughie, während er ein bequemes Plätzchen auf einem Diwan ausfindig machte.

"A shilling an hour."

"And how much do you get for your picture, Alan?"

"Oh, for this I get two thousand!"

"Pounds?"

"Guineas. Painters, poets, and physicians always get guineas."

"Well, I think the model should have a percentage," cried Hughie, laughing; "they work quite as hard as you do."

"Nonsense, nonsense! Why, look at the trouble of laying on the paint alone, and standing all day long at one's easel! It's all very well, Hughie, for you to talk, but I assure you that there are moments when Art almost attains to the dignity of manual labour. But you mustn't chatter; I'm very busy. Smoke a cigarette, and keep quiet."

After some time the servant came in, and told Trevor that the framemaker wanted to speak to him.

"Don't run away, Hughie," he said, as he went out, "I will be back in a moment."

The old beggar-man took advantage of Trevor's absence to rest for a moment on a wooden bench that was behind him. He looked so forlorn and wretched that Hughie could not help pitying him, and felt in his pockets to see what money he had. All he could find was a sovereign and some coppers. "Poor old fellow," he thought to himself, "he wants it more than I do, but it means no hansoms for a fortnight"; and he walked across the studio and slipped the sovereign into the beggar's hand.

The old man started, and a faint smile flitted across his withered lips. "Thank you, sir," he said, "thank you."

Then Trevor arrived, and Hughie took his leave, blushing a little at what he had done. He spent the day with Laura, got a charming scolding for his extravagance, and had to walk home.

«Einen Shilling pro Stunde.»

«Und wieviel bekommst du für dein Bild, Alan?»

«Oh, für dieses bekomme ich zweitausend.»

«Pfund?»

«Guineen. Maler, Dichter und Doktoren bekommen immer Guineen.»

«Also, ich finde, die Modelle sollten eine prozentuale Beteiligung haben», rief Hughie lachend. «Sie arbeiten genauso hart wie du.»

«Unsinn, Unsinn! Wieso, bedenke doch, wie mühsam es ist, allein die Farbe aufzutragen und den ganzen Tag lang an der Staffelei zu stehen! Du hast gut reden, Hughie, aber ich versichere dir, daß es Augenblicke gibt, in denen die Kunst fast den Adel handwerklicher Arbeit erreicht. Doch du darfst nicht so viel reden; ich bin sehr beschäftigt. Rauch eine Zigarette und verhalte dich ruhig!»

Nach einiger Zeit kam der Diener herein und meldete Trevor, daß der Rahmenmacher ihn zu sprechen wünsche.

«Lauf nicht fort, Hughie», sagte er im Hinausgehen, «ich werde sofort zurück sein.»

Der alte Bettler nutzte Trevors Abwesenheit, um sich einen Moment auf einer hölzernen Bank auszuruhen, die hinter ihm stand. Er sah so verloren und elend aus, daß Hughie nicht umhin konnte, ihn zu bemitleiden, und in seinen Taschen nachfühlte, um zu sehen, was für Geld er bei sich hatte. Alles, was er finden konnte, waren ein Sovereign und einige Kupfermünzen. «Armer, alter Kerl», dachte er bei sich, «er braucht es nötiger als ich, aber es bedeutet, daß ich mir vierzehn Tage lang keine Droschke leisten kann»; und er ging quer durch das Atelier und ließ den Sovereign in des Bettlers Hand gleiten.

Der alte Mann schrak zusammen, und ein schwaches Lächeln huschte über seine welken Lippen. «Vielen Dank, Sir», sagte er, «vielen Dank.»

Dann kam Trevor zurück und Hughie verabschiedete sich, ein wenig errötend über das, was er getan hatte. Er verbrachte den Tag mit Laura, wurde in reizender Weise für seine Verschwendung gescholten und mußte zu Fuß nach Hause gehen.

That night he strolled into the Palette Club about eleven o'clock, and found Trevor sitting by himself in the smoking-room drinking hock and seltzer.

"Well, Alan, did you get the picture finished all right?" he said, as he lit his cigarette.

"Finished and framed, my boy!" answered Trevor; "and, by the by, you have made a conquest. That old model you saw is quite devoted to you. I had to tell him all about you – who you are, where you live. What your income is, what prospects you have ——"

"My dear Alan," cried Hughie, "I shall probably find him waiting for me when I go home. But, of course, you are only joking. Poor old wretch! I wish I could do something for him. I think it is dreadful that anyone should be so miserable. I have got heaps of old clothes at home – do you think he would care for any of them? Why, his rags were falling to bits."

"But he looks splendid in them," said Trevor. "I wouldn't paint him in a frock coat for anything. What you call rags I call romance. What seems poverty to you is picturesqueness to me. However, I'll tell him of your offer."

"Alan," said Hughie seriously, "you painters are a heartless lot."

"An artist's heart is his head," replied Trevor; "and besides, our business is to realise the world as we see it, not to reform it as we know it. *A chacun son métier*. And now tell me how Laura is. The old model was quite interested in her."

"You don't mean to say you talked to him about her?" said Hughie.

"Certainly I did. He knows all about the relentless Colonel, the lovely Laura, and the ten thousand pounds."

"You told that old beggar all my private affairs?" cried Hughie, looking very red and angry.

"My dear boy," said Trevor, smiling, "that old beggar, as you call him, is one of the richest men in

An diesem Abend schlenderte er etwa um elf Uhr in den Palette Club und entdeckte Trevor, der allein im Rauchzimmer saß und Hochheimer Rheinwein und Selterswasser trank.

«Nun, Alan, hast du das Bild ganz fertig malen können?» sagte er, während er sich eine Zigarette anzündete.

«Es ist fertig und gerahmt, mein Junge», antwortete Trevor. «Und, nebenbei: du hast eine Eroberung gemacht. Das alte Modell, das du gesehen hast, ist dir sehr zugetan. Ich mußte ihm alles über dich erzählen – wer du bist, wo du wohnst. Wie hoch dein Einkommen ist, welche Aussichten du hast...»

«Nun, Alan», rief Hughie, «ich werde wahrscheinlich erleben, daß er auf mich wartet, wenn ich nach Hause gehe. Aber natürlich machst du nur Spaß. Der arme alte Teufel! Ich wünschte, ich könnte etwas für ihn tun. Ich finde es schrecklich, daß es jemandem so erbärmlich geht. Ich habe ganze Haufen alter Kleidung zu Hause – meinst du, daß er etwas davon möchte? Seine Lumpen fielen ja wirklich in Stücke.»

«Aber er sieht prächtig in ihnen aus», sagte Trevor. «Um nichts in der Welt würde ich ihn in einem Gehrock malen. Was du Lumpen nennst, nenne ich Romantik. Was dir armselig zu sein scheint, ist für mich höchst malerisch. Ich werde ihm aber von deinem Angebot erzählen.»

«Alan», sagte Hughie ernst, «ihr Maler seid eine herzlose Gesellschaft.»

«Das Herz eines Künstlers ist sein Kopf», antwortete Trevor. «Und außerdem ist es unser Gewerbe, die Welt darzustellen, so wie wir sie sehen, nicht etwa, sie zu verändern gemäß dem, was wir von ihr wissen. *A chacun son métier.* Und nun erzähle mir, wie es Laura geht. Das alte Modell hat sich sehr für sie interessiert.»

«Du willst doch nicht sagen, daß du mit ihm über sie geredet hast?» sagte Hughie.

«Natürlich habe ich das. Er weiß alles über den unbarmherzigen Oberst, die liebliche Laura und die zehntausend Pfund.»

«Du hast diesem alten Bettler meine ganzen privaten Geschichten erzählt?» rief Hughie und wurde rot vor Zorn.

«Mein lieber Junge», sagte Trevor lächelnd, «dieser alte Bettler, wie du ihn nennst, ist einer der reichsten Männer

Europe. He could buy all London to-morrow without overdrawing his account. He has a house in every capital, dines off gold plate, and can prevent Russia going to war when he chooses."

"What on earth do you mean?" exclaimed Hughie.

"What I say," said Trevor. "The old man you saw to-day in the studio was Baron Hausberg. He is a great friend of mine, buys all my pictures and that sort of thing, and gave me a commission a month ago to paint him as a beggar. *Que voulez-vous? La fantaisie d'un millionnaire!* And I must say he made a magnificent figure in his rags, or perhaps I should say in my rags; they are an old suit I got in Spain."

"Baron Hausberg!" cried Hughie. "Good heavens! I gave him a sovereign!" and he sank into an arm-chair the picture of dismay.

"Gave him a sovereign!" shouted Trevor, and he burst into a roar of laughter. "My dear boy, you'll never see it again. *Son affaire c'est l'argent des autres.*"

"I think you might have told me, Alan," said Hughie sulkily, "and not have let me make such a fool of myself."

"Well, to begin with, Hughie," said Trevor, "it never entered my mind that you went about distributing alms in that reckless way. I can understand your kissing a pretty model, but your giving a sovereign to an ugly one—by Jove, no! Besides, the fact is that I really was not at home to-day to anyone; and when you came in I didn't know whether Hausberg would like his name mentioned. You know he wasn't in full dress."

"What a duffer he must think me!" said Hughie.

"Not at all. He was in the highest spirits after you left; kept chuckling to himself and rubbing his old wrinkled hands together. I couldn't make out why he was so interested to know all about you; but I see it all now. He'll invest your sovereign for you, Hughie, pay you the interest every six months, and have a capital story to tell after dinner."

Europas. Er könnte morgen ganz London kaufen, ohne sein Bankkonto zu überziehen. Er hat ein Haus in jeder Haupstadt, speist von goldenen Tellern und kann Rußland daran hindern, Krieg anzufangen, wenn es ihm beliebt.»

«Was um Himmels willen meinst du damit?» rief Hughie.

«Was ich sage», sagte Trevor. «Der alte Mann, den du heute im Atelier gesehen hast, war Baron Hausberg. Er ist ein sehr guter Freund von mir, kauft alle meine Bilder und so weiter, und gab mir vor einem Monat den Auftrag, ihn als Bettler zu malen. *Que voulez-vous? La fantaisie d'un millionnaire!* Und ich muß sagen, er machte eine großartige Figur in seinen Lumpen, oder vielleicht sollte ich sagen, in meinen Lumpen; es ist ein alter Anzug, den ich in Spanien gekauft habe.»

«Baron Hausberg!» rief Hughie. «Du meine Güte! Ich habe ihm einen Sovereign gegeben!» Und er sank in einen Lehnstuhl, ein Bild des Entsetzens.

«Einen Sovereign gegeben!» schrie Trevor und brach in brüllendes Gelächter aus. «Mein lieber Junge, den wirst du nie wiedersehen. *Son affaire c'est l'argent des autres.*»

«Ich finde, du hättest es mir sagen können, Alan», sagte Hughie düster, «und mich nicht hereinfallen lassen sollen.»

«Nun, zunächst mal, Hughie», sagte Trevor, «ist es mir nie in den Sinn gekommen, daß du dich in dieser sorglosen Weise unterfangen würdest, Almosen zu verteilen. Ich kann verstehen, daß du ein hübsches Modell küßt, aber daß du einem häßlichen einen Sovereign gibst – beim Zeus, nein! Tatsache ist außerdem, daß ich heute wirklich für niemanden zu Hause war; und als du hereinkamst, wußte ich nicht, ob Hausberg es gern sehen würde, daß sein Name erwähnt wurde. Du weißt, daß er keine Gesellschaftskleidung trug.»

«Für wie blöde muß er mich halten!» sagte Hughie.

«Keineswegs. Er war bester Laune, als du gegangen warst, lachte immerfort stillvergnügt in sich hinein und rieb sich die alten, runzeligen Hände. Ich kam nicht dahinter, warum ihm so daran gelegen war, alles über dich zu erfahren; aber jetzt ist mir alles klar. Er wird deinen Sovereign für dich anlegen, Hughie, dir alle sechs Monate Zinsen zahlen und eine großartige Geschichte haben, die er nach dem Essen erzählen kann.»

"I am an unlucky devil," growled Hughie. "The best thing I can do is to go to bed; and, my dear Alan, you mustn't tell anyone. I shouldn't dare show my face in the Row."

"Nonsense! It reflects the highest credit on your philanthropic spirit, Hughie. And don't run away. Have another cigarette, and you can talk about Laura as much as you like."

However, Hughie wouldn't stop, but walked home, feeling very unhappy, and leaving Alan Trevor in fits of laughter.

The next morning, as he was at breakfast, the servant brought him up a card on which was written, "Monsieur Gustave Naudin, *de la part de* M. le Baron Hausberg." "I suppose he has come for an apology," said Hughie to himself; and he told the servant to show the visitor up.

An old gentleman with gold spectacles and grey hair came into the room, and said, in a slight French accent, "Have I the honour of addressing Monsieur Erskine?"

Hughie bowed.

"I have come from Baron Hausberg," he continued. "The Baron ——"

"I beg, sir, that you will offer him my sincerest apologies," stammered Hughie.

"The Baron,' said the old gentleman with a smile, "has commissioned me to bring you this letter"; and he extended a sealed envelope.

On the outside was written, "A wedding present to Hugh Erskine and Laura Merton, from an old beggar," and inside was a cheque for ten thousand pounds.

When they were married Alan Trevor was the best man, and the Baron made a speech at the wedding breakfast.

"Millionaire models," remarked Alan, "are rare enough; but, by Jove, model millionaires are rarer still!"

«Ich bin ein glückloser Teufel», grollte Hughie. «Das Beste, was ich machen kann, ist, zu Bett zu gehen; und, mein lieber Alan, du darfst es niemandem erzählen. Ich würde es nicht mehr wagen, mich auf der Row zu zeigen.»

«Unsinn! Es macht doch deinem philanthropischen Wesen alle Ehre, Hughie. Und lauf nicht fort. Rauch noch eine Zigarette, und du kannst von Laura sprechen, soviel wie du magst.»

Hughie wollte jedoch nicht bleiben, sondern ging mit sehr unglücklichen Gefühlen nach Hause und ließ Alan Trevor in Lachanfällen zurück.

Am nächsten Morgen, als er beim Frühstück war, brachte ihm der Diener eine Karte herauf, auf der geschrieben stand: «Monsieur Gustave Naudin, im Auftrag von M. le Baron Hausberg». «Ich vermute, er kommt, um eine Entschuldigung zu hören», sagte Hughie zu sich selbst; und er befahl dem Diener, den Besucher heraufzuführen.

Ein alter Herr mit gold-geränderter Brille und grauem Haar betrat den Raum und sagte mit leichtem französischen Akzent: «Habe ich die Ehre, mit Monsieur Erskine zu sprechen?»

Hughie verbeugte sich.

«Ich komme von Baron Hausberg», fuhr er fort. «Der Baron –»

«Ich bitte Sie, Sir, ihm meine aufrichtigsten Entschuldigungen zu überbringen», stammelte Hughie.

«Der Baron», sagte der alte Herr mit einem Lächeln, «hat mich beauftragt, Ihnen diesen Brief zu bringen»; und er reichte ihm einen versiegelten Umschlag.

Außen drauf stand geschrieben: «Ein Hochzeitsgeschenk für Hugh Erskine und Laura Merton, von einem alten Bettler», und innen drin befand sich ein Scheck über zehntausend Pfund.

Als sie heirateten war Alan Trevor Brautführer, und der Baron hielt beim Hochzeitsfrühstück eine Rede.

«Millionäre, die Modell sitzen», bemerkte Alan, «sind selten genug; aber, beim Zeus, Millionäre, die sich derart modellhaft verhalten, sind noch seltener!»

Das Gegenstück zum vorliegenden Band:

Big Book of Modern Stories · Großes Kurzgeschichten-Buch 1
dtv 9163
Erzählungen von Truman Capote, William Faulkner, William Goyen, Ernest Hemingway, Aldous Huxley, James Joyce, Carson McCullers, Katherine Mansfield, W. Somerset Maugham, Sean O'Faolain, Patricia K. Page, William Saroyan, Douglas Spettigue, John Steinbeck, Dylan Thomas, Virginia Woolf.

Ein Verzeichnis der Reihe dtv zweisprachig (mit ihren mehr als hundert lieferbaren Bänden) sendet auf Wunsch gerne der Deutsche Taschenbuch Verlag
Postfach 400422, 8000 München 40.

Dieser Band enthält fünfzehn hervorragende Kurzgeschichten von britischen, amerikanischen und irischen Autoren des neunzehnten und beginnenden zwanzigsten Jahrhunderts – den Klassikern der neueren angelsächsischen Literatur.

Den englischen Originaltexten steht Seite für Seite, Absatz für Absatz eine deutsche Übersetzung gegenüber. «Da kann man», so sagt Rudolf Walter Leonhardt in der ZEIT, «wenn man es kann, den fremdsprachigen Text lesen und immer mal ein Auge auf den deutschen Text werfen; und wenn man es nicht so recht kann, macht man es umgekehrt.»

So ist das Big Book of Classic Stories – teils ernst, teils heiter, teils behaglich, teils beunruhigend – eine fesselnde, unterhaltsame und nebenbei bildende Lektüre.

dtv zweisprachig · Edition Langewiesche-Brandt